선생님이 **강력 추**천하는

수학

개념 PLUS
단원평가

5·2

5~6학년군

개념+단원평가와 내 교과서 비교하기

단원 찾는 방법

- 내 교과서 출판사명을 확인하고 공부할 범위의 페이지를 확인하세요.
- 다음 표에서 내 교과서의 공부할 페이지와 개념+단원평가 수학 페이지를 비교하면 됩니다.
  예를 들어 아이스크림 미디어 57~84쪽이면 개념+단원평가 52~73쪽을 공부하시면 됩니다.

Search 단원찾기

단원	개념+단원평가	아이스크림 미디어	천재 교과서 (박만구)	미래엔	천재 교과서 (한대희)	비상교육	동아출판 (안병곤)	동아출판 (박교식)	금성출판사	대교	와이비엠
1. 수의 범위와 어림하기	8~29	9~32	10~31	9~32	8~31	8~29	8~31	8~29	8~31	6~31	8~31
2. 분수의 곱셈	30~51	33~56	32~53	33~58	32~55	30~51	32~57	30~51	32~57	32~55	32~57
3. 합동과 대칭	52~73←	57~84	54~77	59~86	56~81	52~77	58~85	52~75	58~85	56~83	58~83
4. 소수의 곱셈	74~95	85~108	78~99	87~110	82~105	78~97	86~109	76~97	86~111	84~109	84~107
5. 직육면체	96~117	109~132	100~123	111~134	106~129	98~125	110~137	98~121	112~139	110~133	108~133
6. 평균과 가능성	118~139	133~156	124~143	135~158	130~155	126~147	138~163	122~147	140~165	134~159	134~159

여러분의 꿈을 응원합니다!!!

민들레에게는
하얀 씨앗을 더 멀리 퍼뜨리고 싶은 꿈이 있고,

연어에게는
고향으로 돌아가 알알이 붉은 알을 낳고 싶은 꿈이 있습니다.

여러분도 가지각색의 아름다운 꿈을 가지고 있지요?
꿈을 향한 마음으로
좋은 결과를 얻기 위해 달려 보아요.

여러분의 그 아름답고 소중한 꿈을 응원합니다.

구성과 특징

1단계

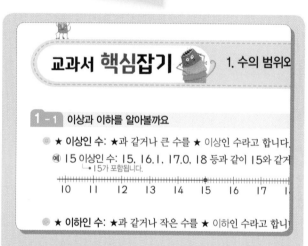

교과서 핵심 잡기

교과서 핵심 정리와 핵심 문제로 개념을 확실히 잡을 수 있습니다.

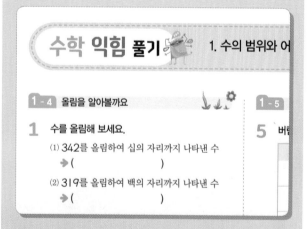

수학 익힘 풀기

차시마다 꼭 풀어야 할 익힘 문제로 기본 실력을 다질 수 있습니다.

2단계

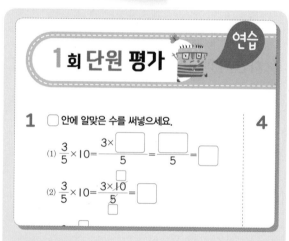

단원 평가

각 단원별로 4회씩 문제를 풀면서 단원 평가를 완벽하게 대비할 수 있습니다.

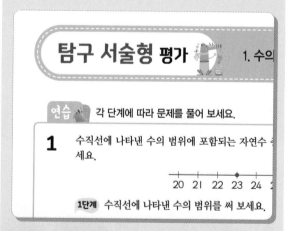

탐구 서술형 평가

각 단원의 대표적인 서술형 문제를 3단계에 걸쳐 단계별로 익힐 수 있습니다.

3단계

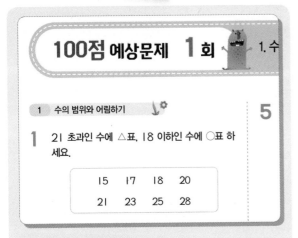

100점 예상문제

여러 단원을 묶은 문제 구성으로 여러 가지 학교 시험 형태에 완벽하게 대비할 수 있습니다.

특별 부록

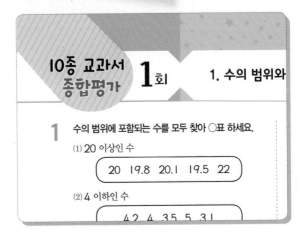

교과서 종합 평가

수학 10종 검정 교과서를 완벽 분석한 종합평가를 2회씩 단원별로 풀어 볼 수 있습니다.

별책 부록

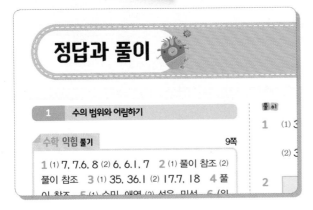

정답과 풀이

틀린 문제를 점검하고 왜 틀렸는지 확인할 수 있습니다.

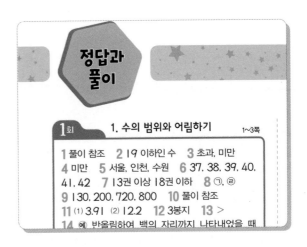

정답과 풀이

문제와 정답을 한 권에 수록하여 별책으로 활용할 수 있습니다.

이 책의 특징

- 단원 요점을 꼼꼼하게 정리하였습니다.
- 여러 유형의 평가 문제를 통하여 쉽게 학습 목표를 이룰 수 있습니다.
- 권말 부록(100점 예상문제)으로 학교 시험에 완벽하게 대비할 수 있습니다.
- 검정 교과서를 완벽 분석한 종합평가를 구성하였습니다.

차례

5·2

5~6학년군

요점 정리
+ 단원 평가

수학 5-2

5~6
학년군

1-1 이상과 이하를 알아볼까요

◉ ★ **이상인 수**: ★과 같거나 큰 수를 ★ 이상인 수라고 합니다.

예 15 이상인 수: 15, 16.1, 17.0, 18 등과 같이 15와 같거나 큰 수
└▸15가 포함됩니다.

```
├┼┼┼┼┼┼┼┼┼┼┼┼┼┼┼┼┼┼┼┼┼┼┼┼┼┼┼┼┼┼┼┼┼┼┼┼┼┤
10   11   12   13   14   15   16   17   18   19
```

◉ ★ **이하인 수**: ★과 같거나 작은 수를 ★ 이하인 수라고 합니다.

예 15 이하인 수: 15, 14.7, 13.0 등과 같이 15와 같거나 작은 수
└▸15가 포함됩니다.

```
├┼┼┼┼┼┼┼┼┼┼┼┼┼┼┼┼┼┼┼┼┼┼┼┼┼┼┼┼┼┼┼┼┼┼┼┼┼┤
10   11   12   13   14   15   16   17   18   19
```

• **수직선에 이상과 이하를 나타낼 때**

이상과 이하인 수에는 기준이 되는 수가 포함됩니다. 그러므로 수직선에 나타낼 때에는 점 ●을 이용하여 나타냅니다. 이상은 오른쪽, 이하는 왼쪽으로 선을 긋습니다.

수의 범위	나타내는 모양
이상	●————
이하	————●

1-2 초과와 미만을 알아볼까요

◉ ★ **초과인 수**: ★보다 큰 수를 ★ 초과인 수라고 합니다.

예 15 초과인 수: 15.1, 17, 18 등과 같이 15보다 큰 수
└▸15가 포함되지 않습니다.

```
├┼┼┼┼┼┼┼┼┼┼┼┼┼┼┼┼┼┼┼┼┼┼┼┼┼┼┼┼┼┼┼┼┼┼┼┼┼┤
10   11   12   13   14   15   16   17   18   19
```

◉ ★ **미만인 수**: ★보다 작은 수를 ★ 미만인 수라고 합니다.

예 15 미만인 수: 14.9, 13.0, 12 등과 같이 15보다 작은 수
└▸15가 포함되지 않습니다.

```
├┼┼┼┼┼┼┼┼┼┼┼┼┼┼┼┼┼┼┼┼┼┼┼┼┼┼┼┼┼┼┼┼┼┼┼┼┼┤
10   11   12   13   14   15   16   17   18   19
```

• **수직선에 초과와 미만을 나타낼 때**

초과와 미만인 수에는 기준이 되는 수가 포함되지 않습니다. 그러므로 수직선에 나타낼 때에는 점 ○을 이용하여 나타냅니다. 초과는 오른쪽, 미만은 왼쪽으로 선을 긋습니다.

수의 범위	나타내는 모양
초과	○————
미만	————○

1-3 수의 범위를 활용하여 문제를 해결해 볼까요

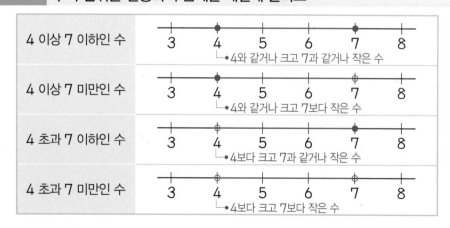

4 이상 7 이하인 수	└▸4와 같거나 크고 7과 같거나 작은 수
4 이상 7 미만인 수	└▸4와 같거나 크고 7보다 작은 수
4 초과 7 이하인 수	└▸4보다 크고 7과 같거나 작은 수
4 초과 7 미만인 수	└▸4보다 크고 7보다 작은 수

• **수직선에 수의 범위를 나타낼 때**

수의 범위	나타내는 모양
이상 이하	●———●
이상 미만	●———○
초과 이하	○———●
초과 미만	○———○

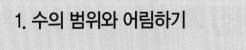

1 단원

 1-1 이상과 이하를 알아볼까요

1 수를 보고 물음에 답하세요.

| 6 | 6.1 | 7 | 7.6 | 8 |

(1) 7 이상인 수를 모두 찾아 ○표 하세요.
(2) 7 이하인 수를 모두 찾아 △표 하세요.

2 수직선에 나타내어 보세요.

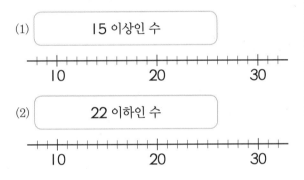

(1) 15 이상인 수

(2) 22 이하인 수

 1-2 초과와 미만을 알아볼까요

3 수를 보고 물음에 답하세요.

| 35 | 36.1 | 27.5 | 17.7 | 18 |

(1) 27.5 초과인 수를 모두 찾아 ○표 하세요.
(2) 27.5 미만인 수를 모두 찾아 △표 하세요.

4 수직선에 나타내어 보세요.

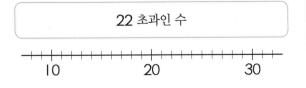

22 초과인 수

---

5 학생들의 수학 점수입니다. ☐ 안에 알맞은 학생의 이름을 써넣으세요.

수학 점수

수민	건식	애영
85	70	90
성욱	민선	단비
50	65	70

(1) 수학 점수가 70점 초과인 학생은 ☐ , ☐ 입니다.

(2) 수학 점수가 70점 미만인 학생은 ☐ , ☐ 입니다.

 1-3 수의 범위를 활용하여 문제를 해결해 볼까요

6 여러 도시의 기온을 조사하여 나타낸 표입니다. 아래 표를 완성해 보세요.

도시별 기온

베이징	도쿄	마닐라
3	6	28
방콕	타이베이	하노이
29	23	24

기온(℃)	도시
29 이상	
24 이상 29 미만	
6 이상 24 미만	

7 수직선에 나타내어 보세요.

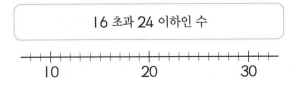

16 초과 24 이하인 수

교과서 핵심잡기 1. 수의 범위와 어림하기

1-4 올림을 알아볼까요

◉ **올림**: 구하려는 자리의 아래 수를 올려서 나타내는 방법을 올림이라 고 합니다.

① 154를 올림하여 십의 자리까지 나타내기

$$154 \Rightarrow 160$$

└ • 십의 자리의 아래 수인 4를 10으로 보고 160으로 나타냅니다.

② 154를 올림하여 백의 자리까지 나타내기

$$154 \Rightarrow 200$$

└ • 백의 자리의 아래 수인 54를 100으로 보고 200으로 나타냅니다.

③ 5.584를 올림하여 소수 첫째 자리까지 나타내기

$$5.584 \Rightarrow 5.6$$

└ • 소수 첫째 자리의 아래 수인 0.084를 0.1로 보고 5.6으로 나타냅니다.

④ 5.584를 올림하여 소수 둘째 자리까지 나타내기

$$5.584 \Rightarrow 5.59$$

└ • 소수 둘째 자리의 아래 수인 0.004를 0.01로 보고 5.59로 나타냅니다.

• **올림하여 나타내기**
구하려는 자리 미만의 수가 0 이 아니면 구하려는 숫자에 1 을 더하고, 그 아래 자리 숫자 를 모두 0으로 나타냅니다.
➡ 38512를 올림하여 백의 자리까지 나타내면 38600입 니다.

• **5.584를 올림하여 일의 자리 까지 나타내기**
일의 자리의 아래 수인 0.584 를 1로 봅니다.

$$5.584 \Rightarrow 6$$

1-5 버림을 알아볼까요

◉ **버림**: 구하려는 자리의 아래 수를 버려서 나타내는 방법을 버림이라 고 합니다.

① 154를 버림하여 십의 자리까지 나타내기

$$154 \Rightarrow 150$$

└ • 십의 자리의 아래 수인 4를 0으로 보고 150으로 나타냅니다.

② 154를 버림하여 백의 자리까지 나타내기

$$154 \Rightarrow 100$$

└ • 백의 자리의 아래 수인 54를 0으로 보고 100으로 나타냅니다.

③ 5.584를 버림하여 소수 첫째 자리까지 나타내기

$$5.584 \Rightarrow 5.5$$

└ • 소수 첫째 자리의 아래 수인 0.084를 0으로 보고 5.5로 나타냅니다.

④ 5.584를 버림하여 소수 둘째 자리까지 나타내기

$$5.584 \Rightarrow 5.58$$

└ • 소수 둘째 자리의 아래 수인 0.004를 0으로 보고 5.58로 나타냅니다.

• **버림하여 나타내기**
구하려는 자리의 아래 숫자를 모두 0으로 나타냅니다.
➡ 38512를 버림하여 백의 자리까지 나타내면 38500입 니다.

• **5.584를 버림하여 일의 자리 까지 나타내기**
일의 자리의 아래 수인 0.584 를 0으로 봅니다.

$$5.584 \Rightarrow 5$$

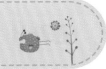
1 - 4 올림을 알아볼까요

1 수를 올림해 보세요.

(1) 342를 올림하여 십의 자리까지 나타낸 수
➡ (   )

(2) 319를 올림하여 백의 자리까지 나타낸 수
➡ (   )

2 올림하여 주어진 자리까지 나타내어 보세요.

수	십의 자리	백의 자리
3578		
52468		
95236		

3 보 기 와 같이 소수를 올림해 보세요.

> **보 기**
> 1.26을 올림하여 소수 첫째 자리까지 나타낸 수
> ➡ 1.3

(1) 25.26을 올림하여 소수 첫째 자리까지 나타낸 수 ➡ (   )

(2) 25.457을 올림하여 소수 둘째 자리까지 나타낸 수 ➡ (   )

4 올림하여 백의 자리까지 나타내면 3400이 되는 수는 어느 것인가요? (   )

① 3457   ② 3498
③ 3400   ④ 3401
⑤ 3499

1 - 5 버림을 알아볼까요

5 버림하여 주어진 자리까지 나타내어 보세요.

수	십의 자리	백의 자리
2589		
13258		
68725		

6 수를 버림해 보세요.

(1) 2168을 버림하여 십의 자리까지 나타낸 수
➡ (   )

(2) 2168을 버림하여 백의 자리까지 나타낸 수
➡ (   )

7 버림하여 십의 자리까지 나타내면 3450이 되는 수는 어느 것인가요? (   )

① 3457   ② 3498
③ 3400   ④ 3401
⑤ 3499

8 보 기 와 같이 소수를 버림해 보세요.

> **보 기**
> 12.358을 버림하여 소수 첫째 자리까지 나타낸 수 ➡ 12.3

(1) 22.587을 버림하여 소수 첫째 자리까지 나타낸 수 ➡ (   )

(2) 22.587을 버림하여 소수 둘째 자리까지 나타낸 수 ➡ (   )

1-6 반올림을 알아볼까요

◉ **반올림**: 구하려는 자리 바로 아래 자리의 숫자가 0, 1, 2, 3, 4이면 버리고, 5, 6, 7, 8, 9이면 올려서 나타내는 방법을 반올림이라고 합니다.

① 154를 반올림하여 십의 자리까지 나타내기

> 154 ➡ 150

└● 일의 자리 수인 4가 5보다 작으므로 버리면 십의 자리 수는 그대로 5가 됩니다.

② 154를 반올림하여 백의 자리까지 나타내기

> 154 ➡ 200

└● 십의 자리 수가 5이므로 올리면 백의 자리 수가 1에서 2가 됩니다.

③ 5.584를 반올림하여 소수 첫째 자리까지 나타내기

> 5.584 ➡ 5.6

└● 소수 둘째 자리 수가 8이므로 올리면 소수 첫째 자리 수가 5에서 6이 됩니다.

④ 5.584를 반올림하여 소수 둘째 자리까지 나타내기

> 5.584 ➡ 5.58

└● 소수 셋째 자리 수가 4이므로 버리면 소수 둘째 자리 수는 그대로 8이 됩니다.

• **반올림의 두 가지 표현**
① 반올림하여 십의 자리까지 나타내기
  ↔ 일의 자리에서 반올림하여 나타내기
② 반올림하여 백의 자리까지 나타내기
  ↔ 십의 자리에서 반올림하여 나타내기
③ 반올림하여 소수 첫째 자리까지 나타내기
  ↔ 소수 둘째 자리에서 반올림하여 나타내기
④ 반올림하여 소수 둘째 자리까지 나타내기
  ↔ 소수 셋째 자리에서 반올림하여 나타내기

1-7 올림, 버림, 반올림을 활용하여 문제를 해결해 볼까요

◉ **올림을 활용하는 경우**

  ┌─● ■개의 물건을 사려고 할 때 일정한 묶음 단위로 사야 할 경우
① 귤을 한 봉지에 10개씩 넣어서 팔 때 38명의 학생이 하나씩 먹으려면 올림하여 38 → 40이므로 4봉지를 사야 합니다.
  ┌─● ▲명의 사람이 자동차를 탈 때 일정 단위로 타야 하는 경우
② 관광객 24명이 5인승 자동차를 타고 이동할 때 4대에 타면 4명이 남으므로 올림하여 5대가 필요합니다.

◉ **버림을 활용하는 경우**

  ┌─● ■개의 물건을 일정한 묶음으로 팔 때, 팔 수 있는 물건의 개수를 구하는 경우
① 생선 57마리를 10마리씩 묶어서 팔 때 5묶음과 7마리가 남습니다. 즉 7마리를 버림하고 50마리만 팔 수 있습니다.
  ┌─● 동전을 1000원짜리 지폐로 바꾸는 경우
② 동전 6700원을 1000원짜리 지폐로 바꾸면 700원은 바꿀 수 없으므로 버림하여 6장까지 바꿀 수 있습니다.

◉ **반올림을 활용하는 경우**

① 인구 27528명을 약 몇천 명으로 나타내면 약 28000명입니다.
② 길이가 18.7 cm인 연필을 1 cm 단위로 나타내면 연필의 길이는 반올림하여 약 19 cm입니다.

• **사람 수를 반올림하여 나타내기**
① 약 몇백 명이라고 나타낼 때: 십의 자리에서 반올림합니다.
② 약 몇천 명이라고 나타낼 때: 백의 자리에서 반올림합니다.
③ 약 몇만 명이라고 나타낼 때: 천의 자리에서 반올림합니다.

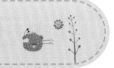

1 - 6 반올림을 알아볼까요

1 ⬜ 안에 알맞은 수를 써넣으세요.

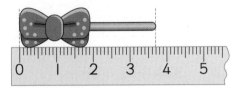

(1) 머리핀의 길이는 ⬜ cm입니다.

(2) 머리핀의 길이를 반올림하여 일의 자리까지
나타내면 ⬜ cm입니다.

2 수 카드 4장을 한 번씩만 사용하여 가장 작은 네
자리 수를 만들고, 만든 네 자리 수를 반올림하여
십의 자리까지 나타내어 보세요.

| 2 | 5 | 8 | 7 |

(   )

3 한라산의 높이는 1947.269 m입니다. 반올림
하여 주어진 자리까지 나타내어 보세요.

(단위: m)

천의 자리	
백의 자리	
십의 자리	
일의 자리	
소수 첫째 자리	
소수 둘째 자리	

4 어떤 수를 반올림하여 백의 자리까지 나타내었더
니 5600이 되었습니다. 어떤 수가 될 수 있는
수의 범위를 수직선에 나타내어 보세요.

```
├──┼──┼──┼──┼──┼──┼──┼──┼──┤
 5500        5600        5700
```

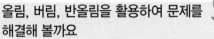

1 - 7 올림, 버림, 반올림을 활용하여 문제를
해결해 볼까요

5 애영이는 가을 운동회를 맞아 25800원짜리 새
운동화를 사려고 합니다. 물음에 답하세요.

(1) 1000원짜리 지폐로 운동화 값을 내려면 얼
마를 내야 하나요?

(   )

(2) 10000원짜리 지폐로 운동화 값을 내려면 얼
마를 내야 하나요?

(   )

6 고속도로 휴게소의 어떤 과자점에 호두과자가
356개 있습니다. 호두과자를 한 봉지에 10개씩
담아 팔려고 합니다. 물음에 답하세요.

(1) 호두과자를 몇 개까지 팔 수 있나요?

(   )

(2) 팔 수 있는 호두과자는 모두 몇 봉지인가요?

(   )

7 명석이는 체육 시간에 제자리멀리뛰기를 하였습
니다. 명석이의 기록을 반올림하여 일의 자리까
지 나타내어 보세요.

제자리멀리뛰기를
세 번 했는데 가장 좋은
기록이 209.6 cm였어.

명석

(   )

1 15 이하인 수에 ○표, 20 초과인 수에 △표 하세요.

12	14	15	17
19	20	21	25

2 지호네 모둠 학생들의 키를 조사하여 나타낸 표입니다. 키가 148 cm 이상인 학생을 모두 찾아보세요.

학생들의 키

이름	현정	광수	연경	지호	화용	미정
키(cm)	145	152	148	160	139	142

(   )

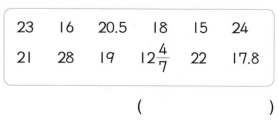

3 지훈이네 모둠 학생들의 수학 점수를 나타낸 표입니다. 90점 이하의 점수를 받은 학생은 모두 몇 명인가요?

수학 점수

이름	지훈	영준	미소	화영	성민	병인
점수(점)	90	87	76	96	92	83

(   )

4 18 미만인 수는 모두 몇 개인가요?

23	16	20.5	18	15	24
21	28	19	12 4/7	22	17.8

(   )

5 수직선에 나타내어 보세요.

(1) 14 미만인 수

10 11 12 13 14 15 16 17 18

(2) 30 초과 33 이하인 수

27 28 29 30 31 32 33 34 35

6 수직선에 나타낸 수의 범위를 써 보세요.

(1)
22 23 24 25 26 27 28 29 30
(   )

(2)
42 43 44 45 46 47 48 49 50
(   )

7 4528을 올림하여 주어진 자리까지 나타내어 보세요.

십의 자리	
백의 자리	
천의 자리	

8 수를 버림하여 주어진 자리까지 나타내어 보세요.

수	백의 자리	천의 자리
5469		
2792		
6895		

9 수를 반올림하여 백의 자리까지 나타내어 보세요.

(1) 3872 ➡ ( )
(2) 4345 ➡ ( )
(3) 1003 ➡ ( )
(4) 2550 ➡ ( )

10 정원이 43명인 버스에 다음과 같이 사람들이 타고 있습니다. 정원을 초과한 버스의 기호를 모두 써 보세요.

ㄱ ㄴ ㄷ ㄹ ㅁ

46명 39명 43명 29명 44명

( )

11 어느 도시의 인구는 462573명입니다. 이 도시의 인구를 반올림하여 만의 자리까지 나타내면 몇 명인가요?

( )

12 어림한 후, 어림한 수의 크기를 비교하여 ◯ 안에 >, =, <를 알맞게 써넣으세요.

5429를 올림하여
백의 자리까지
나타낸 수

➡ [ ]

◯

5429를 버림하여
십의 자리까지
나타낸 수

➡ [ ]

13 15 이상 20 미만인 자연수를 모두 더하면 얼마인지 풀이 과정을 쓰고 답을 구해 보세요.

_____

_____

_____

( )

주의

14 올림하여 천의 자리까지 나타낸 수와 버림하여 천의 자리까지 나타낸 수가 같은 것은 어느 것인가요? (   )

① 13762   ② 25999
③ 70001   ④ 43000
⑤ 38100

15 수용이네 농장에서 달걀을 324개 수확했습니다. 이것을 한 상자에 10개씩 담아 팔려고 합니다. 팔 수 있는 달걀은 최대 몇 개인가요?

(   )

16 버림하여 백의 자리까지 나타내면 3800이 되는 자연수 중에서 가장 큰 수를 써 보세요.

(   )

17 다음 수를 반올림하여 천의 자리까지 나타내면 5000입니다. ☐ 안에 들어갈 수 있는 수를 모두 써 보세요.

4 ☐ 73

(   )

응용

18 선물 한 개를 포장하는 데 끈 165 cm가 필요합니다. 가게에서 끈을 100 cm 단위로만 판매한다고 합니다. 선물 3개를 포장하려면 끈은 최소 몇 cm를 사야 하나요?

(   )

응용

19 다음과 같은 직사각형 모양의 꽃밭이 있습니다. 이 꽃밭의 둘레는 몇 m인지 반올림하여 일의 자리까지 나타내어 보세요.

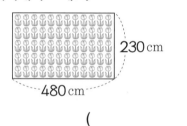

230 cm
480 cm

(   )

서술형

20 수연이네 학교 5학년 학생들이 박물관에 가려면 정원이 45명인 버스가 5대 필요하다고 합니다. 수연이네 학교 5학년 학생 수는 몇 명 이상 몇 명 이하인지 풀이 과정을 쓰고, 답을 구해 보세요. (운전기사와 선생님은 45명에 포함하지 않습니다.)

_____

_____

_____

_____

(   )

1 다음 수 중에서 17 이상인 수를 모두 찾아 써 보세요.

| 16.78 | 17 | 15.1 | 12.5 |
| 20.32 | 19.8 | $8\frac{4}{7}$ | 16 |

(   )

2 수직선에 나타낸 수의 범위를 써 보세요.

(1)
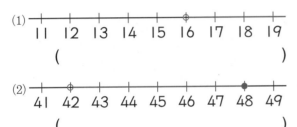

11 12 13 14 15 16 17 18 19

(   )

(2)

41 42 43 44 45 46 47 48 49

(   )

중요

3 수를 올림, 버림, 반올림하여 백의 자리까지 나타내어 보세요.

수	올림	버림	반올림
6173			

4 수직선에 나타내어 보세요.

34 초과 38 이하인 수

32 33 34 35 36 37 38 39 40

5 어느 박물관에 8살 이하의 어린이는 무료로 입장할 수 있습니다. 다음 중 이 박물관에 무료로 입장할 수 있는 어린이는 모두 몇 명인가요?

이름	지유	은호	아름	재현	지민	호준
나이(살)	4	7	9	12	6	8

(   )

6 현진이는 줄넘기를 154번 했습니다. 현진이의 줄넘기 급수는 몇 급인가요?

줄넘기 급수

급수	줄넘기 횟수(번)
1급	200 이상
2급	150 이상 199 이하
3급	100 이상 149 이하
4급	99 이하

(   )

7 수직선에 나타낸 수의 범위에 속하지 <u>않는</u> 수는 어느 것인가요? (   )

42 43 44 45 46 47 48 49 50

① 44.1   ② 45
③ 45.4   ④ 46
⑤ 47.2

8 버림하여 백의 자리까지 나타내면 4600이 되는 수를 모두 고르세요. (   )

① 4360   ② 4583
③ 4670   ④ 4480
⑤ 4698

9 반올림하여 천의 자리까지 나타내면 3000이 되는 수를 모두 찾아 써 보세요.

| 2489   2501   3182   3526 |

(   )

🖋️서술형
10 24 초과 37 미만인 자연수는 모두 몇 개인지 풀이 과정을 쓰고 답을 구해 보세요.

_____

_____

_____

(   )

⚠️주의
11 윤재네 반 학생 34명이 10인승 승합차를 타고 미술관에 가려고 합니다. 승합차는 최소 몇 대가 필요한가요?

(   )

12 5.236을 버림하여 소수 둘째 자리까지 나타내면 얼마인지 써 보세요.

(   )

⭐중요
13 크레파스의 길이는 몇 cm인지 반올림하여 일의 자리까지 나타내어 보세요.

(   )

🖋️서술형
14 다음 수를 반올림하여 천의 자리까지 나타낸 수와 올림하여 백의 자리까지 나타낸 수의 차는 얼마인지 풀이 과정을 쓰고 답을 구해 보세요.

| 37256 |

_____

_____

_____

(   )

15 과수원에서 사과 8730개를 땄습니다. 한 상자에 100개씩 담아서 포장한다면 최대 몇 개까지 포장할 수 있나요?

(   )

16 태정이네 밭에서 감자를 564 kg 수확했습니다. 이것을 한 상자에 10 kg씩 담아 팔려고 합니다. 팔 수 있는 감자는 최대 몇 kg인가요?

(   )

17 윤채의 사물함 비밀번호를 올림하여 백의 자리까지 나타내면 2300입니다. 사물함 비밀번호를 구해 보세요.

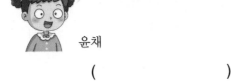

사물함의 비밀번호는 □□56이야.

윤채

(   )

응용

18 수직선 위에 나타낸 수의 범위에 속하는 자연수는 모두 7개입니다. □ 안에 알맞은 자연수를 구해 보세요.

26   □

(   )

서술형

19 수 카드 ⎡3⎤, ⎡5⎤, ⎡8⎤ 을 한 번씩만 사용하여 두 자리 수를 만들려고 합니다. 만들 수 있는 수 중에서 38 이상 83 미만인 수는 모두 몇 개인지 풀이 과정을 쓰고 답을 구해 보세요.

_____

_____

_____

_____

(   )

응용

20 어떤 자연수에 8을 곱해서 나온 수를 버림하여 십의 자리까지 나타내면 70입니다. 어떤 자연수는 얼마인가요?

(   )

1 다음 수 중에서 19 이하인 수를 모두 찾아 ◯표 하세요.

| 16.5 | 21 | 18.7 | 19.1 | 20 |

2 다음 수 중에서 6 초과인 수는 모두 몇 개인가요?

| 6.2 | 5.8 | 6 | 7.7 | 8.92 |

( )

3 수직선에 나타낸 수의 범위를 써 보세요.

34 35 36 37 38 39 40 41 42

( )

4 올림하여 ( ) 안의 자리까지 나타내어 보세요.

(1) 1265(백의 자리) ➡ ( )

(2) 6001(천의 자리) ➡ ( )

5 반올림하여 주어진 자리까지 나타내어 보세요.

수	4723
십의 자리	
백의 자리	
천의 자리	

6 몸무게가 40 kg 이상 100 kg 미만인 사람만 번지 점프를 할 수 있다고 합니다. 번지 점프를 할 수 있는 몸무게의 범위를 수직선에 나타내어 보세요.

30 40 50 60 70 80 90 100 110

7 버림하여 십의 자리까지 나타낸 수가 다른 것은 어느 것인가요? ( )

① 2130

② 2134

③ 2136

④ 2139

⑤ 2140

8 반올림하여 백의 자리까지 나타내면 2500이 되는 수를 모두 찾아 써 보세요.

| 2503 | 2577 | 2497 | 2449 |

( )

9 오늘 축구장에 입장한 관람객의 수입니다. 입장한 관람객의 수를 반올림하여 천의 자리까지 나타내어 보세요.

23486명

( )

10 다음 중 올림하여 백의 자리까지 나타낸 수와 반올림하여 백의 자리까지 나타낸 수가 같은 수를 모두 찾아 써 보세요.

| 5527 | 5938 | 4856 | 3490 |

( )

● 유진이네 모둠 학생들의 수학 점수를 조사하여 나타낸 표입니다. 물음에 답하세요. [11~12]

수학 점수

이름	유진	성철	영미	성은	진호	경식	미숙	혜영
점수(점)	82	78	91	63	80	65	74	89

11 수학 점수가 65점 이하인 학생은 재시험을 보기로 했습니다. 재시험을 볼 학생을 모두 찾아 이름을 써 보세요.

( )

서술형

12 수학 점수가 85점 이상인 학생들에게 선물로 공책을 3권씩 주기로 하였습니다. 필요한 공책은 모두 몇 권인지 풀이 과정을 쓰고 답을 구해 보세요.

_____

_____

( )

13 25를 포함하는 수의 범위를 모두 찾아 기호를 써 보세요.

㉠ 20 초과 25 이하인 수
㉡ 20 이상 25 미만인 수
㉢ 25 초과 30 미만인 수
㉣ 25 이상 30 이하인 수

( )

14 6241을 올림하여 천의 자리까지 나타낸 수와 올림하여 십의 자리까지 나타낸 수의 차를 구해 보세요.

(   )

15 저금통에 모은 동전을 세어 보니 7980원이었습니다. 이것을 1000원짜리 지폐로 바꾸려고 합니다. 최대 얼마까지 바꿀 수 있나요?

(   )

16 종이접기를 하는 데 색종이 174장이 필요합니다. 색종이를 10장씩 묶음으로만 판매하는 문구점에서 색종이를 산다면 최소 몇 장을 사야 하나요?

(   )

17 수직선에 나타낸 수의 범위에 속하는 자연수 중에서 5로 나누어떨어지는 수는 모두 몇 개인가요?

```
├──┼──●──┼──┼──○──┼──┼──┤
10  20  30  40  50  60  70  80  90
```

(   )

18 올림하여 백의 자리까지 나타내면 2600이 되는 수 중에서 가장 작은 자연수를 써 보세요.

(   )

19 자연수 부분이 5 이상 7 이하이고 소수 첫째 자리 숫자가 7 이상 8 이하인 소수 한 자리 수를 만들려고 합니다. 만들 수 있는 소수 한 자리 수는 모두 몇 개인지 풀이 과정을 쓰고 답을 구해 보세요.

_____

_____

_____

(   )

20 다음 수를 반올림하여 십의 자리까지 나타내면 8240입니다. ☐ 안에 들어갈 수 있는 일의 자리 수를 모두 구하려고 합니다. 풀이 과정을 쓰고 답을 구해 보세요.

824☐

_____

_____

_____

_____

(   )

1 단원

● 지희네 모둠 학생들의 키를 조사하여 나타낸 것입니다. 물음에 답하세요. [1~2]

학생들의 키

이름	키(cm)	이름	키(cm)
지희	143.7	수진	153.6
연주	141.5	정아	146.0
정선	147.0	소연	149.2

1 키가 146 cm 이상인 학생의 이름을 모두 찾아 써 보세요.

( )

2 키가 147 cm 미만인 학생은 모두 몇 명인가요?

( )

3 수직선에 나타내어 보세요.

(1) ┌─ 23 이상 27 미만인 수 ─┐

22 23 24 25 26 27 28 29 30

(2) ┌─ 5 초과 9 이하인 수 ─┐

2 3 4 5 6 7 8 9 10

4 11 초과 15$\frac{3}{4}$ 미만인 자연수를 모두 써 보세요.

( )

5 씨름의 체급별 몸무게를 나타낸 표를 보고, 빈칸에 학생들의 몸무게에 따른 체급을 써넣으세요.

체급별 몸무게(초등학생용)

체급	몸무게(kg)
소장급	40 초과 45 이하
청장급	45 초과 50 이하
용장급	50 초과 55 이하
용사급	55 초과 60 이하

이름	몸무게(kg)	체급
진수	60	
세진	48	
민성	55	

6 어느 세 도시의 인구 수를 나타낸 표입니다. 각 도시의 인구 수를 반올림하여 만의 자리까지 나타내어 보세요.

도시	가	나	다
인구 수(명)	138052	163870	127640
반올림한 인구 수(명)			

7 올림하여 십의 자리까지 나타내면 6300이 되는 수를 모두 찾아 써 보세요.

6290 6296 6300 6328 6198

( )

● 운동회 때 사용할 공책 326권을 사려고 합니다. 물음에 답하세요. [8~9]

소매상	도매상	공장
낱권씩 판매	10권씩 판매	100권씩 판매

8 공책을 도매상에서 산다면 최소 몇 권을 사야 하나요?

(   )

9 공책을 공장에서 산다면 최소 몇 권을 사야 하나요?

(   )

10 다음 두 수를 버림하여 백의 자리까지 나타낸 수의 차를 구해 보세요.

| 6230 | 6590 |

(   )

11 올림하여 천의 자리까지 나타낸 수와 백의 자리까지 나타낸 수의 차를 구해 보세요.

| 4058 |

(   )

✎서술형

12 다음 수직선에 나타낸 수의 범위에 포함된 자연수를 모두 더한 값은 얼마인지 풀이 과정을 쓰고 답을 구해 보세요.

14 15 16 17 18 19 20 21 22

_____

_____

(   )

13 지하철을 탈 때 만 6세 미만의 어린이와 만 65세 이상인 노인은 요금을 내지 않습니다. 지하철 요금을 내고 타야 하는 사람들의 나이의 범위는 몇 세 이상 몇 세 미만인가요?

(   )

14 민준이네 학교 5학년 학생들이 현장 학습을 가는데 25인승 버스가 6대 필요하다고 합니다. 민준이네 학교 5학년 학생 수는 몇 명 이상 몇 명 이하인가요?

(   )

15 더 큰 수의 기호를 써 보세요.

> ㉠ 3854321을 올림하여 천의 자리까지 나타낸 수
> ㉡ 3828516을 반올림하여 천의 자리까지 나타낸 수

(   )

서술형

16 자연수 부분이 5 이상 8 미만이고 소수 첫째 자리 숫자가 3 초과 6 미만인 소수 한 자리 수를 만들려고 합니다. 만들 수 있는 소수 한 자리 수는 모두 몇 개인지 풀이 과정을 쓰고 답을 구해 보세요.

_____

_____

_____

_____

(   )

서술형

17 10원짜리 동전만 모은 저금통을 열어서 세어 보니 모두 638개였습니다. 이것을 1000원짜리 지폐로 바꾸면 최대 얼마까지 바꿀 수 있는지 풀이 과정을 쓰고 답을 구해 보세요.

_____

_____

_____

(   )

18 어떤 수를 반올림하여 십의 자리까지 나타내었더니 340이 되었습니다. 어떤 수가 될 수 있는 수의 범위를 수직선에 나타내어 보세요.

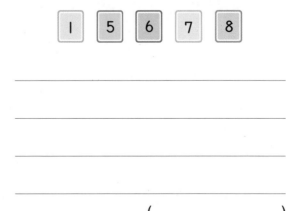

19 어느 문구점에서 연필 473자루를 10자루씩 묶음으로 팔았습니다. 한 묶음에 4000원씩 받고 연필을 팔았다면 문구점에서 연필을 팔아 번 돈은 최대 얼마인가요?

(   )

서술형

20 5장의 수 카드를 모두 한 번씩만 사용하여 만들 수 있는 가장 큰 다섯 자리 수를 반올림하여 백의 자리까지 나타내려고 합니다. 풀이 과정을 쓰고 답을 구해 보세요.

| 1 | 5 | 6 | 7 | 8 |

_____

_____

_____

(   )

연습 각 단계에 따라 문제를 풀어 보세요.

1 수직선에 나타낸 수의 범위에 포함되는 자연수 중 가장 큰 수와 가장 작은 수의 합을 구해 보세요.

```
20  21  22  23  24  25  26  27  28  29
```

1단계 수직선에 나타낸 수의 범위를 써 보세요.

(   )

2단계 수의 범위에 포함되는 자연수를 모두 써 보세요.

(   )

3단계 수의 범위에 포함되는 자연수 중 가장 큰 수와 가장 작은 수의 합을 구해 보세요.

(   )

도전 위에서 푼 방법을 생각하며 풀어 보세요.

1-1 수직선에 나타낸 수의 범위에 포함되는 자연수 중 가장 큰 수와 가장 작은 수의 차는 얼마인지 풀이 과정을 쓰고 답을 구해 보세요.

```
75  76  77  78  79  80  81  82  83  84  85  86
```

풀이

_____

_____

_____

_____

답 _____

이렇게 술술 풀어요

① 수의 범위를 알아봅니다.

② 수의 범위에 포함되는 자연수를 알아봅니다.

③ 가장 큰 자연수와 가장 작은 자연수의 차를 구해 봅니다.

연습 각 단계에 따라 문제를 풀어 보세요.

2 자연수 부분이 3 이상 4 이하이고, 소수 첫째 자리 숫자는 5 이상 6 이하인 소수 한 자리 수를 만들려고 합니다. 만들 수 있는 소수 한 자리 수를 모두 구해 보세요.

1단계 자연수 부분이 될 수 있는 수를 모두 써 보세요.

(   )

2단계 소수 첫째 자리 숫자가 될 수 있는 수를 모두 써 보세요.

(   )

3단계 만들 수 있는 소수 한 자리 수를 모두 써 보세요.

(   )

도전 위에서 푼 방법을 생각하며 풀어 보세요.

2-1 자연수 부분이 2 초과 5 미만이고, 소수 첫째 자리 숫자가 6 이상 8 이하인 소수 한 자리 수를 만들려고 합니다. 풀이 과정을 쓰고 답을 구해 보세요.

풀이

_____

_____

_____

_____

_____

답 _____

이렇게 술술풀어요

① 자연수 부분이 될 수 있는 수를 구해 봅니다.

② 소수 첫째 자리 숫자가 될 수 있는 수를 구해 봅니다.

③ 소수 한 자리 수를 모두 구해 봅니다.

연습 각 단계에 따라 문제를 풀어 보세요.

3 5장의 수 카드를 모두 한 번씩 사용하여 가장 작은 다섯 자리 수를 만든 후 그 수를 올림하여 천의 자리까지 나타내어 보세요.

| 4 | 1 | 6 | 9 | 7 |

1단계 수 카드를 모두 한 번씩 사용하여 만들 수 있는 가장 작은 다섯 자리 수를 써 보세요.

(   )

2단계 1단계 에서 만든 수를 올림하여 천의 자리까지 나타내어 보세요.

(   )

도전 위에서 푼 방법을 생각하며 풀어 보세요.

3-1 5장의 수 카드를 모두 한 번씩 사용하여 가장 큰 다섯 자리 수를 만든 후 그 수를 반올림하여 백의 자리까지 나타내려고 합니다. 풀이 과정을 쓰고 답을 구해 보세요.

| 4 | 3 | 8 | 6 | 9 |

풀이

_____

_____

_____

_____

_____

답 _____

이렇게 술술 풀어요

① 가장 큰 다섯 자리 수를 만들어 봅니다.

② ①에서 만든 수를 반올림하여 백의 자리까지 나타내어 봅니다.

실전 1 시험처럼 문제를 풀어 보세요.

4 3장의 수 카드를 한 번씩만 사용하여 두 자리 수를 만들려고 합니다. 만들 수 있는 수 중에서 38 초과 83 이하인 수는 모두 몇 개인지 풀이 과정을 쓰고 답을 구해 보세요.

$$\boxed{3} \quad \boxed{5} \quad \boxed{8}$$

풀이

답 _____

실전 2 시험처럼 문제를 풀어 보세요.

5 보기 의 조건을 모두 만족하는 자연수는 모두 몇 개인지 풀이 과정을 쓰고 답을 구해 보세요.

보기

> 조건1 올림하여 십의 자리까지 나타내었을 때 1260이 되는 수
> 조건2 버림하여 십의 자리까지 나타내었을 때 1250이 되는 수
> 조건3 반올림하여 십의 자리까지 나타내었을 때 1260이 되는 수

풀이

답 _____

2 - 1 (분수)×(자연수)를 알아볼까요

◎ **(단위분수)×(자연수)의 계산:** 분수의 분자와 자연수를 곱하여 계산합니다. └•분자가 1인 분수

$$\frac{1}{5}\times3=\frac{1\times3}{5}=\frac{3}{5}\ \text{→•}\frac{1}{5}+\frac{1}{5}+\frac{1}{5}\text{과 같습니다.}$$

◎ **(진분수)×(자연수)의 계산** →• 약분하는 순서에 따라 여러 가지 방법으로 계산할 수 있습니다.

방법1 분자와 자연수를 곱한 후, 분자와 분모를 약분하여 계산합니다.

$$\frac{3}{14}\times7=\frac{3\times7}{14}=\frac{\overset{3}{\cancel{21}}}{\underset{2}{\cancel{14}}}=\frac{3}{2}=1\frac{1}{2}$$

방법2 (분수)×(자연수)의 식에서 분자와 분모를 약분하여 계산합니다.

$$\frac{3}{\underset{2}{\cancel{14}}}\times\overset{1}{\cancel{7}}=\frac{3}{2}=1\frac{1}{2}$$

◎ **(대분수)×(자연수)의 계산**

방법1 대분수를 가분수로 바꾼 후에 분수의 분모는 그대로 두고 분수의 분자와 자연수를 곱하여 계산합니다.

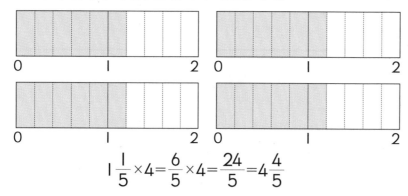

$$1\frac{1}{5}\times4=\frac{6}{5}\times4=\frac{24}{5}=4\frac{4}{5}$$

방법2 대분수를 자연수와 진분수의 합으로 보고 계산합니다.

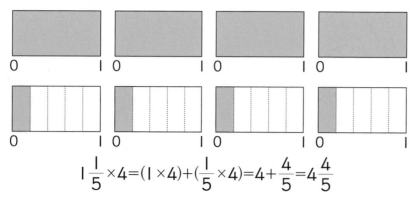

$$1\frac{1}{5}\times4=(1\times4)+(\frac{1}{5}\times4)=4+\frac{4}{5}=4\frac{4}{5}$$

• $\frac{1}{5}\times3$의 계산 원리를 그림으로 이해하기

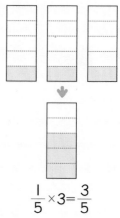

$$\frac{1}{5}\times3=\frac{3}{5}$$

$\frac{1}{5}$씩 3칸에 색칠되어 있으므로 색칠한 부분은 전체의 $\frac{3}{5}$ 입니다.

• $1\frac{1}{5}\times4$의 계산

방법1

$1\frac{1}{5}\times4$

$=\frac{6}{5}+\frac{6}{5}+\frac{6}{5}+\frac{6}{5}$으로 계산합니다.

방법2

$1\frac{1}{5}\times4$

$=(1+1+1+1)+(\frac{1}{5}+\frac{1}{5}$ $+\frac{1}{5}+\frac{1}{5})$로 계산합니다.

(분수)×(자연수)를 알아볼까요

1 $\frac{1}{6}×4$만큼 색칠하고, ☐ 안에 알맞은 수를 써넣으세요.

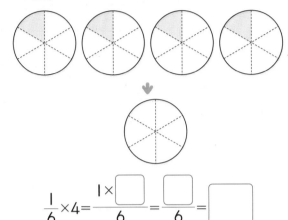

$$\frac{1}{6}×4=\frac{1×\boxed{}}{6}=\frac{\boxed{}}{6}=\boxed{}$$

2 계산해 보세요.

(1) $\frac{3}{4}×2$

(2) $\frac{2}{5}×4$

3 콜라는 모두 몇 L인가요?

 콜라를 $\frac{2}{5}$ L씩 3개의 컵에 담았어.

식 _____

답 _____

4 보기 와 같이 계산해 보세요.

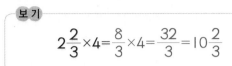
보기
$$2\frac{2}{3}×4=\frac{8}{3}×4=\frac{32}{3}=10\frac{2}{3}$$

(1) $2\frac{1}{4}×5=$ _____

(2) $9\frac{1}{5}×2=$ _____

5 잘못 계산한 곳을 찾아 옳게 고쳐 보세요.

$$1\frac{1}{\underset{2}{8}}×\overset{}{4}=1\frac{1}{2}$$

➡ $1\frac{1}{8}×4=$ _____

6 보기 와 같이 계산해 보세요.

보기
$$2\frac{2}{3}×4=(2×4)+\left(\frac{2}{3}×4\right)=8+\frac{8}{3}=10\frac{2}{3}$$

(1) $2\frac{1}{5}×4=$ _____

(2) $3\frac{2}{7}×5=$ _____

_____

7 재경이네 화장실 바닥의 타일은 정사각형 모양입니다. 한 변의 길이가 $7\frac{1}{5}$ cm일 때 타일의 둘레는 얼마인가요?

식 _____

 답 _____

◎ **(자연수)×(단위분수)의 계산:** 자연수와 분수의 분자를 곱하여 계산합니다.

$$2 \times \frac{1}{6} = \frac{2 \times 1}{6} = \frac{\overset{1}{\cancel{2}}}{\underset{3}{\cancel{6}}} = \frac{1}{3}$$

• $2 \times \dfrac{1}{6}$ 을 그림으로 이해하기

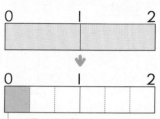

→ 2를 6등분한 것 중에 1만큼에 해당하는 것은 $\dfrac{1}{3}$ 입니다.

◎ **(자연수)×(진분수)의 계산** → 약분하는 순서에 따라 여러 가지 방법으로 계산할 수 있습니다.

방법1 자연수와 분자를 곱한 후, 분자와 분모를 약분하여 계산합니다.

$$7 \times \frac{3}{14} = \frac{7 \times 3}{14} = \frac{\overset{3}{\cancel{21}}}{\underset{2}{\cancel{14}}} = \frac{3}{2} = 1\frac{1}{2}$$

방법2 (자연수)×(분수)의 식에서 자연수와 분모를 약분하여 계산합니다.

$$\overset{1}{\cancel{7}} \times \frac{3}{\underset{2}{\cancel{14}}} = \frac{3}{2} = 1\frac{1}{2}$$

◎ **(자연수)×(대분수)의 계산**

방법1 대분수를 가분수로 바꾼 후에 분수의 분모는 그대로 두고 자연수와 분수의 분자를 곱하여 계산합니다.

$$4 \times 1\frac{1}{5} = 4 \times \frac{6}{5} = \frac{24}{5} = 4\frac{4}{5}$$

방법2 대분수를 자연수와 진분수의 합으로 보고 계산합니다.

$$4 \times 1\frac{1}{5} = (4 \times 1) + \left(4 \times \frac{1}{5}\right) = 4 + \frac{4}{5} = 4\frac{4}{5}$$

(자연수)×(분수)의 계산을 할 때는 자연수와 분수의 분자를 곱하여 계산하면 되지.

◎ **분수의 곱셈에서 계산 결과 어림하기**

$2 \,\textcircled{<}\, 2 \times 1\dfrac{1}{3}$	곱하는 수가 1보다 더 크면 ➡ 값이 커집니다.
$2 \,\textcircled{=}\, 2 \times 1$	곱하는 수가 1과 같으면 ➡ 값이 변하지 않습니다.
$2 \,\textcircled{>}\, 2 \times \dfrac{1}{3}$	곱하는 수가 1보다 더 작으면 ➡ 값이 작아집니다.

곱셈을 할 때 값이 항상 커지는 것은 아니란다.

2 - 2 (자연수)×(분수)를 알아볼까요

1 $3 \times \dfrac{1}{4}$ 만큼 색칠하고, ☐ 안에 알맞은 수를 써넣으세요.

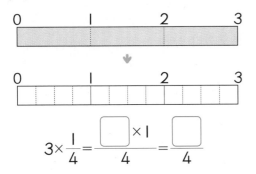

$$3 \times \frac{1}{4} = \frac{\boxed{} \times 1}{4} = \frac{\boxed{}}{4}$$

2 계산해 보세요.

(1) $5 \times \dfrac{7}{15}$

(2) $3 \times \dfrac{13}{15}$

3 $3 \times \dfrac{5}{9}$ 에 대하여 옳게 말한 사람은 누구인가요?

태석: $\dfrac{5}{3 \times 9} = \dfrac{5}{27}$ 가 되지.

태영: $\dfrac{5}{9} \times 3$ 과 계산 결과가 같아.

(   )

4 계산해 보세요.

(1) $5 \times 1\dfrac{5}{7}$

(2) $4 \times 1\dfrac{5}{6}$

5 보기 와 같이 계산해 보세요.

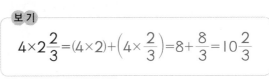

보기
$$4 \times 2\frac{2}{3} = (4 \times 2) + \left(4 \times \frac{2}{3}\right) = 8 + \frac{8}{3} = 10\frac{2}{3}$$

(1) $3 \times 1\dfrac{1}{5} =$ _____

(2) $4 \times 2\dfrac{1}{7} =$ _____

6 3장의 수 카드를 한 번씩 사용하여 (자연수)×(분수) 식을 만들려고 합니다. ☐ 안에 알맞은 수를 써 보세요.

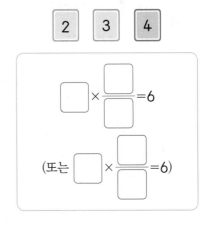

$$\boxed{} \times \frac{\boxed{}}{\boxed{}} = 6$$

$$\left(\text{또는 } \boxed{} \times \frac{\boxed{}}{\boxed{}} = 6\right)$$

7 ◯ 안에 >, =, <를 알맞게 써넣으세요.

(1) 3 ◯ $3 \times \dfrac{2}{5}$

(2) 3 ◯ 3×1

(3) 3 ◯ $3 \times 1\dfrac{2}{5}$

2-3 진분수의 곱셈을 알아볼까요

◎ (단위분수)×(단위분수)의 계산: 분자는 분자끼리, 분모는 분모끼리 곱합니다.

$$\frac{1}{3} \times \frac{1}{4} = \frac{1 \times 1}{3 \times 4} = \frac{1}{12}$$

◎ (진분수)×(단위분수)의 계산: 분자는 분자끼리, 분모는 분모끼리 곱합니다.

$$\frac{\overset{1}{2}}{3} \times \frac{1}{\underset{2}{4}} = \frac{1}{6}, \quad \frac{2}{3} \times \frac{1}{4} = \frac{\overset{1}{2} \times 1}{3 \times \underset{2}{4}} = \frac{1}{6}, \quad \frac{2}{3} \times \frac{1}{4} = \frac{2 \times 1}{3 \times 4} = \frac{\overset{1}{2}}{\underset{6}{12}} = \frac{1}{6}$$

└ 약분하는 순서에 따라 여러 가지 방법으로 계산할 수 있습니다.

◎ (진분수)×(진분수)의 계산: 분자는 분자끼리, 분모는 분모끼리 곱합니다.

$$\frac{2}{5} \times \frac{\overset{1}{5}}{9} = \frac{2}{9}, \quad \frac{2}{5} \times \frac{5}{9} = \frac{2 \times \overset{1}{5}}{\underset{1}{5} \times 9} = \frac{2}{9}, \quad \frac{2}{5} \times \frac{5}{9} = \frac{2 \times 5}{5 \times 9} = \frac{\overset{2}{10}}{\underset{9}{45}} = \frac{2}{9}$$

└ 약분하는 순서에 따라 여러 가지 방법으로 계산할 수 있습니다.

◎ 세 분수의 곱셈: 분자는 분자끼리, 분모는 분모끼리 곱합니다.

$$\frac{3}{4} \times \frac{4}{5} \times \frac{5}{6} = \frac{3 \times 4 \times 5}{4 \times 5 \times 6} = \frac{1}{2}$$

• $\frac{3}{4} \times \frac{4}{5} \times \frac{5}{6} = \frac{1}{2}$ 을 그림으로 이해하기

$\frac{3}{4}$ →4칸 중에 3칸

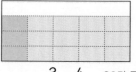

$\frac{3}{4} \times \frac{4}{5}$ →20칸 중에 12칸

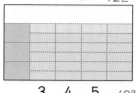

$\frac{3}{4} \times \frac{4}{5} \times \frac{5}{6}$ →40칸 중에 20칸

2-4 여러 가지 분수의 곱셈을 알아볼까요

◎ (대분수)×(대분수)의 계산

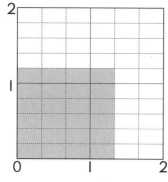

→ 실선으로 둘러싸인 큰 모눈이 똑같이 15칸으로 나누어져 있으므로 작은 모눈 한 칸은 $\frac{1}{15}$이고, 색칠한 부분은 24칸이므로 $\frac{24}{15} = 1\frac{9}{15} = 1\frac{3}{5}$입니다.

• 분수의 곱셈을 계산하는 방법
자연수나 대분수는 모두 가분수 형태로 바꿀 수 있습니다. 따라서 분수가 들어간 모든 곱셈은 진분수나 가분수 형태로 바꾼 후, 분자는 분자끼리 분모는 분모끼리 곱하여 계산할 수 있습니다.

방법1 대분수를 가분수로 바꾼 후에 계산합니다.

$$1\frac{1}{3} \times 1\frac{1}{5} = \frac{4}{3} \times \frac{\overset{2}{6}}{5} = \frac{8}{5} = 1\frac{3}{5}$$

방법2 대분수를 자연수 부분과 진분수 부분으로 나누어 계산합니다.

$$1\frac{1}{3} \times 1\frac{1}{5} = \left(1\frac{1}{3} \times 1\right) + \left(1\frac{1}{3} \times \frac{1}{5}\right) = 1\frac{1}{3} + \frac{4}{15} = 1\frac{3}{5}$$

2-3 진분수의 곱셈을 알아볼까요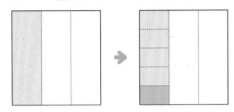

1 그림을 보고 ☐ 안에 알맞은 수를 써 보세요.

$$\frac{1}{3} \times \frac{1}{5} = \frac{1 \times 1}{\boxed{} \times \boxed{}} = \frac{1}{\boxed{}}$$

2 계산해 보세요.

(1) $\frac{7}{5} \times \frac{1}{5}$

(2) $\frac{6}{5} \times \frac{1}{4}$

3 누구의 계산 결과가 더 큰지 이름을 써 보세요.

 $\frac{1}{3} \times \frac{3}{4}$

 선영

$\frac{1}{3} \times \frac{3}{4} \times \frac{3}{5}$

 선식

( )

2-4 여러 가지 분수의 곱셈을 알아볼까요

4 ☐ 안에 알맞은 수를 써넣으세요.

(1) $\frac{3}{5} \times 7 = \frac{3}{5} \times \frac{7}{\boxed{}} = \frac{3 \times \boxed{}}{5 \times \boxed{}}$

$$= \frac{\boxed{}}{\boxed{}} = \boxed{}$$

(2) $1\frac{3}{5} \times 1\frac{3}{4} = \frac{\boxed{}}{5} \times \frac{\boxed{}}{4} = \frac{\boxed{}}{20}$

$$= \frac{\boxed{}}{5} = \boxed{}$$

5 계산 결과를 찾아 선으로 이어 보세요.

(1) $2\frac{3}{4} \times 1\frac{2}{3}$ •

(2) $2\frac{4}{5} \times 1\frac{1}{7}$ •

(3) $1\frac{7}{11} \times 4\frac{2}{5}$ •

• ㉠ $4\frac{7}{12}$

• ㉡ $7\frac{1}{5}$

• ㉢ $3\frac{1}{5}$

6 ◯ 안에 >, =, <를 알맞게 써넣으세요.

$1\frac{3}{4}$ ◯ $1\frac{3}{4} \times \frac{2}{3}$

1 ☐ 안에 알맞은 수를 써넣으세요.

(1) $\dfrac{3}{5} \times 10 = \dfrac{3 \times \boxed{}}{5} = \dfrac{\boxed{}}{5} = \boxed{}$

(2) $\dfrac{3}{5} \times 10 = \dfrac{3 \times \cancel{10}}{\cancel{5}} = \boxed{}$

(3) $\dfrac{3}{\cancel{5}} \times \cancel{10} = \boxed{}$

2 수직선을 보고 ☐ 안에 알맞은 수를 써넣으세요.

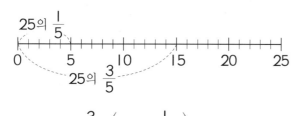

25의 $\dfrac{1}{5}$

0 5 10 15 20 25

25의 $\dfrac{3}{5}$

$25 \times \dfrac{3}{5} = \left(25 \times \dfrac{\boxed{}}{}\right) \times 3$

$\qquad = \boxed{} \times \boxed{}$

$\qquad = \boxed{}$

3 ☐ 안에 알맞은 수를 써넣으세요.

$7 \times 2\dfrac{1}{14} = \left(\boxed{} \times 2\right) + \left(\boxed{} \times \dfrac{1}{14}\right)$

$\qquad = \boxed{} + \dfrac{1}{\boxed{}}$

$\qquad = \boxed{}$

4 계산해 보세요.

(1) $\dfrac{1}{6} \times \dfrac{1}{3}$

(2) $\dfrac{2}{5} \times \dfrac{3}{4}$

5 ☐ 안에 알맞은 수를 써넣으세요.

$2\dfrac{2}{5} \times 1\dfrac{3}{4} = \dfrac{\boxed{}}{5} \times \dfrac{\boxed{}}{4}$

$\qquad = \dfrac{\boxed{}}{5} = \boxed{}$

6 빈칸에 알맞은 수를 써넣으세요.

$\times$	
$\dfrac{5}{6}$	3	
$\dfrac{4}{21}$	7	

7 다음 중 $1\dfrac{3}{5} \times 2$와 같은 것을 모두 찾아 기호를 써 보세요.

㉠ $(1 \times 2) + \left(\dfrac{3}{5} \times 2\right)$ ㉡ $2\dfrac{1}{5}$ ㉢ $\dfrac{8}{5} \times 2$

(   )

8 관계있는 것끼리 이어 보세요.

(1) $6 \times 1\frac{3}{4}$ •

(2) $4 \times 2\frac{1}{2}$ •

• ㉠ 10

• ㉡ $10\frac{1}{2}$

9 다음 중 <u>잘못</u> 계산한 것을 찾아 기호를 써 보세요.

㉠ $\frac{\overset{1}{\cancel{7}}}{\underset{4}{\cancel{8}}} \times \frac{\overset{1}{\cancel{4}}}{\underset{3}{\cancel{21}}} = \frac{1}{12}$

㉡ $\frac{3}{4} \times \frac{7}{9} = \frac{3 \times 7}{4 \times \cancel{9}} = \frac{7}{12}$

㉢ $\frac{2}{5} \times \frac{3}{4} = \frac{2 \times 3}{5 \times 4} = \frac{\overset{3}{\cancel{6}}}{\underset{10}{\cancel{20}}} = \frac{3}{10}$

( )

10 두 분수의 곱을 구해 보세요.

$1\frac{5}{8}$ $1\frac{1}{26}$

( )

11 빈칸에 알맞은 수를 써넣으세요.

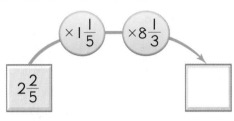

$2\frac{2}{5}$ $\times 1\frac{1}{5}$ $\times 8\frac{1}{3}$

12 계산 결과가 $\frac{7}{9}$보다 큰 것을 찾아 기호를 써 보세요.

㉠ $\frac{7}{9} \times 1$ ㉡ $\frac{7}{9} \times 4$

㉢ $\frac{7}{9} \times \frac{1}{5}$ ㉣ $\frac{7}{9} \times \frac{2}{3}$

( )

13 다음 중 계산한 값이 자연수가 되는 것은 어느 것 인지 풀이 과정을 쓰고 답을 구해 보세요.

㉠ $3\frac{1}{2} \times 1\frac{1}{3}$ ㉡ $2\frac{2}{5} \times 2\frac{1}{3}$ ㉢ $1\frac{1}{2} \times 1\frac{1}{3}$

_____

_____

_____

_____

( )

⚠️주의

14 계산 결과를 비교하여 ◯ 안에 >, =, <를 알맞게 써넣으세요.

$$1\frac{1}{2} \times 4 \bigcirc 2\frac{2}{3} \times 2$$

15 미술 시간에 준희네 반 학생 20명에게 고무찰흙을 $\frac{3}{8}$ kg씩 나누어 주려고 합니다. 고무찰흙은 모두 몇 kg 필요한가요?

( )

📝서술형

16 직사각형의 넓이는 몇 cm²인지 풀이 과정을 쓰고 답을 구해 보세요.

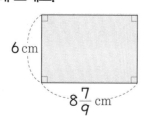

6 cm

$8\frac{7}{9}$ cm

_____

_____

_____

_____

( )

17 명선이의 수학 점수는 96점이고, 국어 점수는 수학 점수의 $\frac{7}{8}$이라고 합니다. 명선이의 국어 점수는 몇 점인가요?

( )

18 가장 큰 수와 가장 작은 수의 곱을 구해 보세요.

$$1\frac{1}{2} \quad 3\frac{2}{5} \quad 2\frac{3}{8} \quad 1\frac{7}{9}$$

( )

19 ☐ 안에 알맞은 수를 써넣으세요.

$$1\frac{14}{17} \times \frac{17}{\boxed{}} = 1$$

😀응용

20 지성이네 집에 있는 양파의 무게는 8 kg이고, 감자의 무게는 양파의 무게의 $2\frac{11}{12}$배라고 합니다. 양파와 감자의 무게의 합은 몇 kg인가요?

( )

1 ☐ 안에 알맞은 수를 써넣으세요.

$$\frac{2}{5} \times 4 = \frac{2}{5} + \frac{\boxed{}}{5} + \frac{\boxed{}}{5} + \frac{\boxed{}}{5}$$

$$= \frac{\boxed{}}{5} = \boxed{}$$

2 여러 가지 방법으로 계산한 것입니다. ☐ 안에 알맞은 수를 써넣으세요.

(1) $8 \times \dfrac{5}{6} = \dfrac{8 \times 5}{6} = \dfrac{40}{6} = \boxed{}$

(2) $8 \times \dfrac{5}{6} = \dfrac{8 \times 5}{6} = \boxed{}$

(3) $8 \times \dfrac{5}{6} = \boxed{}$

3 그림을 보고 바르게 설명한 것을 모두 찾아 기호를 써 보세요.

0 1 2 3 4 5 6 7 8

㉠ $8 \times \dfrac{3}{4}$ 은 6입니다.

㉡ 8의 $\dfrac{1}{4}$ 은 2입니다.

㉢ $8 \times \dfrac{3}{4}$ 은 8보다 큽니다.

(   )

4 계산해 보세요.

$$2\frac{1}{7} \times 3\frac{3}{5}$$

5 빈칸에 알맞은 수를 써넣으세요.

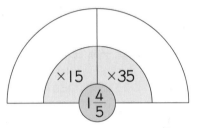

6 보기 와 같은 방법으로 계산해 보세요.

보기

$$1\frac{3}{5} \times 3 = (1 \times 3) + \left(\frac{3}{5} \times 3\right)$$

$$= 3 + \frac{9}{5} = 3 + 1\frac{4}{5} = 4\frac{4}{5}$$

$$1\frac{5}{7} \times 2 = \underline{\hspace{5cm}}$$

$$\underline{\hspace{6cm}}$$

7 관계있는 것끼리 이어 보세요.

(1) $3 \times \dfrac{4}{7}$ •   • ㉠ $1\dfrac{3}{7}$

(2) $4 \times \dfrac{2}{7}$ •   • ㉡ $1\dfrac{5}{7}$

(3) $2 \times \dfrac{5}{7}$ •   • ㉢ $1\dfrac{1}{7}$

8 빈칸에 알맞은 수를 써넣으세요.

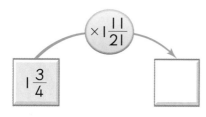

9 세 분수의 곱을 구해 보세요.

$$\frac{1}{3} \qquad \frac{15}{16} \qquad 1\frac{1}{3}$$

( )

서술형

10 민준이는 10분에 $\frac{5}{6}$ km를 달립니다. 같은 빠르기로 한 시간 동안 달린다면 몇 km를 달릴 수 있는지 풀이 과정을 쓰고 답을 구해 보세요.

_____

_____

_____

( )

주의

11 계산 결과를 비교하여 ◯ 안에 >, =, <를 알맞게 써넣으세요.

$$8 \times \frac{7}{10} \bigcirc 10 \times \frac{17}{24}$$

12 계산 결과가 큰 것부터 차례로 기호를 써 보세요.

$$\bigcirc \frac{1}{2} \times \frac{1}{4}$$

$$\bigcirc \frac{1}{5} \times \frac{1}{6}$$

$$\bigcirc \frac{1}{3} \times \frac{1}{7}$$

(, ,)

중요

13 두 식의 계산 결과의 합을 구해 보세요.

$$5 \times 1\frac{1}{3} \qquad 3 \times 1\frac{7}{9}$$

( )

14 분수의 곱이 2보다 큰 것을 찾아 기호를 써 보세요.

$$\bigcirc \frac{3}{4} \times 1\frac{2}{3}$$

$$\bigcirc 3\frac{2}{3} \times \frac{5}{11}$$

$$\bigcirc 1\frac{2}{5} \times 1\frac{2}{3}$$

( )

15 예림이는 어제 책 한 권의 $\frac{2}{5}$를 읽었습니다. 오늘은 어제 읽고 난 나머지의 $\frac{1}{4}$을 읽었습니다. 오늘 읽은 양은 책 전체의 얼마인가요?

(   )

주의

16 주영이는 구슬을 45개 가지고 있습니다. 동환이는 주영이가 가진 구슬의 $\frac{3}{5}$배를 가지고 있고, 현경이는 동환이의 $1\frac{5}{9}$배를 가지고 있습니다. 동환이와 현경이가 가지고 있는 구슬은 각각 몇 개인가요?

동환: (   )

현경: (   )

서술형

17 다음 식을 보고 ■의 값은 얼마인지 풀이 과정을 쓰고 답을 구해 보세요.

$$3\frac{3}{4} \times \frac{2}{5} = ▲$$

$$▲ \times 2\frac{1}{3} = ■$$

_____

_____

(   )

응용

18 1분에 4 L씩 물이 나오는 수도꼭지가 있습니다. 이 수도꼭지에서 3분 45초 동안 받은 물은 모두 몇 L인가요?

(   )

서술형

19 수 카드를 한 번씩만 사용하여 대분수를 만들려고 합니다. 만들 수 있는 가장 큰 대분수와 가장 작은 대분수의 곱은 얼마인지 풀이 과정을 쓰고 답을 구해 보세요.

$$\boxed{3} \quad \boxed{2} \quad \boxed{5}$$

_____

_____

(   )

응용

20 넓이가 850 cm²인 직사각형 모양의 도화지가 있습니다. 이 도화지의 $\frac{4}{5}$만큼을 잘라서 그중 $\frac{9}{17}$로 나팔꽃을 만들었습니다. 나팔꽃을 만드는 데 사용한 색종이의 넓이는 몇 cm²인가요?

(   )

1 그림을 보고 ☐ 안에 알맞은 수를 써넣으세요.

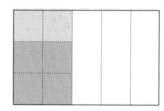

$$\frac{2}{5} \times \frac{2}{3} = \frac{2 \times \boxed{}}{5 \times \boxed{}} = \frac{\boxed{}}{\boxed{}}$$

2 ☐ 안에 알맞은 수를 써넣으세요.

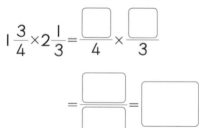

$$1\frac{3}{4} \times 2\frac{1}{3} = \frac{\boxed{}}{4} \times \frac{\boxed{}}{3}$$

$$= \frac{\boxed{}}{\boxed{}} = \boxed{}$$

3 계산해 보세요.

(1) $\frac{7}{15} \times 9$

(2) $12 \times \frac{3}{8}$

4 빈칸에 알맞은 수를 써넣으세요.

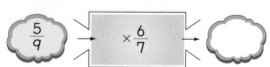

5 보기 와 같이 계산해 보세요.

보기

$$\frac{\overset{1}{\cancel{5}}}{\underset{3}{\cancel{21}}} \times \frac{\overset{1}{\cancel{2}}}{\underset{1}{\cancel{5}}} \times \frac{7}{\underset{4}{\cancel{8}}} = \frac{1 \times 1 \times 1}{3 \times 1 \times 4} = \frac{1}{12}$$

➡ $\dfrac{3}{5} \times \dfrac{8}{9} \times \dfrac{7}{10} = $ _____

6 ◯ 안에 >, =, <를 알맞게 써넣으세요.

(1) $\frac{4}{7} \times \frac{1}{3}$ ◯ $\frac{4}{7} \times \frac{1}{5}$

(2) $\frac{1}{4} \times \frac{3}{8}$ ◯ $\frac{3}{8} \times \frac{1}{4}$

서술형

7 ☐ 안에 알맞은 수는 얼마인지 풀이 과정을 쓰고 답을 구해 보세요.

$$\frac{1}{6} \times \frac{1}{8} = \frac{1}{\boxed{}} \times \frac{1}{12}$$

_____

_____

_____

(   )

8 계산 결과가 5보다 큰 식을 모두 찾아 기호를 써 보세요.

ㄱ $5 \times \dfrac{8}{9}$ ㄴ $5 \times \dfrac{1}{3}$

ㄷ $5 \times \dfrac{5}{4}$ ㄹ $5 \times 2\dfrac{1}{7}$

(   )

9 ㄱ과 ㄴ의 합을 구해 보세요.

ㄱ $18 \times \dfrac{5}{12}$ ㄴ $1\dfrac{2}{3} \times 2\dfrac{2}{5}$

(   )

서술형

10 한 변의 길이가 $\dfrac{5}{6}$ m인 정사각형의 둘레는 몇 m인지 풀이 과정을 쓰고 답을 구해 보세요.

_____

_____

_____

(   )

11 다음 중 계산 결과가 가장 큰 것은 어느 것인가요? (   )

① $1\dfrac{4}{5} \times 7$

② $2\dfrac{1}{3} \times 9$

③ $3\dfrac{3}{4} \times 5$

④ $2\dfrac{7}{8} \times 8$

⑤ $4\dfrac{1}{4} \times 4$

12 다음 수 카드 중 두 장을 사용하여 분수의 곱셈을 만들려고 합니다. 계산 결과가 가장 작은 식이 되도록 ☐ 안에 알맞은 수를 써넣으세요.

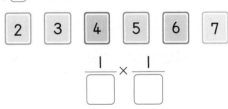

2   3   4   5   6   7

$\dfrac{1}{\square} \times \dfrac{1}{\square}$

13 길이가 4 m인 끈의 $\dfrac{3}{5}$을 사용했습니다. 사용한 끈은 몇 m인가요?

(   )

14 □ 안에 들어갈 수 있는 자연수는 모두 몇 개인가요?

$$\frac{1}{8} \times \frac{1}{3} < \frac{1}{\square} < \frac{1}{3} \times \frac{1}{4}$$

(   )

15 영민이는 자전거로 한 시간에 $4\frac{3}{8}$ km를 갑니다. 같은 빠르기로 2시간 10분 동안 자전거를 타고 달린다면 몇 km를 갈 수 있나요?

(   )

16 선영이네 밭의 $\frac{1}{4}$ 에는 고구마를 심고, 나머지의 $\frac{2}{5}$ 에는 감자를 심었습니다. 감자를 심은 밭의 넓이는 전체의 얼마인가요?

(   )

17 넓이가 $200\ cm^2$인 직사각형 모양의 색종이가 있습니다. 이 색종이의 $\frac{2}{3}$ 만큼을 잘라서 그중 $\frac{4}{5}$ 로 종이학을 만들었습니다. 종이학을 만드는 데 사용한 색종이의 넓이는 몇 cm^2인가요?

(   )

18 다음 도형의 넓이를 구해 보세요.

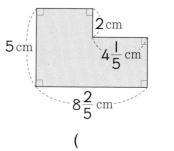

(   )

19 내 나이는 12살이고 오빠의 나이는 내 나이의 $1\frac{1}{4}$ 배입니다. 삼촌의 나이는 오빠의 나이의 $2\frac{2}{5}$ 배라면 삼촌의 나이는 몇 살인가요?

(   )

🖊서술형
20 지연이는 9000원을 가지고 있었는데 그중에서 $\frac{3}{4}$ 은 저축하고, $\frac{1}{5}$ 은 친구의 생일 선물을 사는 데 썼습니다. 남은 돈은 얼마인지 풀이 과정을 쓰고 답을 구해 보세요.

_____

_____

_____

(   )

1 그림을 보고 ☐ 안에 알맞은 수를 써넣으세요.

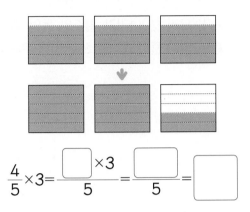

$\dfrac{4}{5} \times 3 = \dfrac{\boxed{} \times 3}{5} = \dfrac{\boxed{}}{5} = \boxed{}$

2 ☐ 안에 알맞은 수를 써넣으세요.

(1) $\overset{\boxed{}}{\underset{\boxed{}}{24}} \times \dfrac{2}{9} = \dfrac{\boxed{} \times 2}{3} = \dfrac{\boxed{}}{3} = \boxed{}$

(2) $26 \times 1\dfrac{4}{39} = 26 \times \dfrac{\boxed{}}{39} = \boxed{}$

$ = \boxed{}$

3 계산해 보세요.

(1) $8 \times \dfrac{3}{10}$

(2) $\dfrac{8}{27} \times \dfrac{5}{12}$

4 빈칸에 알맞은 수를 써넣으세요.

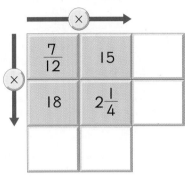

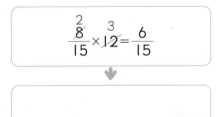 서술형

5 잘못 계산한 곳을 찾아 그 이유를 쓰고 바르게 계산해 보세요.

$\dfrac{\overset{2}{\cancel{8}}}{15} \times \overset{3}{\cancel{12}} = \dfrac{6}{15}$

↓

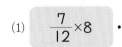 이유 _____

_____

6 계산 결과가 같은 것끼리 이어 보세요.

(1) $\dfrac{7}{12} \times 8$ •

(2) $1\dfrac{3}{4} \times 5$ •

(3) $2\dfrac{5}{6} \times 8$ •

• ㉠ $\dfrac{7}{4} \times 5$

• ㉡ $\dfrac{8}{12} \times 7$

• ㉢ $\dfrac{17}{3} \times 4$

7 빈칸에 알맞은 수를 써넣으세요.

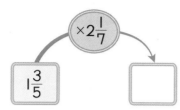

8 세 분수의 곱을 구해 보세요.

$$\frac{5}{9} \qquad \frac{6}{7} \qquad \frac{3}{5}$$

( )

9 계산 결과가 가장 큰 것은 어느 것인가요?

( )

① $\frac{1}{4} \times \frac{1}{7}$ ② $\frac{1}{8} \times \frac{1}{3}$

③ $\frac{1}{2} \times \frac{1}{9}$ ④ $\frac{1}{5} \times \frac{1}{6}$

⑤ $\frac{1}{9} \times \frac{1}{3}$

10 어느 식당에서 하루에 $\frac{5}{8}$ L의 식용유를 사용합니다. 이 식당에서 24일 동안 사용한 식용유는 모두 몇 L인가요?

( )

서술형

11 오리 20마리가 하루에 $1\frac{1}{5}$ kg의 사료를 먹습니다. 오리 20마리가 일주일 동안 먹는 사료는 몇 kg인지 풀이 과정을 쓰고 답을 구해 보세요.

_____

_____

_____

( )

12 수영이의 몸무게는 34 kg이고, 아버지의 몸무게는 수영이의 몸무게의 $2\frac{1}{4}$배입니다. 아버지의 몸무게는 몇 kg인가요?

( )

13 □ 안에 들어갈 수 있는 자연수를 모두 구해 보세요.

$$\frac{1}{48} < \frac{1}{6 \times \square} < \frac{1}{20}$$

( )

14 종욱이네 반 학생 중에서 $\frac{1}{2}$은 여학생이고, 여학생의 $\frac{1}{6}$은 수영을 좋아합니다. 종욱이네 반에서 수영을 좋아하는 여학생은 반 전체의 얼마인가요?

( )

15 1 m의 $\frac{2}{5}$는 몇 cm인가요?

( )

16 정사각형의 넓이가 $15\frac{3}{10}$ cm²일 때 색칠한 부분의 넓이는 몇 cm²인가요?

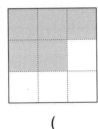

( )

17 재호네 집에서 지하철역까지의 거리는 $\frac{8}{9}$ km이고, 집에서 문구점까지의 거리는 집에서 지하철역까지의 거리의 $\frac{5}{6}$ 입니다. 집에서 문구점까지의 거리는 몇 km인가요?

( )

서술형

18 준형이는 한 시간에 $3\frac{3}{14}$ km를 걸을 수 있습니다. 같은 빠르기로 걷는다면 1시간 24분 동안에 몇 km를 걸을 수 있는지 풀이 과정을 쓰고 답을 구해 보세요.

_____

_____

( )

19 어떤 공은 떨어뜨린 높이의 $\frac{3}{4}$만큼 튀어 오릅니다. 이 공을 $7\frac{1}{6}$ m의 높이에서 떨어뜨렸다면 두 번째 튀어 올랐을 때의 높이는 몇 m인가요?

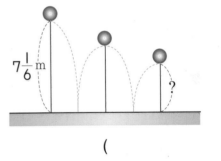

( )

서술형

20 윤수는 어제 책 한 권의 $\frac{2}{5}$를 읽었습니다. 오늘은 어제 읽고 난 나머지의 $\frac{3}{4}$을 읽었습니다. 책 한 권이 200쪽일 때, 오늘 읽은 양은 몇 쪽인지 풀이 과정을 쓰고 답을 구해 보세요.

_____

_____

( )

연습 각 단계에 따라 문제를 풀어 보세요.

1 재희와 진우는 밀가루로 빵을 만들었습니다. 재희는 밀가루 $\frac{5}{8}$ kg의 $\frac{7}{10}$ 을 사용하였고, 진우는 밀가루 $\frac{5}{6}$ kg의 $\frac{4}{5}$ 를 사용하였습니다. 누가 밀가루를 더 많이 사용했는지 구해 보세요.

1단계 재희가 사용한 밀가루는 몇 kg인가요?

(   )

2단계 진우가 사용한 밀가루는 몇 kg인가요?

(   )

3단계 누가 밀가루를 더 많이 사용했나요?

(   )

도전 위에서 푼 방법을 생각하며 풀어 보세요.

1-1 레몬청을 만드는 데 주영이는 설탕 2 kg의 $\frac{4}{5}$ 를 사용하였고, 윤재는 설탕 5 kg의 $\frac{3}{8}$ 을 사용하였습니다. 설탕을 누가 더 많이 사용했는지 풀이 과정을 쓰고 답을 구해 보세요.

풀이

_____

_____

_____

_____

답 _____

이렇게 술술풀어요

① 주영이가 사용한 설탕의 양을 구해 봅니다.

② 윤재가 사용한 설탕의 양을 구해 봅니다.

③ 누가 설탕을 더 많이 사용했는지 알아봅니다.

연습 각 단계에 따라 문제를 풀어 보세요.

2 수 카드를 모두 한 번씩 사용하여 대분수를 만들려고 합니다. 만들 수 있는 가장 큰 대분수와 가장 작은 대분수의 곱을 구해 보세요.

| 1 | 4 | 5 |

1단계 만들 수 있는 가장 큰 대분수를 써 보세요.

(   )

2단계 만들 수 있는 가장 작은 대분수를 써 보세요.

(   )

3단계 만들 수 있는 가장 큰 대분수와 가장 작은 대분수의 곱을 구해 보세요.

(   )

2 단원

도전 위에서 푼 방법을 생각하며 풀어 보세요.

2-1 수 카드를 모두 한 번씩 사용하여 대분수를 만들려고 합니다. 만들 수 있는 가장 큰 대분수와 가장 작은 대분수의 곱은 얼마인지 풀이 과정을 쓰고 답을 구해 보세요.

| 2 | 3 | 7 |

풀이

 이렇게 술술풀어요

① 가장 큰 대분수를 만들어 봅니다.

② 가장 작은 대분수를 만들어 봅니다.

③ ①과 ②의 곱을 구해 봅니다.

답 _____

연습 각 단계에 따라 문제를 풀어 보세요.

3 가로가 $10\frac{2}{3}$ cm, 세로가 $16\frac{1}{2}$ cm인 직사각형 모양의 도화지가 있습니다. 이 도화지의 $\frac{1}{4}$ 에 색칠하였다면 색칠하지 않은 부분의 넓이는 몇 cm²인지 구해 보세요.

> **1단계** 도화지의 넓이는 몇 cm²인가요?
>
> (   )
>
> **2단계** 색칠한 부분의 넓이는 몇 cm²인가요?
>
> (   )
>
> **3단계** 색칠하지 않은 부분의 넓이는 몇 cm²인가요?
>
> (   )

도전 위에서 푼 방법을 생각하며 풀어 보세요.

3-1 가로가 $9\frac{1}{6}$ cm, 세로가 $10\frac{4}{5}$ cm인 직사각형 모양의 도화지가 있습니다. 이 도화지의 $\frac{2}{3}$ 에 색칠하였다면 색칠하지 않은 부분의 넓이는 몇 cm²인지 풀이 과정을 쓰고 답을 구해 보세요.

① 도화지의 넓이를 구해 봅니다.

② 색칠한 부분의 넓이를 구해 봅니다.

③ 색칠하지 않은 부분의 넓이를 구해 봅니다.

풀이

_____

_____

_____

답 _____

실전 시험처럼 문제를 풀어 보세요.

4 진우네 반 전체 학생의 $\dfrac{8}{15}$ 은 남학생입니다. 남학생 중에서 $\dfrac{3}{4}$ 은 축구를 좋아하고, 그중의 $\dfrac{1}{6}$ 은 축구 선수라고 합니다. 진우네 반 학생이 30명이라면 축구 선수인 남학생은 몇 명인지 풀이 과정을 쓰고 답을 구해 보세요.

풀이

답 _____

실전 시험처럼 문제를 풀어 보세요.

5 일정한 빠르기로 1시간에 진희는 $3\dfrac{4}{5}$ km, 현우는 $4\dfrac{1}{3}$ km를 걷습니다. 두 사람이 2시간 30분 동안 걸은 거리의 차는 몇 km인지 풀이 과정을 쓰고 답을 구해 보세요.

풀이

답 _____

3-1 도형의 합동을 알아볼까요

◎ **합동**: 모양과 크기가 같아서 포개었을 때 완전히 겹치는 두 도형을 서로 합동이라고 합니다.

◎ **직사각형 모양의 색종이를 잘라서 서로 합동인 도형 만들기**

① 서로 합동인 사각형 **2**개 만들기

예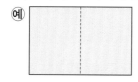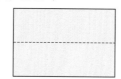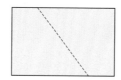

② 서로 합동인 삼각형 **4**개 만들기

예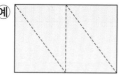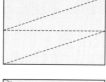

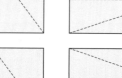 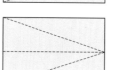

• **합동인 도형 만들기**
그림과 같이 종이 두 장을 포개어 놓고 그림을 오렸을 때, 두 그림의 모양과 크기가 똑같으므로 합동인 도형을 만들 수 있습니다.

3-2 합동인 도형의 성질을 알아볼까요

◎ **대응점, 대응변, 대응각**

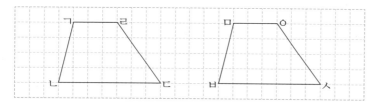

서로 합동인 두 도형을 포개었을 때

① 대응점: 완전히 겹치는 점을 대응점이라고 합니다.
　➡ 점 ㄱ과 점 ㅁ, 점 ㄴ과 점 ㅂ, 점 ㄷ과 점 ㅅ, 점 ㄹ과 점 ㅇ은 대응점입니다.

② 대응변: 완전히 겹치는 변을 대응변이라고 합니다.
　➡ 변 ㄱㄴ과 변 ㅁㅂ, 변 ㄴㄷ과 변 ㅂㅅ, 변 ㄷㄹ과 변 ㅅㅇ, 변 ㄱㄹ과 변 ㅁㅇ은 대응변입니다.

③ 대응각: 완전히 겹치는 각을 대응각이라고 합니다.
　➡ 각 ㄹㄱㄴ과 각 ㅇㅁㅂ, 각 ㄱㄴㄷ과 각 ㅁㅂㅅ, 각 ㄴㄷㄹ과 각 ㅂㅅㅇ, 각 ㄷㄹㄱ과 각 ㅅㅇㅁ은 대응각입니다.

• **서로 합동인 두 도형의 성질**

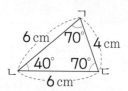

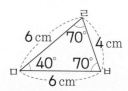

① 각각의 대응변의 길이가 서로 같습니다.
② 각각의 대응각의 크기가 서로 같습니다.

3 - 1 도형의 합동을 알아볼까요

1 도형을 점선을 따라 잘랐을 때 만들어진 두 도형이 서로 합동인 것을 모두 찾아 기호를 써 보세요.

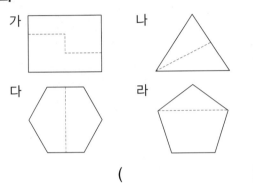

( )

2 주어진 도형과 서로 합동인 도형을 그려 보세요.

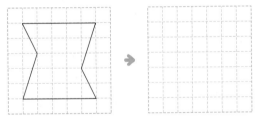

3 서로 합동인 도형을 모두 찾아 기호를 써 보세요.

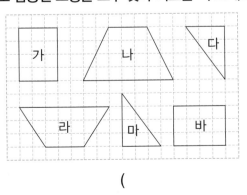

( )

3 - 2 합동인 도형의 성질을 알아볼까요

4 두 도형은 서로 합동입니다. 물음에 답하세요.

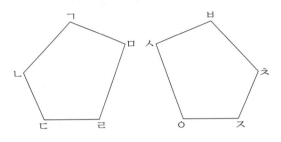

(1) 점 ㄴ의 대응점을 써 보세요.

( )

(2) 변 ㄹㅁ의 대응변을 써 보세요.

( )

(3) 각 ㄴㄷㄹ의 대응점을 써 보세요.

( )

5 두 삼각형은 서로 합동입니다. 물음에 답하세요.

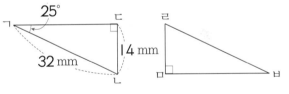

(1) 각 ㅂㄹㅁ은 몇 도(°)인지 써 보세요.

( )

(2) 변 ㄹㅂ은 몇 mm인지 써 보세요.

( )

6 평행사변형 ㄱㄴㄷㄹ에서 각 ㄴㄹㄱ의 크기와 같은 각은 어느 것인지 써 보세요.

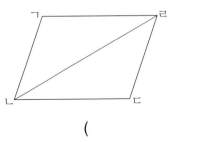

( )

교과서 핵심잡기 3. 합동과 대칭

3 - 3 선대칭도형과 그 성질을 알아볼까요

◎ **선대칭도형**: 한 직선을 따라 접었을 때 완전히 겹치는 도형을 선대칭
도형이라고 합니다. 이때 그 직선을 대칭축이라고 합니다.

◎ **대응점, 대응변, 대응각**: 대칭축을 따라 접었을 때 겹치는 점을 대응
점, 겹치는 변을 대응변, 겹치는 각을 대응각이라고 합니다.

→대칭축을 중심으로 접었을 때 왼쪽과 오른쪽 도형은
완전히 겹치므로 서로 합동입니다.

◎ **선대칭도형이 되도록 그리는 방법**

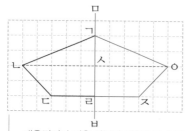

→대응점끼리 이은 선분과 대칭축이 수직으로 만납니다.

① 점 ㄴ에서 대칭축 ㅁㅂ에 수선을 긋고, 대칭축과 만나는 점을 찾
아 점 ㅅ으로 표시합니다. →직각을 이루는 직선
② 이 수선에 선분 ㄴㅅ과 길이가 같은 선분 ㅇㅅ이 되도록 점 ㄴ의
대응점을 찾아 점 ㅇ으로 표시합니다.
③ 위와 같은 방법으로 점 ㄷ의 대응점을 찾아 점 ㅈ으로 표시합니다.
④ 점 ㄹ과 점 ㅈ, 점 ㅈ과 점 ㅇ, 점 ㅇ과 점 ㄱ을 차례로 이어 선대
칭도형이 되도록 그립니다.

• **선대칭도형의 성질**
① 선대칭도형에서 각각의 대응
변의 길이가 서로 같습니다.
② 선대칭도형에서 각각의 대응
각의 크기가 서로 같습니다.

• **선대칭도형의 대응점끼리 이은
선분과 대칭축 사이의 관계**
① 선대칭도형의 대응점끼리
이은 선분은 대칭축과 수직
으로 만납니다.
② 선대칭도형에서 대칭축은
대응점끼리 이은 선분을 둘
로 똑같이 나눕니다.
③ 선대칭도형에서 각각의 대
응점에서 대칭축까지의 거
리가 서로 같습니다.

• **선대칭도형의 대칭축의 수**

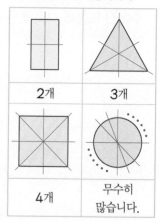

2개	3개
4개	무수히 많습니다.

🌸 오른쪽 그림에서 직선 ㄱㄴ을
따라 접으면 도형은 완전히 겹쳐
집니다. 이러한 도형을 무엇이라
고 하는지 써 보세요.

(   )

풀이

한 직선을 따라 접었을 때 완전히 겹치는 도형을 선대칭도형이라고
합니다.

답 선대칭도형

3 - 3 선대칭도형과 그 성질을 알아볼까요

1 선대칭도형을 모두 찾아보세요.

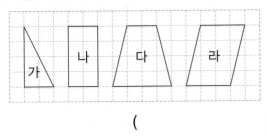

(   )

2 다음 도형에서 대칭축을 모두 찾아 그려 보세요.

(1)

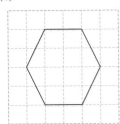

(2)

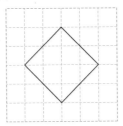

3 다음 도형은 선대칭도형입니다. 물음에 답하세요.

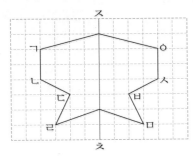

(1) 점 ㄴ의 대응점을 찾아보세요.

(   )

(2) 변 ㄷㄹ의 대응변을 찾아보세요.

(   )

(3) 각 ㄱㄴㄷ의 대응각을 찾아보세요.

(   )

4 직선 ㄱㄴ을 대칭축으로 하는 선대칭도형입니다. ㉠, ㉡의 크기는 각각 얼마인지 써 보세요.

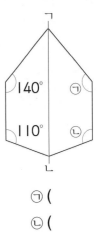

㉠ (   )

㉡ (   )

5 직선 ㄱㄴ을 대칭축으로 하는 선대칭도형을 완성해 보세요.

(1)

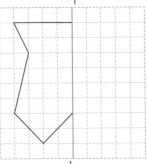

(2)

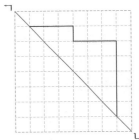

3 - 4 점대칭도형과 그 성질을 알아볼까요

◎ **점대칭도형**: 한 도형을 어떤 점을 중심으로 180° 돌렸을 때 처음 도형과 완전히 겹치면 이 도형을 점대칭도형이라고 합니다. 이때 그 점을 대칭의 중심이라고 합니다.

◎ **대응점, 대응변, 대응각**: 대칭의 중심을 중심으로 180° 돌렸을 때 겹치는 점을 대응점, 겹치는 변을 대응변, 겹치는 각을 대응각이라고 합니다.

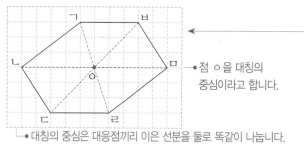

• 점 ㅇ을 대칭의 중심이라고 합니다.

└• 대칭의 중심은 대응점끼리 이은 선분을 둘로 똑같이 나눕니다.

◎ **점대칭도형이 되도록 그리는 방법**

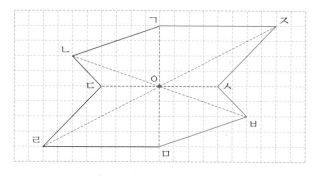

① 점 ㄴ에서 대칭의 중심인 점 ㅇ을 지나는 직선을 긋습니다.
② 이 직선에 선분 ㄴㅇ과 길이가 같은 선분 ㅂㅇ이 되도록 점 ㄴ의 대응점을 찾아 점 ㅂ으로 표시합니다.
③ 위와 같은 방법으로 점 ㄷ과 점 ㄹ의 대응점을 찾아 점 ㅅ과 점 ㅈ으로 각각 표시합니다.
④ 점 ㄱ의 대응점은 점 ㅁ입니다.
⑤ 점 ㅁ과 점 ㅂ, 점 ㅂ과 점 ㅅ, 점 ㅅ과 점 ㅈ, 점 ㅈ과 점 ㄱ을 차례로 이어 점대칭도형이 되도록 그립니다.

• **점대칭도형의 성질**
① 점대칭도형에서 각각의 대응변의 길이가 서로 같습니다.
② 점대칭도형에서 각각의 대응각의 크기가 서로 같습니다.

• **왼쪽 도형의 대응점, 대응변, 대응각 알아보기**

대응점	
점 ㄱ	점 ㄹ
점 ㄴ	점 ㅁ
점 ㄷ	점 ㅂ

대응변	
변 ㄱㄴ	변 ㄹㅁ
변 ㄱㅂ	변 ㄹㄷ
변 ㄴㄷ	변 ㅁㅂ

대응각	
각 ㅂㄱㄴ	각 ㄷㄹㅁ
각 ㄱㄴㄷ	각 ㄹㅁㅂ
각 ㄴㄷㄹ	각 ㅁㅂㄱ

• **완성한 도형이 점대칭도형인지 확인하기**
① 대칭의 중심이 대응점끼리 이은 선분을 둘로 똑같이 나누는지 확인합니다.
② 각각의 대응점에서 대칭의 중심까지의 거리가 서로 같은지 확인합니다.

✿ 오른쪽 도형은 점 ㅇ을 중심으로 180° 돌렸을 때 처음 도형과 완전히 겹쳐집니다. 이러한 도형을 무엇이라고 하는지 써 보세요.

(   )

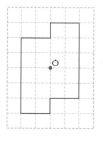

풀이

한 도형을 어떤 점을 중심으로 180° 돌렸을 때 처음 도형과 완전히 겹치면 이 도형을 점대칭도형이라고 합니다.

답 점대칭도형

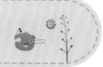
3 - 4 점대칭도형과 그 성질을 알아볼까요

1 점대칭도형을 찾아보세요.

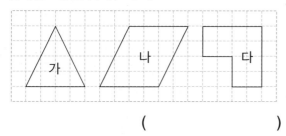

( )

2 다음 도형은 점대칭도형입니다. 대칭의 중심을 찾아 표시해 보세요.

(1)

(2)

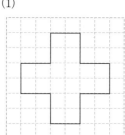 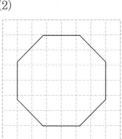

3 다음 도형은 점대칭도형입니다. 물음에 답하세요.

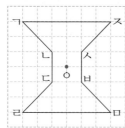

(1) 점 ㄴ의 대응점을 찾아보세요.

( )

(2) 변 ㄷㄹ의 대응변을 찾아보세요.

( )

(3) 각 ㄷㄹㅁ의 대응각을 찾아보세요.

( )

4 점 ㅇ을 대칭의 중심으로 하는 점대칭도형의 둘레가 24 cm일 때, 변 ㄱㄴ은 몇 cm인지 구해 보세요.

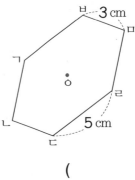

( )

5 위 **4**번 도형에서 선분 ㄱㅇ과 선분 ㄹㅇ의 길이를 비교해 보세요.

( )

6 점대칭도형이 되도록 그림을 완성해 보세요.

(1)

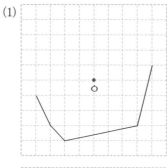

(2)

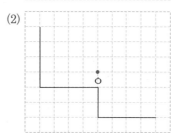

1 그림과 같이 모양과 크기가 같아서 포개었을 때 완전히 겹치는 두 도형을 서로 무엇이라고 하나요?

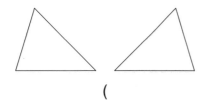

( )

2 가 도형과 서로 합동인 도형을 찾아 기호를 써 보세요.

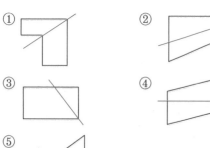

( )

& 주의

3 도형을 서로 합동이 되도록 나눈 것은 어느 것인가요? ( )

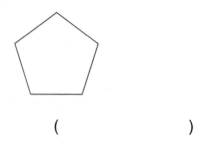

4 두 삼각형은 서로 합동입니다. 대응점을 각각 찾아 써 보세요.

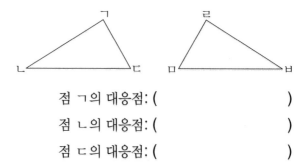

점 ㄱ의 대응점: ( )

점 ㄴ의 대응점: ( )

점 ㄷ의 대응점: ( )

5 두 도형은 서로 합동입니다. 대응변은 몇 쌍 있나요?

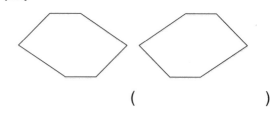

( )

6 선대칭도형을 모두 찾아보세요. ( )

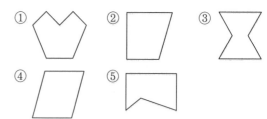

**중요 **

7 다음 선대칭도형에서 대칭축은 모두 몇 개인가요?

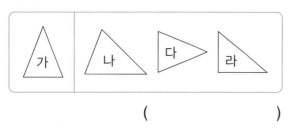

( )

8 점대칭도형을 모두 찾아 기호를 써 보세요.

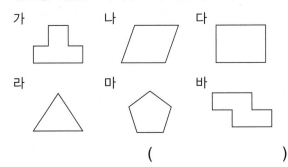

가　　　　나　　　　다

라　　　　마　　　　바

(　　　　　　　)

9 점대칭도형에서 대칭의 중심을 찾아 기호를 써 보세요.

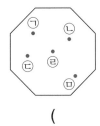

(　　　　　　　)

○ 두 삼각형은 서로 합동입니다. 물음에 답하세요.

[10~11]

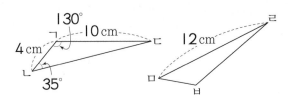

10 변 ㄴㄷ은 몇 cm인가요?

(　　　　　　　)

11 각 ㅂㄹㅁ은 몇 도인가요?

(　　　　　　　)

12 선대칭도형 중 대칭축의 개수가 가장 많은 것은 어느 것인가요? (　　　)

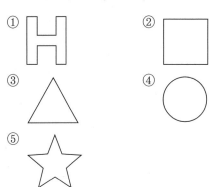

① 　　　　　②

③ 　　　　　④

⑤

중요

13 두 사각형은 서로 합동입니다. ☐ 안에 알맞은 수를 써넣으세요.

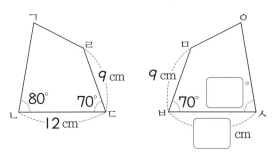

서술형

14 평행사변형 ㄱㄴㄷㄹ에서 각 ㄱㄷㄴ은 몇 도인지 풀이 과정을 쓰고 답을 구해 보세요.

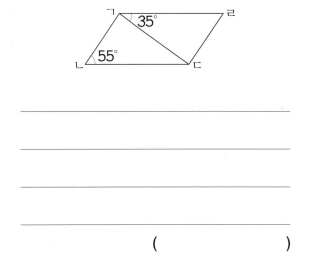

_____

_____

_____

_____

(　　　　　　　)

15 점대칭도형을 보고 점 ㄱ, 점 ㄴ, 점 ㄷ의 대응점을 찾아 써 보세요.

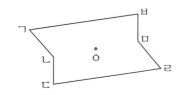

　　　　점 ㄱ의 대응점: (　　　　　　　　)

　　　　점 ㄴ의 대응점: (　　　　　　　　)

　　　　점 ㄷ의 대응점: (　　　　　　　　)

주의
16 선대칭도형을 완성해 보세요.

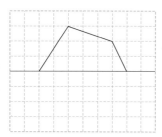

17 직선 ㄱㄴ을 대칭축으로 하는 선대칭도형입니다. ☐ 안에 알맞은 수를 써넣으세요.

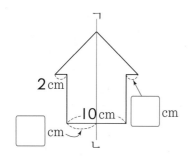

서술형
18 직선 ㄱㄴ을 대칭축으로 하는 선대칭도형입니다. ☐ 안에 알맞은 수는 얼마인지 풀이 과정을 쓰고 답을 구해 보세요.

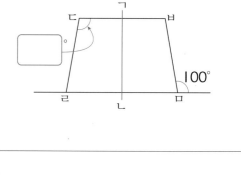

_____

_____

_____

_____

_____

　　　　　　　　　(　　　　　　　　)

19 점대칭도형이 되도록 그림을 완성해 보세요.

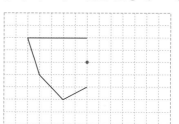

응용
20 점대칭도형의 둘레는 몇 cm인가요?

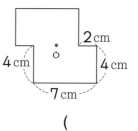

　　　　　　　　　(　　　　　　　　)

1 서로 합동인 도형은 몇 쌍인가요?

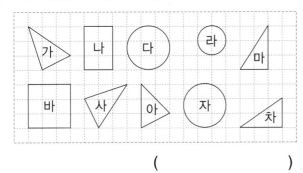

( )

두 사각형은 서로 합동입니다. 물음에 답하세요.

[5~6]

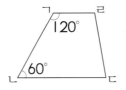 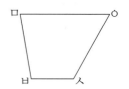

5 점 ㄱ과 점 ㄷ의 대응점을 각각 찾아 써 보세요.

점 ㄱ: ( )

점 ㄷ: ( )

도형을 보고 물음에 답하세요. [2~3]

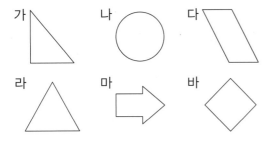

6 각 ㅁㅇㅅ은 몇 도인가요?

( )

2 선대칭도형을 모두 찾아 기호를 써 보세요.

( )

7 선대칭도형에서 대칭축을 모두 찾아 기호를 써 보세요.

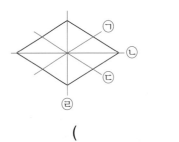

( )

3 점대칭도형을 모두 찾아 기호를 써 보세요.

( )

4 주어진 도형과 서로 합동인 도형을 그려 보세요.

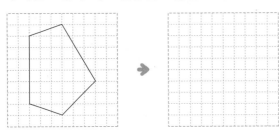

8 점대칭도형입니다. 대칭의 중심 ㅇ을 찾아 표시해 보세요.

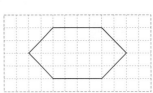

● 두 사각형은 서로 합동입니다. 물음에 답하세요.
[9~10]

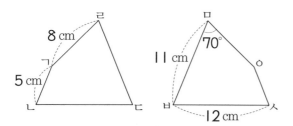

9 각 ㄱㄹㄷ은 몇 도인가요?

( )

<서술형>

10 사각형 ㄱㄴㄷㄹ의 둘레는 몇 cm인지 풀이 과정을 쓰고 답을 구해 보세요.

_____

_____

_____

_____

( )

<주의>

11 선대칭도형이면서 점대칭도형인 것을 모두 찾아 기호를 써 보세요.

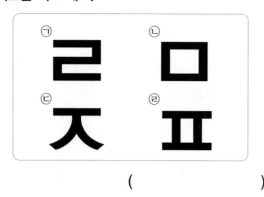

( )

12 다음 중 두 도형이 항상 합동인 경우를 모두 찾아 보세요. ( )

① 지름이 같은 두 원
② 넓이가 같은 두 직사각형
③ 세 각의 크기가 같은 두 삼각형
④ 네 각의 크기가 같은 두 직사각형
⑤ 한 변의 길이가 같은 두 정삼각형

<중요>

13 선대칭도형이 되도록 점 ㄴ, 점 ㄷ, 점 ㄹ의 대응점을 각각 점 ㅇ, 점 ㅅ, 점 ㅂ으로 표시한 후 선대칭도형을 완성해 보세요.

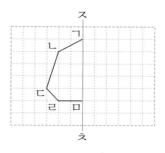

14 점 ㅇ을 대칭의 중심으로 하는 점대칭도형입니다. ◻ 안에 알맞게 써넣으세요.

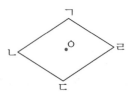

(1) 점 ㄱ의 대응점은 점 ◻ 입니다.

(2) 점 ㄱㄴ의 대응변은 변 ◻ 입니다.

(3) 각 ㄱㄴㄷ의 대응각은 각 ◻ 입니다.

15 직선 ㅅㅇ을 대칭축으로 하는 선대칭도형입니다. ☐ 안에 알맞은 수를 써넣으세요.

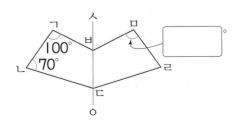

주의

16 선대칭도형에서 선분 ㄷㅊ이 12 cm일 때, 선분 ㄷㅁ은 몇 cm인가요?

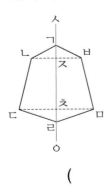

( )

서술형

17 다음은 서로 합동인 삼각형 ㄱㄴㄷ과 삼각형 ㄷㄹㅁ을 붙여서 만든 도형입니다. 도형의 둘레는 몇 cm인지 풀이 과정을 쓰고 답을 구해 보세요.

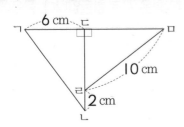

_____

_____

_____

( )

응용

18 사각형 ㄱㄴㄷㄹ은 선분 ㅁㅂ을 대칭축으로 하는 선대칭도형입니다. 사각형 ㄱㄴㄷㄹ의 둘레는 몇 cm인가요?

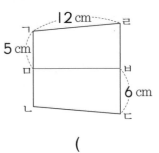

( )

서술형

19 다음 점대칭도형에서 선분 ㄱㄹ이 16 cm일 때, 선분 ㅇㄹ은 몇 cm인지 풀이 과정을 쓰고 답을 구해 보세요.

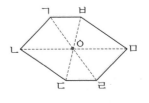

_____

_____

_____

( )

응용

20 다음 도형은 마름모 2개로 이루어진 점대칭도형입니다. 도형의 둘레는 몇 cm인가요?

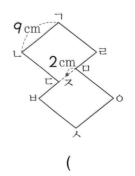

( )

1 서로 합동인 두 도형을 모두 찾아 기호를 써 보세요.

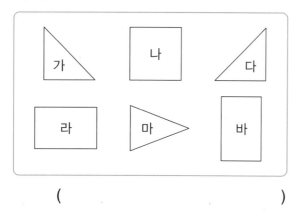

( )

2 나머지 셋과 합동인 도형이 <u>아닌</u> 것을 찾아 기호를 써 보세요.

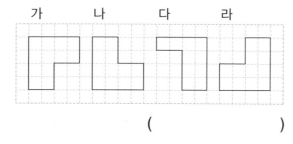

( )

3 주어진 도형과 서로 합동인 도형을 그려 보세요.

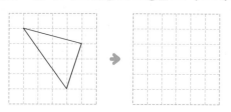

4 선대칭도형을 모두 찾아보세요. ( )

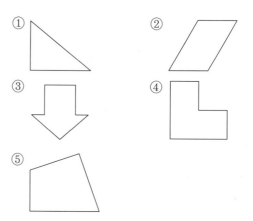

5 두 삼각형은 서로 합동입니다. 대응점, 대응변, 대응각은 각각 몇 쌍인가요?

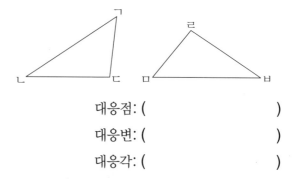

대응점: ( )

대응변: ( )

대응각: ( )

● 두 삼각형은 서로 합동입니다. 물음에 답하세요.

[6~7]

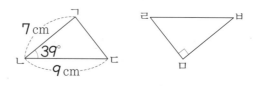

6 변 ㄹㅂ은 몇 cm인가요?

( )

7 각 ㄱㄷㄴ은 몇 도인가요?

( )

8 점대칭도형인 숫자를 모두 찾아 ○표 하세요.

0 3 6 8 9

9 점 ㅇ이 대칭의 중심인 점대칭도형입니다. 점 ㅇ을 중심으로 180° 돌렸을 때 변 ㄴㄷ과 겹치는 변을 찾아 써 보세요.

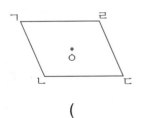

( )

10 선대칭도형입니다. 대칭축을 모두 그려 보세요.

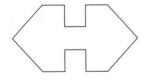

11 점대칭도형입니다. 대칭의 중심 ㅇ을 표시해 보세요.

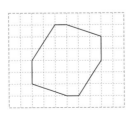

12 정육각형을 합동인 도형 3개가 되도록 나누어 보세요.

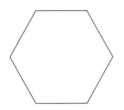

13 서로 합동이 <u>아닌</u> 도형은 어느 것인가요?

( )

① 크기가 같은 두 원
② 넓이가 같은 두 마름모
③ 크기가 같은 두 정삼각형
④ 밑변의 길이가 같은 두 정삼각형
⑤ 한 변의 길이가 같은 두 정사각형

서술형

14 사각형 ㄱㄴㄷㄹ은 직선 ㅅㅇ을 대칭축으로 하는 선대칭도형입니다. 각 ㄱㄴㅂ은 몇 도인지 풀이 과정을 쓰고 답을 구해 보세요.

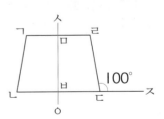

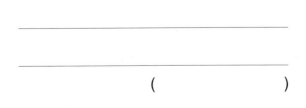

( )

15 선대칭도형에서 대칭축이 가장 많은 것을 찾아 기호를 써 보세요.

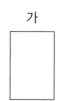  

(   )

16 선대칭도형을 완성해 보세요.

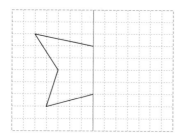

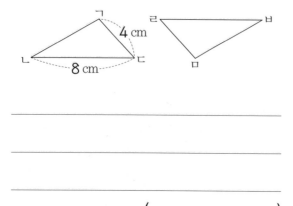

🖊서술형

17 두 삼각형은 서로 합동입니다. 삼각형 ㄹㅁㅂ의 둘레가 18 cm일 때, 변 ㅁㅂ은 몇 cm인지 풀이 과정을 쓰고 답을 구해 보세요.

_____

_____

(   )

18 점 ㅇ을 대칭의 중심으로 하는 점대칭도형입니다. 각 ㄴㄱㄹ은 몇 도인가요?

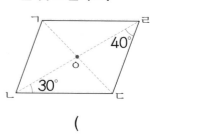

(   )

19 직선 ㅁㅂ이 대칭축인 선대칭도형입니다. 도형의 둘레는 몇 cm인가요?

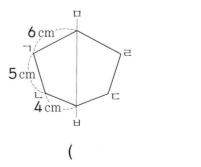

(   )

🖊서술형

20 직선 ㄱㄴ을 대칭축으로 하는 선대칭도형의 일부분입니다. 완성한 선대칭도형의 넓이는 몇 cm²인지 풀이 과정을 쓰고 답을 구해 보세요.

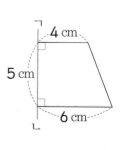

_____

_____

(   )

1 왼쪽 도형과 합동인 도형을 찾아 기호를 써 보세요.

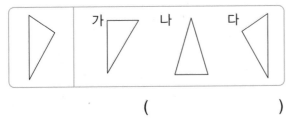

( )

2 다음 중 합동인 두 도형이 되도록 자를 수 <u>없는</u> 것은 어느 것인가요? ( )

 ① ②

 ③ ④

⑤

3 주어진 도형과 합동인 도형을 그려 보세요.

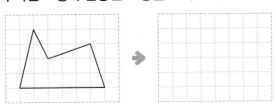

4 두 사각형은 서로 합동입니다. 각 ㄱㄹㄷ의 대응각을 찾아 써 보세요.

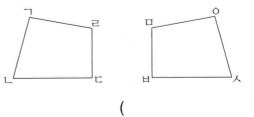

( )

● 도형을 보고 물음에 답하세요. [5~6]

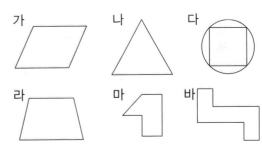

5 선대칭도형을 모두 찾아 기호를 써 보세요.

( )

6 점대칭도형을 모두 찾아 기호를 써 보세요.

( )

7 두 삼각형은 서로 합동입니다. 변 ㅁㅂ은 몇 cm 인가요?

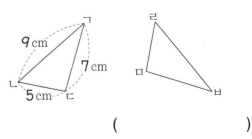

( )

3
단원

● 선분 ㅁㅂ을 대칭축으로 하는 선대칭도형입니다. 물음에 답하세요. [8~9]

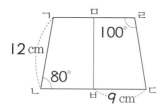

8 각 ㄹㄷㄴ은 몇 도인가요?

( )

9 변 ㄷㄹ은 몇 cm인가요?

( )

10 점대칭도형입니다. 대칭의 중심을 찾아 써 보세요.

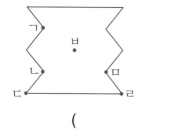

( )

11 다음 중 선대칭도형도 되고 점대칭도형도 되는 것은 어느 것인가요? ( )

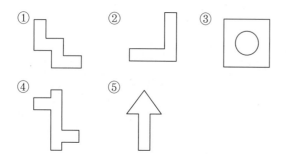

12 점대칭도형을 보고 대응점, 대응변, 대응각을 각각 써 보세요.

점 ㄴ의 대응점: ( )
변 ㄱㄴ의 대응변: ( )
각 ㄴㄷㄹ의 대응각: ( )

13 삼각형 ㄱㄴㄷ과 삼각형 ㄹㄷㄴ은 서로 합동입니다. 각 ㄷㄹㄴ은 몇 도인지 풀이 과정을 쓰고 답을 구해 보세요.

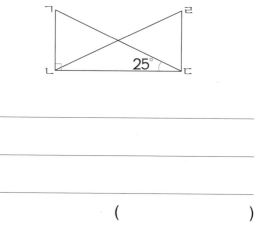

_____

_____

_____

( )

14 직선 ㄱㄴ을 대칭축으로 하는 선대칭도형입니다. ◯ 안에 알맞은 수를 써넣으세요.

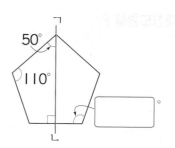

서술형

15 선분 ㄱㄴ을 대칭축으로 하는 선대칭도형입니다. 선대칭도형의 둘레는 몇 cm인지 풀이 과정을 쓰고 답을 구해 보세요.

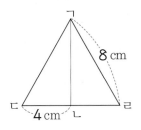

_____

_____

_____

_____

(   )

서술형

16 삼각형 ㄱㄴㄷ과 삼각형 ㄹㄷㄴ은 서로 합동입니다. 각 ㄹㄷㅁ은 몇 도인지 풀이 과정을 쓰고 답을 구해 보세요.

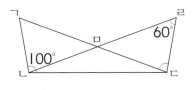

_____

_____

_____

_____

(   )

17 점대칭도형을 완성해 보세요.

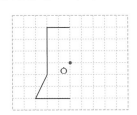

18 두 사각형은 서로 합동입니다. 사각형 ㄱㄴㄷㄹ의 둘레가 30 cm일 때 변 ㅅㅇ은 몇 cm인가요?

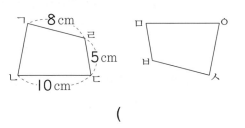

(   )

19 직선 ㄱㄴ을 대칭축으로 하는 선대칭도형을 완성해 보세요.

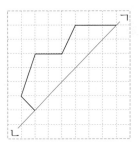

서술형

20 점 ㅇ을 대칭의 중심으로 하는 점대칭도형입니다. 선분 ㄱㄹ과 선분 ㄴㅁ의 길이의 합이 36 cm일 때, 선분 ㄹㅇ은 몇 cm인지 풀이 과정을 쓰고 답을 구해 보세요.

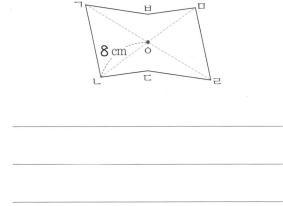

_____

_____

_____

_____

(   )

연습 각 단계에 따라 문제를 풀어 보세요.

1 삼각형 ㄱㄴㄷ과 삼각형 ㄷㄹㄱ은 서로 합동입니다.
각 ㄴㅁㄹ은 몇 도인지 구해 보세요.

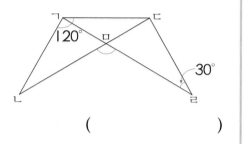

1단계 각 ㄱㄴㄷ은 몇 도인가요?

(   )

2단계 각 ㄱㄷㄴ은 몇 도인가요?

(   )

3단계 각 ㄴㅁㄹ은 몇 도인가요?

(   )

도전 위에서 푼 방법을 생각하며 풀어 보세요.

1-1 삼각형 ㄱㄴㄷ과 삼각형 ㄹㄷㄴ은
서로 합동입니다. 각 ㄱㅁㄹ은 몇
도인지 풀이 과정을 쓰고 답을 구
해 보세요.

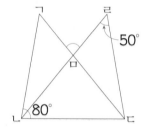

풀이

_____

_____

_____

_____

_____

_____

답 _____

이렇게 술술풀어요

① 각 ㄹㄷㄴ의 크기를 구해 봅
니다.

② 각 ㅁㄴㄷ과 각 ㄴㅁㄷ의 크
기를 구해 봅니다.

③ 각 ㄱㅁㄹ의 크기를 구해 봅
니다.

연습 각 단계에 따라 문제를 풀어 보세요.

2 선분 ㄱㄷ을 대칭축으로 하는 선대칭도형입니다. 선분 ㄱㄷ은 10 cm이고 선분 ㄴㄹ은 8 cm일 때, 사각형 ㄱㄴㄷㄹ의 넓이는 몇 cm²인지 구해 보세요.

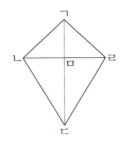

1단계 선분 ㄴㅁ은 몇 cm인가요?

(   )

2단계 사각형 ㄱㄴㄷㄹ의 넓이는 몇 cm²인가요?

(   )

도전 위에서 푼 방법을 생각하며 풀어 보세요.

2-1 선분 ㄱㄷ을 대칭축으로 하는 선대칭도형입니다. 선분 ㄱㄷ은 12 cm이고 선분 ㄴㄹ은 10 cm일 때, 사각형 ㄱㄴㄷㄹ의 넓이는 몇 cm²인지 풀이 과정을 쓰고 답을 구해 보세요.

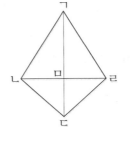

풀이

이렇게 술술풀어요

① 선분 ㄴㅁ과 선분 ㄹㅁ의 길이를 구해 봅니다.

② 사각형 ㄱㄴㄷㄹ의 넓이를 구해 봅니다.

답 _____

연습　각 단계에 따라 문제를 풀어 보세요.

3 점 ㅇ을 대칭의 중심으로 하는 점대칭도형입니다. 이 점대칭도형의 둘레는 몇 cm인지 구해 보세요.

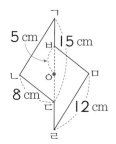

1단계 변 ㄱㅂ은 몇 cm인가요?

(　　　　　　　)

2단계 변 ㄱㄴ, 변 ㅁㅂ, 변 ㄹㄷ은 각각 몇 cm인가요?

변 ㄱㄴ: (　　　　　), 변 ㅁㅂ: (　　　　　), 변 ㄹㄷ: (　　　　　)

3단계 점대칭도형의 둘레는 몇 cm인가요?

(　　　　　　　)

도전　위에서 푼 방법을 생각하며 풀어 보세요.

3-1 점 ㅇ을 대칭의 중심으로 하는 점대칭도형입니다. 이 점대칭도형의 둘레는 몇 cm인지 풀이 과정을 쓰고 답을 구해 보세요.

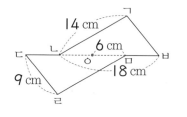

이렇게 술술풀어요

① 변 ㅁㅂ의 길이를 구해 봅니다.

② 변 ㄴㄷ, 변 ㄹㅁ, 변 ㄱㅂ의 길이를 구해 봅니다.

③ 점대칭도형의 둘레를 구해 봅니다.

풀이

_____

_____

_____

_____

_____

답　_____

 시험처럼 문제를 풀어 보세요.

4 삼각형 ㄱㄴㄷ과 ㄹㄷㅁ은 서로 합동이고, 색칠한 부분의 넓이는 두 삼각형 넓이의 합보다 8 cm²가 더 넓습니다. 색칠한 부분의 넓이는 몇 cm²인지 풀이 과정을 쓰고 답을 구해 보세요.

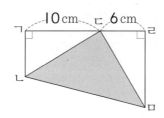

풀이

답

 시험처럼 문제를 풀어 보세요.

5 삼각형 ㄱㄴㄷ은 선분 ㄱㄹ을 대칭축으로 하는 선대칭도형입니다. 삼각형 ㄱㄴㄷ의 둘레는 몇 cm인지 풀이 과정을 쓰고 답을 구해 보세요.

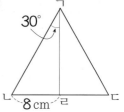

풀이

답

4 - 1 (소수)×(자연수)를 알아볼까요(1)

◎ 0.8×4를 여러 가지 방법으로 계산하기 → •(1보다 작은 소수)×(자연수) 계산하기

① 덧셈식으로 계산하기

$$0.8×4=0.8+0.8+0.8+0.8=3.2$$

└→•0.8×4는 0.8을 4번 더한 것과 같습니다.

② 0.1의 개수로 계산하기

0.8은 0.1이 모두 8개입니다.

0.8×4=0.1×8×4=0.1×32

0.1이 모두 32개이므로 0.8×4=3.2입니다.

③ 분수의 곱셈으로 계산하기

$$0.8×4=\frac{8}{10}×4=\frac{8×4}{10}=\frac{32}{10}=3.2$$

└→•소수인 0.8을 분수로 고쳐서 계산합니다.

• 자연수처럼 생각하고 계산한 다음 곱해지는 수의 소수점 위치에 맞추어 곱의 결과에 소수점을 찍습니다.

$$\begin{array}{r} 0.8 \\ \times\quad 4 \\ \hline 3\ 2 \end{array} \Rightarrow \begin{array}{r} 0.8 \\ \times\quad 4 \\ \hline 3.2 \end{array}$$

---

4 - 2 (소수)×(자연수)를 알아볼까요(2)

◎ 1.5×3을 여러 가지 방법으로 계산하기 → •(1보다 큰 소수)×(자연수) 계산하기

① 덧셈식으로 계산하기

$$1.5×3=1.5+1.5+1.5=4.5$$

└→•1.5×3은 1.5를 3번 더한 것과 같습니다.

② 0.1의 개수로 계산하기

1.5는 0.1이 15개입니다.

1.5×3은 0.1이 15×3=45(개)입니다.

따라서 1.5×3은 4.5입니다.

③ 분수의 곱셈으로 계산하기

$$1.5×3=\frac{15}{10}×3=\frac{15×3}{10}=\frac{45}{10}=4.5$$

└→•소수인 1.5를 분수로 고쳐서 계산합니다.

④ 1.5×3을 수 막대로 그려 보면 1이 3개, 0.1이 15개입니다.

0.1이 15개이면 1.5이므로 3+1.5=4.5입니다.

• 자연수처럼 생각하고 계산한 다음 곱해지는 수의 소수점 위치에 맞추어 곱의 결과에 소수점을 찍습니다.

$$\begin{array}{r} 1.5 \\ \times\quad 3 \\ \hline 4\ 5 \end{array} \Rightarrow \begin{array}{r} 1.5 \\ \times\quad 3 \\ \hline 4.5 \end{array}$$

1.5는 1+0.5이므로
1.5×3=(1×3)+(0.5×3)
=3+1.5=4.5와 같은
방법으로도 계산할
수 있어.

┌── 1.5 cm ──┐

(소수)×(자연수)를 알아볼까요(1)

1 0.6×3을 덧셈식으로 계산해 보세요.

$$0.6×3 = \boxed{} + \boxed{} + \boxed{}$$
$$= \boxed{}$$

2 0.17×3을 분수의 곱셈으로 계산해 보세요.

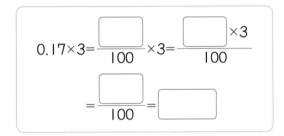

$$0.17×3 = \frac{\boxed{}}{100}×3 = \frac{\boxed{}×3}{100}$$
$$= \frac{\boxed{}}{100} = \boxed{}$$

3 0.9×5를 0.1의 개수로 계산해 보세요.

$$0.9×5 = 0.1×\boxed{}×5 = 0.1×\boxed{}$$

0.1이 모두 $\boxed{}$ 개이므로

$$0.9×5 = \boxed{}$$ 입니다.

4 계산해 보세요.

(1) 0.8×6

(2) 0.34×7

 (소수)×(자연수)를 알아볼까요(2)

5 보기 와 같은 방법으로 계산해 보세요.

> **보기**
> $$1.5×3 = 1.5+1.5+1.5 = 4.5$$

(1) 7.2×3 = _____

(2) 49.2×4 = _____

6 보기 와 같은 방법으로 계산해 보세요.

> **보기**
> $$1.5×3 = \frac{15}{10}×3 = \frac{15×3}{10} = \frac{45}{10} = 4.5$$

(1) 1.17×9 = _____

(2) 1.9×2 = _____

7 계산해 보세요.

(1) 2.7×8

(2) 5.34×3

8 빈칸에 알맞은 수를 써넣으세요.

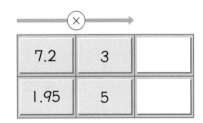

×		
7.2	3	
1.95	5	

4 - 3 (자연수)×(소수)를 알아볼까요(1)

◎ **3×0.6을 여러 가지 방법으로 계산하기** → (자연수)×(1보다 작은 소수) 계산하기

① 분수의 곱셈으로 계산하기

$$3 \times 0.6 = 3 \times \frac{6}{10} = \frac{18}{10} = 1.8$$

② 자연수의 곱셈으로 계산하기

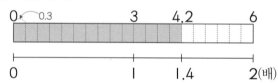

• 곱셈을 할 때 곱해지는 수와 곱하는 수의 순서가 바뀌어도 곱의 결과는 같습니다.

예) 3×0.6=1.8

0.6×3=1.8

4 - 4 (자연수)×(소수)를 알아볼까요(2)

◎ **3×1.4를 여러 가지 방법으로 계산하기** → (자연수)×(1보다 큰 소수) 계산하기

① 그림으로 계산하기

```
0  0.3        3   4.2      6
[━━━━━━━━━━━━━━━━━━━━]

0           1   1.4      2(배)
```

3의 1배는 3이고, 3의 0.4배는 1.2이므로 3의 1.4배는 4.2입니다.

② 분수의 곱셈으로 계산하기

$$3 \times 1.4 = 3 \times \frac{14}{10} = \frac{42}{10} = 4.2$$

③ 자연수의 곱셈으로 계산하기

```
3   ×   (14)   =   (42)
          │ 1/10배    │ 1/10배
3   ×   (1.4)  =   (4.2)
```

• 자연수처럼 생각하고 계산한 다음 곱하는 수의 소수점 위치에 맞추어 곱의 결과에 소수점을 찍습니다.

$$\begin{array}{r} 3 \\ \times\ 1.4 \\ \hline 4\ 2 \end{array} \Rightarrow \begin{array}{r} 3 \\ \times\ 1.4 \\ \hline 4.2 \end{array}$$

• 1.4는 1+0.4이므로
$3 \times 1.4 = 3 \times (1+0.4)$
$\qquad = (3 \times 1) + (3 \times 0.4)$
$\qquad = 3 + 1.2$
$\qquad = 4.2$입니다.

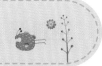
1 보 기 와 같은 방법으로 계산해 보세요.

$$3×0.6=3×\frac{6}{10}=\frac{18}{10}=1.8$$

(1) $4×0.7=$

_____

_____

(2) $6×0.18=$

_____

_____

2 자연수의 곱셈을 이용하여 계산해 보세요.

(1) $8×8=64$ ➡ $8×0.8=$ ☐

(2) $5×86=430$ ➡ $5×0.86=$ ☐

3 계산해 보세요.

(1) $7×0.9$

(2) $5×0.72$

4 계산 결과를 비교하여 ◯ 안에 >, =, <를 알맞게 써넣으세요.

(1) $3×0.3$ ◯ $4×0.2$

(2) $4×0.36$ ◯ $2×0.72$

5 $5×1.4$를 그림으로 계산하려고 합니다. 계산 결과만큼 색칠해 보세요.

$$5×1.4$$

```
0            5            10
├─┬─┬─┬─┬─┬─┬─┬─┬─┬─┤

0            1            2(배)
```

6 $30×1.3$을 자연수의 곱셈으로 계산해 보세요.

$$30 \quad × \quad 13 \quad = \quad ☐$$

$\frac{1}{10}$배 $\frac{1}{10}$배

$$30 \quad × \quad ☐ \quad = \quad ☐$$

7 지구에서 잰 몸무게는 달에서 잰 몸무게의 6배입니다. 지구에서의 몸무게는 몇 kg인가요?

 달에서 내 몸무게를 재면 8.3 kg일 거야.

 그럼 지구에서의 너의 몸무게는 몇 kg이니?

진호   지영

(   )

4
단원

4 - 5 (소수)×(소수)를 알아볼까요(1)

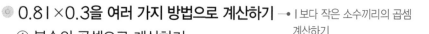

◎ 0.81×0.3을 여러 가지 방법으로 계산하기 —→ |보다 작은 소수끼리의 곱셈 계산하기

① 분수의 곱셈으로 계산하기

$$0.81 \times 0.3 = \frac{81}{100} \times \frac{3}{10} = \frac{243}{1000} = 0.243$$

② 자연수의 곱셈으로 계산하기

$$81 \quad \times \quad 3 \quad = \quad 243$$

$$\underset{\frac{1}{100}\text{배}}{} \qquad \underset{\frac{1}{10}\text{배}}{} \qquad \underset{\frac{1}{1000}\text{배}}{}$$

$$0.81 \quad \times \quad 0.3 \quad = \quad 0.243$$

• 자연수처럼 생각하고 계산한 다음 소수의 크기를 생각하여 소수점을 찍습니다.

```
      0.8 1
   ×    0.3
      2 4 3
      ⬇
      0.8 1
   ×    0.3
   0.2 4 3
```

4 - 6 (소수)×(소수)를 알아볼까요(2)

◎ 1.34×1.5를 여러 가지 방법으로 계산하기 —→ |보다 큰 소수끼리의 곱셈 계산하기

① 분수의 곱셈으로 계산하기

$$1.34 \times 1.5 = \frac{134}{100} \times \frac{15}{10} = \frac{2010}{1000} = 2.01$$

└─• 약분을 하지 않아야 소수로 고치기 쉽습니다.

② 자연수의 곱셈으로 계산하기

$$134 \quad \times \quad 15 \quad = \quad 2010$$

$$\underset{\frac{1}{100}\text{배}}{} \qquad \underset{\frac{1}{10}\text{배}}{} \qquad \underset{\frac{1}{1000}\text{배}}{}$$

$$1.34 \quad \times \quad 1.5 \quad = \quad 2.01$$

• 자연수처럼 생각하고 계산한 다음 소수의 크기를 생각하여 소수점을 찍습니다.

```
      1.3 4
   ×    1.5
   2 0 1 0
      ⬇
      1.3 4
   ×    1.5
   2.0 1 0̸
```

소수점 아래 마지막 •─┘
0은 생략하여 나타
냅니다.

4 - 7 곱의 소수점 위치는 어떻게 달라질까요

◎ **규칙을 이용하여 계산하기:** 곱하는 수에 따라 곱의 소수점 위치가 달라집니다.

```
3.65×1=3.65
3.65×10=36.5
3.65×100=365
3.65×1000=3650
```

└─• 곱하는 수의 0이 하나씩 늘어날 때마다 곱의 소수점이 오른쪽으로 한 자리씩 옮겨집니다.

```
3650×1=3650
3650×0.1=365
3650×0.01=36.5
3650×0.001=3.65
```

└─• 곱하는 소수의 소수점 아래 자리 수가 하나씩 늘어날 때마다 곱의 소수점이 왼쪽으로 한 자리씩 옮겨집니다.

• 곱하는 두 수의 소수점 아래 자리 수를 더한 것과 결괏값의 소수점 아래 자리 수는 같습니다.

㉐ 0.24×0.1=0.024

└─• 0.24×0.1의 소수점 아래 자리 수의 합은 3이고, 결괏값인 0.024의 소수점 아래 자리 수도 3입니다.

4 - 5 (소수)×(소수)를 알아볼까요(1)

1 계산해 보세요.

(1) 0.5×0.7

(2)
```
      0 . 5  6
  ×      0 . 3
```

2 0.34×0.7을 여러 가지 방법으로 계산해 보세요.

(1) 분수의 곱셈으로 계산해 보세요.

(2) 자연수의 곱셈으로 계산해 보세요.

3 가로가 0.3 m이고 세로가 0.75 m인 종이의 넓이는 몇 m²인지 구해 보세요.

(   )

4 - 6 (소수)×(소수)를 알아볼까요(2)

4 계산해 보세요.

(1) 2.6×3.9

(2)
```
      2 . 8  4
  ×      3 . 4
```

5 재경이의 몸무게는 48.6 kg입니다. 6학년이 될 때까지 몸무게를 0.2배만큼 늘리려고 합니다. 6학년이 되면 재경이의 몸무게는 몇 kg이 되는지 구해 보세요.

식

답

4 - 7 곱의 소수점 위치는 어떻게 달라질까요

6 소수점의 위치를 생각하여 계산해 보세요.

(1) 6.67×1=6.67

6.67×10=☐

6.67×100=☐

6.67×1000=☐

(2) 5630×1=5630

5630×0.1=☐

5630×0.01=☐

5630×0.001=☐

7 보기 를 이용하여 계산해 보세요.

> 보기
>
> 53×72=3816

(1) 5.3×7.2

(2) 0.53×7.2

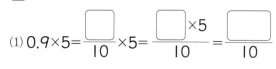

1 ☐ 안에 알맞은 수를 써넣으세요.

(1) $0.9 \times 5 = \dfrac{\boxed{}}{10} \times 5 = \dfrac{\boxed{} \times 5}{10} = \dfrac{\boxed{}}{10}$

$= \boxed{}$

(2) $2.1 \times 7 = \dfrac{\boxed{}}{10} \times 7 = \dfrac{\boxed{} \times 7}{10}$

$= \dfrac{\boxed{}}{10} = \boxed{}$

2 자연수의 곱셈을 이용하여 계산해 보세요.

$$\begin{array}{r} 6\,2 \\ \times\quad 4 \\ \hline 2\,4\,8 \end{array} \Rightarrow \begin{array}{r} 0.6\,2 \\ \times\qquad 4 \\ \hline \boxed{} \end{array}$$

3 계산해 보세요.

(1) 1.5×11

(2) 1.66×4

4 중요

$64 \times 8 = 512$입니다. ☐ 안에 알맞은 수를 써넣으세요.

$64 \times 0.8 = \boxed{}$
$64 \times 0.08 = \boxed{}$
$64 \times 0.008 = \boxed{}$

5 빈칸에 알맞은 수를 써넣으세요.

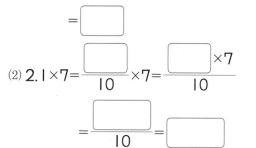

6 서술형

7×1.2를 두 가지 방법으로 계산해 보세요.

방법1

＿＿＿＿＿＿＿＿＿＿＿＿＿＿＿＿

＿＿＿＿＿＿＿＿＿＿＿＿＿＿＿＿

방법2

＿＿＿＿＿＿＿＿＿＿＿＿＿＿＿＿

＿＿＿＿＿＿＿＿＿＿＿＿＿＿＿＿

7 주의

곱의 소수점을 바르게 찍은 것은 어느 것인가요?

( )

① $17 \times 0.36 = 612$

② $1.7 \times 36 = 0.612$

③ $0.17 \times 36 = 61.2$

④ $17 \times 0.036 = 61.2$

⑤ $0.017 \times 36 = 0.612$

8 ☐ 안에 알맞은 소수를 써넣으세요.

$$24 \times \boxed{} = 0.024$$

9 직사각형의 넓이는 몇 cm^2인가요?

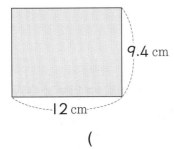

9.4 cm

12 cm

(   )

10 승호는 매일 0.6 km씩 뜁니다. 승호가 5일 동안 뛴 거리는 모두 몇 km인가요?

(   )

11 어림하여 계산 결과가 3보다 큰 것을 모두 찾아 기호를 써 보세요.

㉠ 5×0.62   ㉡ 8×0.43
㉢ 3의 0.62   ㉣ 6의 0.48배

(   )

12 어느 자루에 토마토를 가득 넣고 무게를 재면 75 kg이고, 이 자루에 배를 가득 넣고 무게를 재면 토마토를 넣었을 때 무게의 0.93배입니다. 배를 가득 넣었을 때의 무게는 몇 kg인가요?

(   )

13 가장 큰 수와 가장 작은 수의 곱을 구해 보세요.

| 12 | 11.6 | 7 | 14.08 |

(   )

서술형

14 성민이는 매일 둘레가 1.2 km인 공원을 한 바퀴씩 산책했습니다. 성민이가 2주일 동안 산책하는 거리는 몇 km인지 풀이 과정을 쓰고 답을 구해 보세요.

_____

_____

_____

_____

(   )

15 우체국에서 도서관까지의 거리는 우체국에서 은행까지의 거리의 2.6배입니다. 우체국에서 은행까지의 거리가 4 km일 때, 우체국에서 도서관까지의 거리는 몇 km인가요?

( )

16 ㉠은 ㉡의 몇 배인지 풀이 과정을 쓰고 답을 구해 보세요.

> ㉠ 0.581×100
> ㉡ 58.1×0.01

_____

_____

_____

( )

17 ㉠◆㉡=(㉠−㉡)×㉡이라고 할 때 다음 식을 계산해 보세요.

> 28.74 ◆ 16.5

( )

18 유진이는 매일 1시간 15분씩 수학 공부를 했습니다. 일주일 동안 유진이가 수학 공부를 한 시간은 모두 몇 시간인지 소수로 나타내어 보세요.

( )

19 ☐ 안에 들어갈 수 있는 소수 두 자리 수를 구해 보세요.

> 2.37×4.5 <☐< 26.7×0.4

( )

20 어떤 수에 2.87을 곱해야 할 것을 잘못하여 더했더니 5.05가 되었습니다. 바르게 계산한 값은 얼마인지 풀이 과정을 쓰고 답을 구해 보세요.

_____

_____

_____

_____

( )

1 다음 계산에서 소수점을 찍어야 할 곳을 찾아 기호를 써 보세요.

$$4.237 \times 100 = 4\square 2\square 3\square 7$$

$$\quad\quad\quad\quad\quad\quad\quad\uparrow\quad\uparrow\quad\uparrow$$
$$\quad\quad\quad\quad\quad\quad\quad㉠\quad㉡\quad㉢$$

( )

2 보기 와 같은 방법으로 계산해 보세요.

보기
$$9 \times 0.4 = 9 \times \frac{4}{10} = \frac{9 \times 4}{10} = \frac{36}{10} = 3.6$$

$$8 \times 0.61 =$$

_____

_____

중요

3 계산해 보세요.

(1)
$$\begin{array}{r} 1\ 6 \\ \times\ \ 0.9 \\ \hline \end{array}$$

(2)
$$\begin{array}{r} 1\ 2 \\ \times\ \ 3.4 \\ \hline \end{array}$$

4 ☐ 안에 알맞은 수를 써넣으세요.

(1) $12 \times 0.7 = \boxed{}$

(2) $4 \times 1.3 = \boxed{}$

5 곱의 소수점의 위치가 <u>잘못된</u> 것은 어느 것인가요? ( )

① $7 \times 0.9 = 6.3$
② $0.7 \times 9 = 6.3$
③ $0.07 \times 9 = 0.63$
④ $0.07 \times 90 = 6.3$
⑤ $70 \times 0.09 = 0.63$

주의

6 빈칸에 알맞은 수를 써넣으세요.

(1)

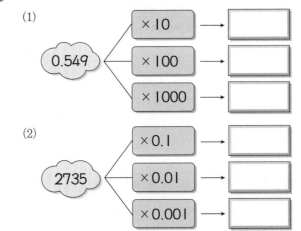

(2)

7 평행사변형의 넓이는 몇 cm^2인가요?

( )

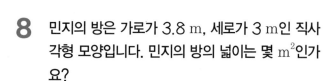
8 민지의 방은 가로가 3.8 m, 세로가 3 m인 직사각형 모양입니다. 민지의 방의 넓이는 몇 m²인가요?

(   )

9 계산 결과가 4.2보다 큰 것을 모두 찾아 기호를 써 보세요.

> ㉠ 4.2×0.8   ㉡ 4.2×1.1
> ㉢ 4.2×0.5   ㉣ 4.2×4.2

(   )

10 ☐ 안에 알맞은 수를 써넣으세요.

(1) 7.15×☐=71.5

(2) 8.31×☐=8310

11 지윤이는 끈을 1.2 m 가지고 있고, 재환이는 지윤이가 가진 끈의 길이의 2.6배를 가지고 있습니다. 재환이가 가지고 있는 끈의 길이는 몇 m인가요?

(   )

중요
12 계산 결과가 가장 작은 것의 기호를 써 보세요.

> ㉠ 2×5.4   ㉡ 3×3.66
> ㉢ 13×0.5   ㉣ 7×1.08

(   )

주의
13 ☐ 안에 알맞은 수가 가장 작은 것을 찾아 기호를 써 보세요.

> ㉠ 4.9×☐=490
> ㉡ ☐×49=0.49
> ㉢ 0.049×☐=49

(   )

서술형
14 어떤 수를 1.33으로 나누었더니 48이 되었습니다. 어떤 수는 얼마인지 풀이 과정을 쓰고 답을 구해 보세요.

_____

_____

_____

(   )

15 1분에 23 mm를 가는 달팽이가 있습니다. 같은 빠르기로 이 달팽이가 2분 30초 동안 갈 수 있는 거리는 몇 mm인가요?

( )

18 색칠한 부분의 넓이는 몇 cm²인가요?

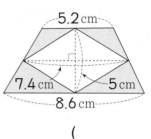

( )

16 어림하여 계산 결과가 8보다 큰 것을 찾아 기호를 써 보세요.

> ㉠ 4×1.8
> ㉡ 4의 2.1
> ㉢ 2의 3.9배

( )

19 4장의 수 카드를 모두 한 번씩 사용하여 다음과 같은 식을 만들려고 합니다. 곱이 가장 큰 때의 곱셈식을 만들고 계산해 보세요.

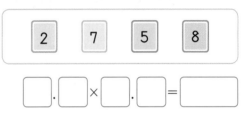

$$\boxed{}.\boxed{} \times \boxed{}.\boxed{} = \boxed{}$$

🖐서술형

20 한 시간에 기차는 81.5 km를 달리고, 버스는 64.8 km를 달립니다. 기차와 버스가 같은 곳에서 동시에 출발하여 같은 방향으로 3시간 30분 동안 달리면 거리의 차는 몇 km인지 풀이 과정을 쓰고 답을 구해 보세요.

_____

_____

_____

17 ☐ 안에 들어갈 수 있는 가장 작은 자연수를 구해 보세요.

> 2.4×6.8<☐

( )

( )

1 소수를 분수로 고쳐서 계산하려고 합니다. ◻ 안에 알맞은 수를 써넣으세요.

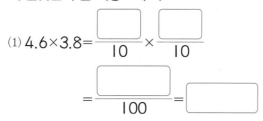

(1) $4.6 \times 3.8 = \dfrac{\square}{10} \times \dfrac{\square}{10}$

$= \dfrac{\square}{100} = \square$

(2) $5.47 \times 2.5 = \dfrac{547}{\square} \times \dfrac{25}{\square}$

$= \dfrac{13675}{\square}$

$= \square$

2 자연수의 곱셈을 이용하여 계산해 보세요.

$$\begin{array}{r} 3\ 0\ 8 \\ \times\ \ \ 1\ 4 \\ \hline \square \end{array} \rightarrow \begin{array}{r} 3.0\ 8 \\ \times\ \ \ 1.4 \\ \hline \square \end{array}$$

3 ◻ 안에 알맞은 수를 써넣으세요.

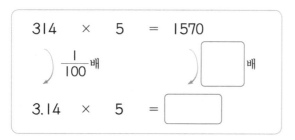

$$314 \times 5 = 1570$$

$$\left.\dfrac{1}{100}\right) 배 \qquad \left.\square\right) 배$$

$$3.14 \times 5 = \square$$

4 2.9×3의 값을 어림하여 옳은 계산 결과를 찾아 ◯표 하세요.

| 0.87 | 8.7 | 87 |

5 빈칸에 알맞은 수를 써넣으세요.

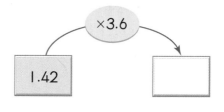

$1.42 \xrightarrow{\times 3.6} \square$

6 빈칸에 알맞은 수를 써넣으세요.

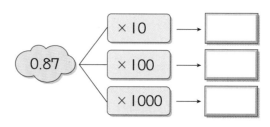

$0.87 \begin{cases} \times 10 \rightarrow \square \\ \times 100 \rightarrow \square \\ \times 1000 \rightarrow \square \end{cases}$

7 다음 식에서 잘못 계산한 곳을 찾아 바르게 계산해 보세요.

$$0.09 \times 30 = \dfrac{9}{10} \times 30 = \dfrac{9 \times 30}{10} = \dfrac{270}{10}$$
$$= 27$$

➡ $0.09 \times 30 =$ _____

_____

8 계산 결과를 비교하여 ◯ 안에 >, =, <를 알맞게 써넣으세요.

$8.25 \times 11 \bigcirc 15 \times 6.91$

9 곱의 소수점을 바르게 찍은 것은 어느 것인가요?

( )

① 36×0.17=612
② 0.36×17=61.2
③ 3.6×17=0.612
④ 36×0.017=61.2
⑤ 0.036×17=0.612

10 쌓기나무 1개의 무게는 4.053 g입니다. 쌓기나무 10개의 무게는 몇 g인가요?

( )

11 곱이 큰 것부터 차례로 기호를 써 보세요.

ㄱ 4.3×2.8
ㄴ 0.7×0.3
ㄷ 8.3×0.9
ㄹ 0.96×3.5

(, , ,)

서술형

12 강물이 한 시간에 0.92 km씩 일정한 빠르기로 흘러간다고 합니다. 이 강물이 36분 동안 흘러갔다면 몇 km를 간 것인지 풀이 과정을 쓰고 답을 구해 보세요.

_____

_____

_____

( )

13 ☐ 안에 알맞은 수가 <u>다른</u> 하나는 어느 것인가요? ( )

① 12×☐=1.2
② 680×☐=68
③ 3.3×☐=0.33
④ 0.48×☐=4.8
⑤ ☐×0.27=0.027

14 정육각형의 둘레는 몇 cm인가요?

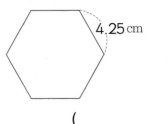

4.25 cm

( )

15 컵 한 개에 우유를 0.32 L씩 담으려고 합니다. 컵 8개에 우유를 담으려면 1 L짜리 우유를 적어도 몇 개 사야 하나요?

( )

16 '가⊙나=(가+나)×나'라고 할 때 다음 식을 계산해 보세요.

23⊙2.6

( )

17 3장의 수 카드를 모두 한번씩 사용하여 곱이 가장 큰 (소수 한 자리 수)×(한 자리 수)를 만들려고 합니다. 이때의 곱을 구해 보세요.

2   4   8

( )

18 어떤 수에 5.5를 곱해야 할 것을 잘못하여 5.13으로 나누었더니 6이 되었습니다. 바르게 계산한 값은 얼마인지 풀이 과정을 쓰고 답을 구해 보세요.

_____

_____

_____

_____

( )

19 1분에 찬물이 3.1 L, 더운물이 1.7 L 나오는 수도가 있습니다. 이 수도로 0.95분 동안 받을 수 있는 물의 양은 몇 L인가요?

( )

20 떨어뜨린 높이의 0.8배만큼 튀어 오르는 공이 있습니다. 이 공을 70 cm 높이에서 떨어뜨렸을 때 두 번째로 튀어 오를 때까지 공이 움직인 거리는 몇 cm인가요?

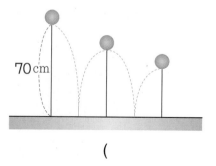

( )

1 0.8×4를 여러 가지 방법으로 계산한 것입니다. ☐ 안에 알맞은 수를 써넣으세요.

(1) 0.8×4는 0.8을 4번 더한 것과 같으므로

0.8+0.8+0.8+0.8=☐ 입니다.

(2) 0.8×4=0.1×8×4=0.1×☐ 입니다.

➡ 0.1이 모두 ☐ 개이므로

0.8×4=☐ 입니다.

2 계산해 보세요.

(1) 0.72×6

(2) 1.5×1.6

3 소수점의 위치를 생각하여 계산해 보세요.

(1) 0.432×100=☐

(2) 732.6×0.001=☐

4 빈칸에 알맞은 수를 써넣으세요.

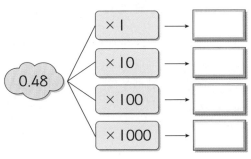

5 빈 곳에 알맞은 수를 써넣으세요.

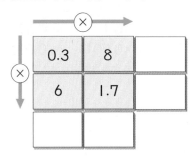

6 계산 결과가 같은 것끼리 이어 보세요.

(1) 0.4×0.9 •   • ㉠ 0.4×9

(2) 40×0.09 •   • ㉡ 4×0.09

🖐서술형

7 ☐ 안에 알맞은 수는 얼마인지 풀이 과정을 쓰고 답을 구해 보세요.

3.85×☐=3850

(   )

4 단원

8 곱이 작은 것부터 차례로 기호를 써 보세요.

> ㉠ 376×0.1   ㉡ 0.376×10
> ㉢ 376×0.001   ㉣ 0.376×1000

(,   ,   ,   )

9 1 L에 6.7 g의 설탕이 녹아 있는 설탕물이 있습니다. 이 설탕물 0.85 L에는 몇 g의 설탕이 녹아 있나요?

(   )

10 계산 결과를 **잘못** 말한 사람을 찾아 이름을 써 보세요.

8×0.92는 8과 0.9의 곱으로 어림할 수 있으니까 결과는 7.2 정도야!

수환

4×0.53은 4와 53의 곱이 약 200이니까 4와 0.53의 곱은 20 정도야!

민지

(   )

11 형건이는 고구마를 3.64 kg 캤습니다. 소영이는 형건이가 캔 고구마의 1.8배를 캤습니다. 소영이가 캔 고구마의 무게는 몇 kg인가요?

(   )

서술형

12 가장 큰 수와 가장 작은 수의 곱은 얼마인지 풀이 과정을 쓰고 답을 구해 보세요.

> 0.9   0.8   0.94   0.5

_____

_____

_____

(   )

13 ☐ 안에 들어갈 수가 작은 것부터 차례로 기호를 써 보세요.

> ㉠ 280×☐=0.28
> ㉡ ☐×107=10.7
> ㉢ 1058×☐=10.58

(,   ,   )

14 몸무게가 45 kg인 지효가 어떤 행성에서 몸무게를 재면 17.1 kg입니다. 어떤 행성에서 잰 몸무게인지 구해 보세요.

> • 금성에서 잰 몸무게는 지구에서 잰 몸무게의 약 0.91배입니다.
> • 수성에서 잰 몸무게는 지구에서 잰 몸무게의 약 0.38배입니다.

(   )

15 수진이에게 줄 생일 선물로 아린이는 29.75 g짜리 연필 10자루를, 도율이는 7.4 g짜리 젤리 100개를 사서 같은 무게의 상자에 각각 포장하였습니다. 누가 주는 선물이 얼마나 더 무거운가요?

(,   )

16 정현이는 매일 1시간 15분씩 독서를 했습니다. 일주일 동안 정현이가 독서한 시간은 모두 몇 시간인가요?

(   )

17 지연이는 계산기로 0.38×0.4를 계산하려고 두 수를 눌렀는데 수 하나의 소수점 위치를 <u>잘못</u> 눌러 계산했더니 1.52가 나왔습니다. 지연이가 <u>잘못</u> 누른 두 수를 구해 보세요.

☐ × ☐

18 동률이가 칠판에 가로가 10 cm, 세로가 6 cm 인 직사각형을 그렸습니다. 직사각형의 가로와 세로를 각각 1.3배씩 늘여 새로운 직사각형을 그리려고 합니다. 새로운 직사각형의 넓이는 몇 cm²인가요?

(   )

19 ☐ 안에 들어갈 수 있는 자연수는 모두 몇 개인가요?

$$5.8 \times \square < 6.41 \times 6.2$$

(   )

서술형

20 길이가 0.85 m인 색 테이프 10장을 그림과 같이 0.2 m씩 겹치도록 한 줄로 이어 붙였습니다. 이어 붙인 색 테이프의 전체 길이는 몇 m인지 풀이 과정을 쓰고 답을 구해 보세요.

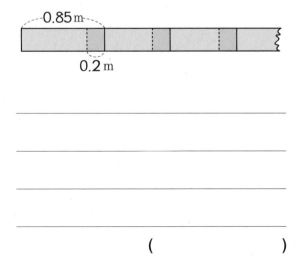

_____

_____

_____

(   )

연습 각 단계에 따라 문제를 풀어 보세요.

1 ㉠은 ㉡의 몇 배인지 구해 보세요.

> ㉠ 72×5.2   ㉡ 0.72×52

1단계 ㉠을 계산하면 얼마인가요?

(   )

2단계 ㉡을 계산하면 얼마인가요?

(   )

3단계 ㉠은 ㉡의 몇 배인가요?

(   )

도전 위에서 푼 방법을 생각하며 풀어 보세요.

1-1 ㉡은 ㉠의 몇 배인지 풀이 과정을 쓰고 답을 구해 보세요.

> ㉠ 0.25×1.3   ㉡ 2.5×13

풀이

_____

_____

_____

_____

답 _____

이렇게 술술풀어요

① ㉠을 계산해 봅니다.

② ㉡을 계산해 봅니다.

③ ㉡은 ㉠의 몇 배인지 알아봅니다.

연습 각 단계에 따라 문제를 풀어 보세요.

2 계산 결과를 잘못 말한 사람을 찾아 이름을 쓰고, 바르게 고쳐 보세요.

0.52×5는 52와 5의 곱이 약 250이므로 결과는 25 정도가 돼.

민희

0.21×3은 20과 3의 곱으로 어림할 수 있어. 결과는 0.6 정도가 돼.

서준

1단계 잘못 말한 사람을 찾아 이름을 써 보세요.

(   )

4
단원

2단계 바르게 고쳐 써 보세요.

_____

도전 위에서 푼 방법을 생각하며 풀어 보세요.

2-1 300×0.48을 계산하려고 합니다. 계산 결과를 잘못 설명한 것을 바르게 고쳐 쓰고, 말한 사람의 이름을 써 보세요.

이렇게 술술 풀어요

① 바르게 고쳐 씁니다.

② 잘못 말한 사람을 찾아봅니다.

> • 수민: 3과 48을 곱하면 144가 되는데 곱하는 수 0.48이 소수 두 자리 수이므로 계산 결과는 1.44야.
>
> • 연서: 0.48을 간단한 분수로 나타내면 약 $\frac{1}{2}$이므로 어림하면 150 정도가 돼.

풀이

_____

_____

_____

답 _____

연습 각 단계에 따라 문제를 풀어 보세요.

3 4장의 수 카드를 ☐ 안에 한 번씩만 모두 사용하여 곱을 가장 크게 만들려고 합니다. 이때의 곱을 구해 보세요.

1 4 6 7   ☐.☐×☐.☐

1단계 곱이 가장 크게 되는 곱셈식을 만들려면 곱셈식의 자연수 부분에 어떤 숫자를 놓아야 하나요?

(   )

2단계 1단계 에서 구한 수들로 곱이 가장 크게 되는 곱셈식을 만들어 보세요.

☐.☐ × ☐.☐

3단계 위 2단계 의 곱셈식을 계산하여 보세요.

(   )

도전 위에서 푼 방법을 생각하며 풀어 보세요.

3-1 4장의 수 카드를 ☐ 안에 한 번씩만 모두 사용하여 곱을 가장 크게 만들려고 합니다. 이때의 곱은 얼마인지 풀이 과정을 쓰고 답을 구해 보세요.

6 4 5 8   ☐.☐×☐.☐

풀이

_____

_____

_____

_____

답 _____

이렇게 술술 풀어요

① 소수 한 자리 수의 자연수 부분에 놓아야 할 수를 고릅니다.

② 곱이 가장 크게 되는 곱셈식을 만듭니다.

③ ②에서 만든 곱셈식에서 곱을 구합니다.

실전 시험처럼 문제를 풀어 보세요.

4 떨어진 높이의 0.7배만큼 튀어 오르는 공이 있습니다. 이 공을 9 m 높이에서 떨어뜨렸을 때 공이 두 번째로 튀어 오를 때까지 움직인 거리는 몇 m인지 풀이 과정을 쓰고 답을 구해 보세요.

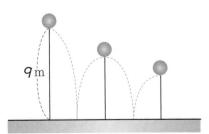

풀이

답

4
단원

실전 시험처럼 문제를 풀어 보세요.

5 산을 100 m씩 올라갈 때마다 0.7℃씩 기온이 떨어지고 바람이 초속 1 m 빨라질 때마다 사람이 느끼는 온도가 1.6℃씩 떨어집니다. 산 아래 0 m인 곳의 기온이 23℃일 때 산의 높이가 1700 m인 설악산 대청봉에서 초속 5 m의 바람이 불고 있다면 사람이 느끼는 온도는 몇 ℃인지 풀이 과정을 쓰고 답을 구해 보세요.

풀이

답

5-1 직사각형 6개로 둘러싸인 도형을 알아볼까요

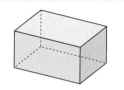

◎ **직육면체**: 오른쪽 그림과 같이 직사각형 6개로 둘러싸인 도형을 직육면체라고 합니다.

◎ **직육면체의 면, 모서리, 꼭짓점**

① 면: 직육면체에서 선분으로 둘러싸인 부분을 면이라고 합니다.

② 모서리: 면과 면이 만나는 선분을 모서리라고 합니다. → 길이가 같은 모서리가 4개씩 3쌍입니다.

③ 꼭짓점: 모서리와 모서리가 만나는 점을 꼭짓점이라고 합니다.

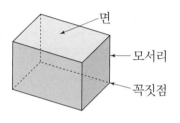

• **직육면체가 아닌 이유**

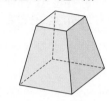

직육면체는 6개의 직사각형으로 이루어져 있으나 위의 도형은 그렇지 않습니다. 4개의 사다리꼴과 2개의 직사각형으로 이루어져 있습니다.

면의 모양	면의 수(개)	모서리의 수(개)	꼭짓점의 수(개)
직사각형	6	12	8

5-2 정사각형 6개로 둘러싸인 도형을 알아볼까요

◎ **정육면체**: 오른쪽 그림과 같이 정사각형 6개로 둘러싸인 도형을 정육면체라고 합니다.

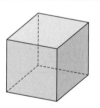

• **직육면체와 정육면체**

정사각형은 직사각형이라고 할 수 있습니다. 그러므로 정육면체는 직육면체라고 할 수 있습니다.

면의 모양	면의 수(개)	모서리의 수(개)	꼭짓점의 수(개)
정사각형	6	12	8

└ 정육면체인 동시에 직육면체입니다.

◎ **직육면체와 정육면체의 공통점과 차이점**

공통점	• 면의 수는 6개로 같습니다. • 모서리의 수는 12개로 같습니다. • 꼭짓점의 수는 8개로 같습니다.
차이점	• 면의 모양이 직육면체는 같을 수도 있고 다를 수도 있으나 정육면체는 모두 같습니다. • 직육면체의 모서리의 길이는 같을 수도 있고 다를 수도 있으나 정육면체는 모서리의 길이가 모두 같습니다.

 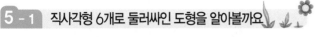
1 직육면체의 각 부분의 이름을 써 보세요.

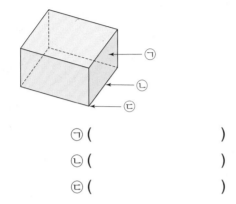

㉠ (   )

㉡ (   )

㉢ (   )

2 직육면체를 보고 표를 완성해 보세요.

입체도형	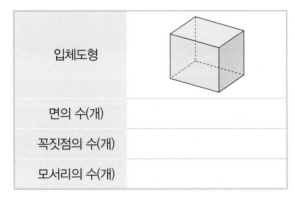
면의 수(개)	
꼭짓점의 수(개)	
모서리의 수(개)	

3 다음 도형이 직육면체가 <u>아닌</u> 이유입니다. ◻ 안에 알맞은 수를 써넣으세요.

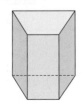

직육면체는 ◻ 개의 직사각형으로 이루어져 있으나 위의 도형은 그렇지 않습니다. ◻ 개의 사다리꼴과 ◻ 개의 직사각형으로 이루어져 있습니다.

4 다음 도형에 대한 설명으로 옳지 <u>않은</u> 것은 어느 것인가요? (   )

① 면이 6개입니다.

② 꼭짓점이 8개입니다.

③ 모서리가 16개입니다.

④ 모서리의 길이가 모두 같습니다.

⑤ 면의 모양이 모두 정사각형입니다.

5 정육면체의 한 모서리의 길이가 4 cm일 때, 물음에 답하세요.

⑴ 모든 모서리 길이의 합은 얼마인지 구해 보세요.

(   )

⑵ 보이는 모서리 길이의 합은 얼마인지 구해 보세요.

(   )

6 정육면체와 직육면체의 관계를 쓴 것입니다. ◻ 안에 알맞은 말을 써넣으세요.

◻ 사각형은 ◻ 사각형이라고 할 수 있으므로 정사각형으로 이루어진 정육면체는 직사각형으로 이루어진 직육면체라고 할 수 있습니다.

5 - 3　직육면체의 성질을 알아볼까요

◎ **밑면**: 그림과 같이 직육면체에서 색칠한 두 면처럼 계속 늘여도 만나지 않는 두 면을 서로 평행하다고 합니다. 이 두 면을 직육면체의 밑면이라고 합니다.

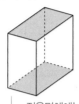 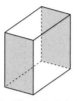

└─●직육면체에는 평행한 면이 3쌍 있고 이 평행한 면은 각각 밑면이 될 수 있습니다.

◎ **옆면**: 직육면체에서 밑면과 수직인 면을 직육면체의 옆면이라고 합니다.

└─●밑면이 바뀌면 옆면의 위치도 바뀝니다.

  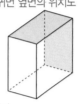

└─●한 밑면과 수직인 면은 4개입니다.

· 평행한 면과 수직인 면의 수

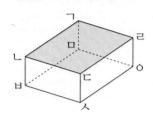

① 면 ㄱㄴㄷㄹ과 평행한 면의 수: **1**개 →●면 ㅁㅂㅅㅇ
② 면 ㄱㄴㄷㄹ과 수직인 면의 수: **4**개
　　└─●면 ㄱㅁㅇㄹ, 면 ㄷㄹㅇㅅ, 면 ㄴㄷㅅㅂ, 면 ㄴㅂㅁㄱ

5 - 4　직육면체의 겨냥도를 알아볼까요

◎ **겨냥도**: 다음과 같이 직육면체 모양을 잘 알 수 있도록 나타낸 그림을 직육면체의 겨냥도라고 합니다.

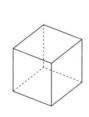 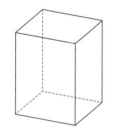 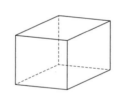

· 관찰하는 방향에 따라 보이는 면의 수가 달라집니다.

① 보이는 면의 수가 **1**개일 때

② 보이는 면의 수가 **2**개일 때

③ 보이는 면의 수가 **3**개일 때

면의 수(개)		모서리의 수(개)		꼭짓점의 수(개)	
보이는 면	보이지 않는 면	보이는 모서리	보이지 않는 모서리	보이는 꼭짓점	보이지 않는 꼭짓점
3	3	9	3	7	1

└─●관찰하는 방향에 따라 보이는 면의 수가 달라집니다.

◎ **겨냥도 그리기**: 겨냥도에서는 보이는 모서리는 실선으로, 보이지 않는 모서리는 점선으로 그립니다.

5 - 3　직육면체의 성질을 알아볼까요

 의 도형에 대한 물음에 답하세요. [1~2]

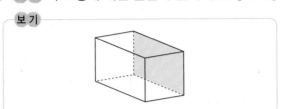

가　　　　　　　나
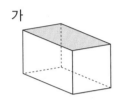　　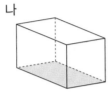

다　　　　　　　라
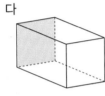　　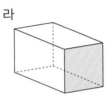

마
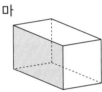

1 보기 의 색칠한 면과 평행한 면을 색칠한 것을 찾아 기호를 써 보세요.

(　　　　　　　)

2 보기 의 색칠한 면과 수직인 면을 색칠한 것을 모두 찾아 기호를 써 보세요.

(　　　　　　　)

3 직육면체에서 서로 평행한 면은 모두 몇 쌍인 가요?

(　　　　　　　)

5 - 4　직육면체의 겨냥도를 알아볼까요

4 직육면체의 겨냥도를 바르게 그린 것을 찾아 기호를 써 보세요.

가　　　　　　　나
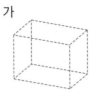　　

다　　　　　　　라
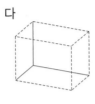　　

(　　　　　　　)

5 그림에서 빠진 부분을 그려 넣어 직육면체의 겨냥도를 완성해 보세요.

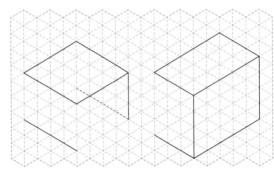

6 직육면체에서 보이는 모서리의 길이의 합은 몇 cm인지 구해 보세요.

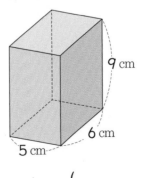

9 cm
6 cm
5 cm

(　　　　　　　)

5 - 5 정육면체의 전개도를 알아볼까요

◉ **전개도**: 정육면체의 모서리를 잘라서 펼친 그림을 정육면체의 전개도라고 합니다.

잘린 모서리는 실선으로, 잘리지 않는 • 모서리는 점선으로 표시합니다.

◉ **정육면체의 전개도의 예**

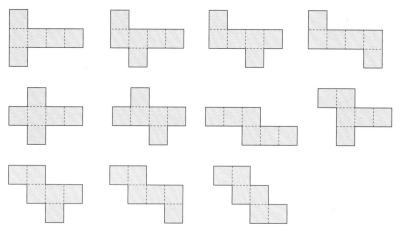

• **정육면체의 전개도가 아닌 이유**
접었을 때 서로 겹치는 부분이 있습니다.

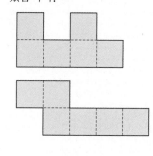

5 - 6 직육면체의 전개도를 알아볼까요

◉ **직육면체의 전개도**

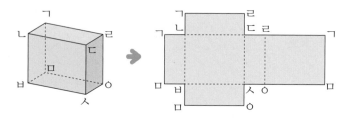

◉ **직육면체의 전개도의 예**

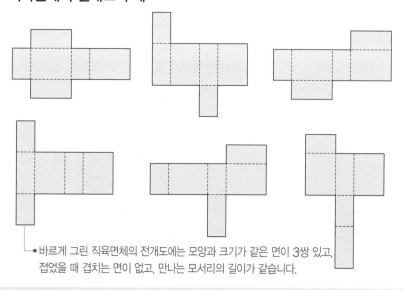

•바르게 그린 직육면체의 전개도에는 모양과 크기가 같은 면이 3쌍 있고, 접었을 때 겹치는 면이 없고, 만나는 모서리의 길이가 같습니다.

• **직육면체 모양의 상자를 잘라서 펼친 모양**

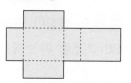

① 전개도가 **6**개의 면으로 이루어져 있습니다.
② 마주 보는 **3**쌍의 면의 모양과 크기가 서로 같습니다.
③ 한 면에 수직인 면이 **4**개 있습니다.
④ 완전히 펼쳐지기 위해 모서리를 **7**군데 잘라야 합니다.
⑤ 직육면체가 되기 위해 접히는 부분이 **5**군데 있습니다.

5 - 5 정육면체의 전개도를 알아볼까요

● 전개도를 접어서 정육면체를 만들었습니다. 물음에 답하세요. [1~3]

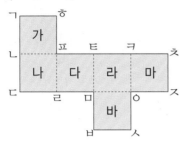

1 전개도를 접었을 때 점 ㄱ과 만나는 점을 찾아 써 보세요.

( )

2 전개도를 접었을 때 선분 ㄹㅁ과 겹치는 선분을 찾아 써 보세요.

( )

3 전개도를 접었을 때 면 라와 수직인 면을 모두 찾아 써 보세요.

( )

4 서로 마주 보는 면에 있는 수의 합이 7이라고 할 때, 전개도의 각 면에 알맞은 수를 써넣으세요.

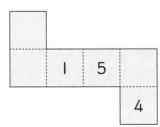

5 - 6 직육면체의 전개도를 알아볼까요

● 직육면체의 전개도를 보고 물음에 답하세요.

[5~6]

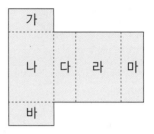

5 전개도를 접었을 때 면 가와 평행한 면을 찾아 써 보세요.

( )

6 전개도를 접었을 때 면 다와 수직인 면을 모두 찾아 써 보세요.

( )

7 직육면체의 겨냥도를 보고 전개도를 그려 보세요.

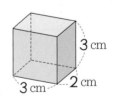

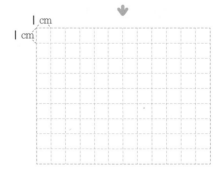

1 정육면체를 찾아 기호를 써 보세요.

가   나   다

 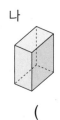

(   )

2 그림을 보고 ◯ 안에 알맞은 말을 써넣으세요.

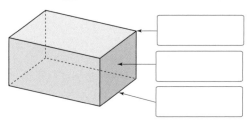

3 직육면체의 겨냥도를 바르게 그린 것의 기호를 써 보세요.

가   나   다

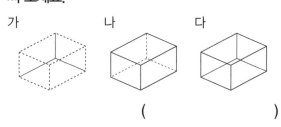

(   )

4 직육면체의 겨냥도에서 <u>잘못된</u> 부분을 찾아 바르게 그려 보세요.

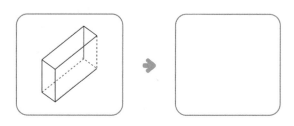

5 정육면체에서 서로 평행한 면은 모두 몇 쌍인가요?

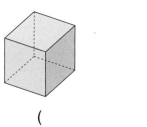

(   )

중요

6 직육면체의 전개도가 <u>아닌</u> 것을 찾아 기호를 써 보세요.

가   나

다   라

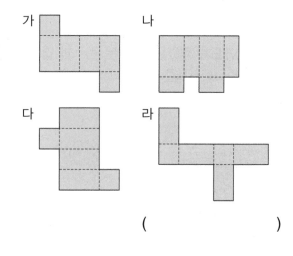

(   )

7 직육면체의 겨냥도에서 그 수가 가장 많은 것은 어느 것인가요? (   )

① 보이는 면의 수
② 보이는 꼭짓점의 수
③ 보이는 모서리의 수
④ 보이지 않는 면의 수
⑤ 한 면에 수직인 면의 수

● 직육면체를 보고 물음에 답하세요. [8~9]

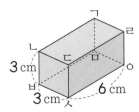

3 cm

3 cm

6 cm

8 면 ㄷㅅㅇㄹ과 모양과 크기가 같은 면은 몇 개 더 있나요?

( )

9 면 ㄴㅂㅅㄷ과 평행한 면을 찾아 써 보세요.

( )

10 직육면체에 대한 설명 중 옳은 것을 모두 찾아 기호를 써 보세요.

┌─────────────────────────────────┐
│ ㉠ 직육면체의 면은 6개입니다.   │
│ ㉡ 직육면체의 꼭짓점은 12개입니다.   │
│ ㉢ 직육면체에서 마주 보는 면은 서로 평행합니다. │
└─────────────────────────────────┘

( )

11 직육면체의 색칠한 면과 수직인 면을 모두 찾아 써 보세요.

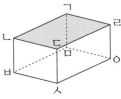

( )

12 다음은 직육면체입니다. ☐ 안에 알맞은 수를 써 넣으세요.

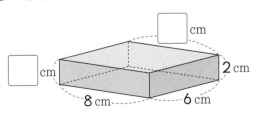

☐ cm

☐ cm

2 cm

8 cm

6 cm

13 직육면체에서 색칠한 면과 평행한 면을 찾아 색칠해 보세요.

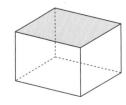

5
단원

🖊️ 서술형

14 직육면체의 겨냥도에서 보이지 않는 모서리의 길이의 합은 몇 cm인지 풀이 과정을 쓰고 답을 구해 보세요.

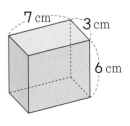

7 cm

3 cm

6 cm

_____

_____

_____

_____

( )

응용

15 각 면에 서로 <u>다른</u> 숫자가 써진 정육면체를 세 방향에서 본 것입니다. 숫자 9가 써진 면과 평행한 면에 써진 숫자는 무엇인가요?

(   )

서술형

16 정육면체의 겨냥도에서 보이는 모서리 길이의 합이 72 cm일 때 보이지 않는 모서리 길이의 합은 몇 cm인지 풀이 과정을 쓰고 답을 구해 보세요.

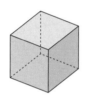

_____

_____

_____

_____

(   )

17 주사위에서 서로 평행한 면의 눈의 수의 합은 7 입니다. 면 가에 들어갈 주사위의 눈의 수는 얼마인가요?

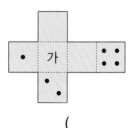

(   )

18 다음은 직육면체의 겨냥도와 전개도입니다. 전개도의 ⬚ 안에 알맞은 수를 써넣으세요.

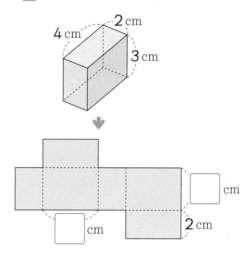

주의

19 한 모서리 길이가 4 cm인 정육면체가 있습니다. 이 정육면체의 전개도를 그렸을 때, 전개도의 둘레는 몇 cm인가요?

(   )

응용

20 정육면체의 꼭짓점을 이어 그림과 같이 선분을 그렸습니다. 그린 선분을 정육면체의 전개도에 알맞게 그려 보세요.

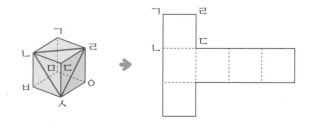

1 직육면체를 모두 찾아 기호를 써 보세요.

가　　　　나　　　　다　　　　라

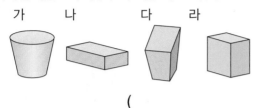

(　　　　　　　)

2 직육면체에서 면과 면이 만나는 선분을 무엇이라고 하나요?

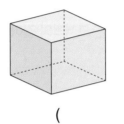

(　　　　　　　)

3 직육면체에서 보이는 면을 모두 찾아 ○로 표시해 보세요.

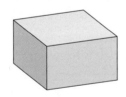

4 그림을 보고 ☐ 안에 알맞은 수나 말을 써넣으세요.

(1) 보이는 면은 모두 ☐개입니다.

(2) 보이는 모서리는 모두 ☐개입니다.

(3) 보이는 ☐은 모두 7개입니다.

주의

5 직육면체의 겨냥도의 일부입니다. 빠진 부분을 그려 보세요.

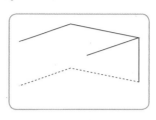

6 정육면체에 대한 설명 중 옳지 <u>않은</u> 것은 어느 것인가요? (　　　)

① 꼭짓점은 8개입니다.
② 모서리는 10개입니다.
③ 모서리의 길이가 모두 같습니다.
④ 면 6개의 모양과 크기가 같습니다.
⑤ 정육면체는 직육면체라고 말할 수 있습니다.

7 직육면체를 보고 ☐ 안에 알맞은 수를 써넣으세요.

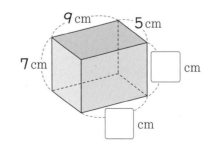

5
단원

8 직육면체에서 색칠한 면과 평행한 면을 찾아 색칠해 보세요.

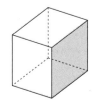

● 직육면체를 보고 물음에 답하세요. [9~10]

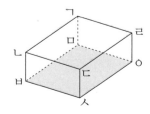

9 면 ㅁㅂㅅㅇ과 수직인 면이 <u>아닌</u> 것은 어느 것인가요? (   )

① 면 ㄱㄴㄷㄹ
② 면 ㄱㅁㅇㄹ
③ 면 ㄴㅂㅁㄱ
④ 면 ㄴㅂㅅㄷ
⑤ 면 ㄷㅅㅇㄹ

10 면 ㄴㅂㅅㄷ과 면 ㄷㅅㅇㄹ이 이루는 각의 크기를 구해 보세요.

(   )

● 직육면체의 겨냥도를 보고 물음에 답하세요.
[11~12]

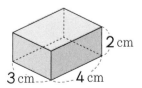

11 모서리는 모두 몇 개인가요?

(   )

12 보이지 않는 모서리의 길이의 합을 구해 보세요.

(   )

🖐서술형

13 정육면체의 모든 모서리의 길이의 합은 몇 cm인지 풀이 과정을 쓰고 답을 구해 보세요.

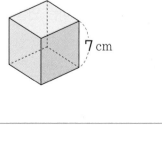

_____

_____

_____

(   )

14 직육면체에서 보이는 면과 보이는 꼭짓점의 수의 합을 구해 보세요.

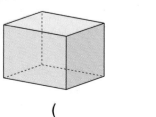

(   )

15 직육면체의 겨냥도를 보고 직육면체의 전개도를 완성해 보세요.

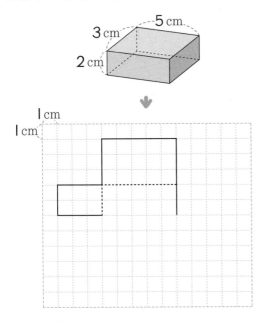

16 직육면체에서 색칠한 면과 평행한 면의 네 변의 길이의 합은 몇 cm인가요?

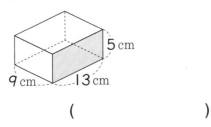

( )

17 직육면체의 모서리의 길이의 합은 120 cm입니다. ◯ 안에 알맞은 수를 구해 보세요.

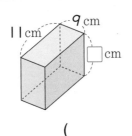

( )

18 주사위에서 서로 평행한 두 면의 눈의 수의 합이 7입니다. 주사위의 눈을 옳게 그린 것을 찾아 기호를 써 보세요.

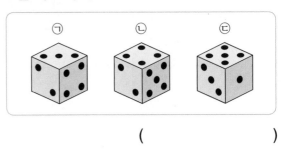

( )

19 다음은 잘못 그려진 정육면체의 전개도입니다. 면 1개를 옮겨 올바른 전개도를 그려 보세요.

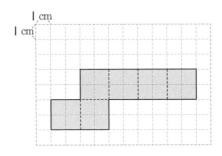

20 직육면체 모양의 상자를 그림과 같이 리본으로 한 번 둘러 묶었습니다. 매듭으로 사용한 리본의 길이가 20 cm라면 상자를 묶는 데 사용한 리본의 길이는 모두 몇 cm인가요?

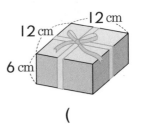

( )

1 직육면체를 모두 찾아 기호를 써 보세요.

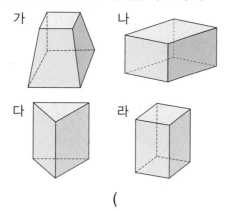

가   나

다   라

(   )

2 정육면체를 보고 면, 모서리, 꼭짓점은 각각 몇 개인지 세어 보세요.

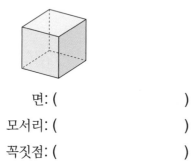

면: (   )

모서리: (   )

꼭짓점: (   )

3 직육면체를 보고 ☐ 안에 알맞은 수를 써넣으세요.

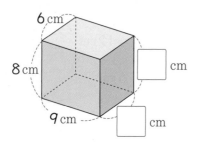

6 cm

8 cm

☐ cm

9 cm

☐ cm

4 색칠한 면과 평행한 면을 찾아 색칠해 보세요.

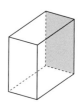

5 직육면체의 겨냥도를 완성해 보세요.

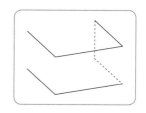

6 직육면체에 대한 설명 중 옳지 <u>않은</u> 것은 어느 것인가요? (   )

① 한 면과 만나는 면은 4개입니다.
② 모든 정육면체는 직육면체입니다.
③ 정육면체의 모든 면의 크기는 같습니다.
④ 한 꼭짓점에서 만나는 모서리는 4개입니다.
⑤ 한 꼭짓점에서 만나는 면들은 서로 수직입니다.

서술형

7 도형이 직육면체가 <u>아닌</u> 이유를 써 보세요.

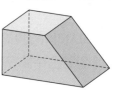

이유 _____

_____

_____

8 직육면체의 꼭짓점의 수를 ㉠, 면의 수를 ㉡, 모서리의 수를 ㉢이라고 할 때, 다음 식의 값을 구해 보세요.

$$㉠+㉡-㉢$$

(   )

 직육면체의 겨냥도를 보고 물음에 답하세요.

[9~10]

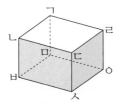

9 면 ㄴㅂㅅㄷ과 수직인 면을 모두 찾아 써 보세요.

(   )

10 면 ㄷㅅㅇㄹ과 평행한 면을 찾아 써 보세요.

(   )

중요
11 정육면체의 모서리를 잘라서 정육면체의 전개도를 만들었습니다. ☐ 안에 알맞은 기호를 써넣으세요.

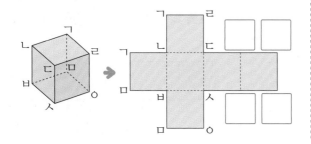

12 정육면체의 모서리의 길이의 합은 78 cm입니다. 이 정육면체의 한 모서리의 길이는 몇 cm인가요?

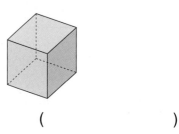

(   )

서술형
13 다음은 정육면체의 전개도가 아닙니다. 그 이유를 써 보세요.

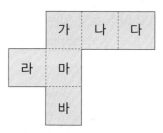

이유 _____

_____

_____

주의
14 다음은 직육면체의 겨냥도입니다. 보이는 모서리의 길이의 합과 보이지 않는 모서리의 길이의 합의 차는 몇 cm인가요?

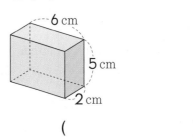

(   )

15 정육면체의 전개도를 접었을 때, 면 다와 만나지 않는 면을 써 보세요.

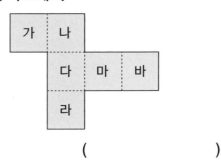

( )

16 주사위의 마주 보고 있는 면의 눈의 수의 합은 7입니다. 눈의 수가 3인 면과 수직인 면의 눈의 수의 합을 구해 보세요.

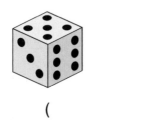

( )

17 어느 직육면체의 세 면의 본을 뜬 모양입니다. 이 직육면체의 모든 모서리의 길이의 합은 몇 cm인가요?

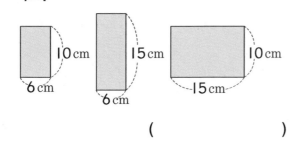

( )

18 다음은 정육면체의 전개도입니다. 서로 평행한 면에 같은 색을 칠하려고 할 때, 빈칸에 알맞은 색의 이름을 써 보세요.

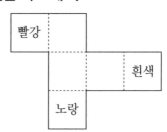

19 정육면체의 꼭짓점을 이어 그림과 같이 선분을 그렸습니다. 이 정육면체의 전개도에 선분을 알맞게 그려 보세요.

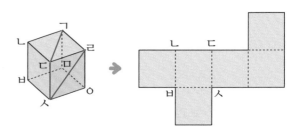

20 정육면체의 마주 보는 면에 적힌 두 수의 곱이 12가 되도록 다음 전개도의 빈칸에 알맞은 수를 써넣으세요.

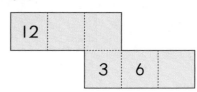

● 그림을 보고 물음에 답하세요. [1~2]

가   나 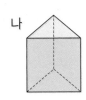 다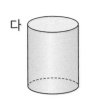

라   마   바

1 직육면체를 모두 찾아 써 보세요.

(   )

2 정육면체를 모두 찾아 써 보세요.

(   )

3 직육면체의 겨냥도를 옳게 그린 것을 찾아 ○표 하세요.

가 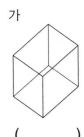 나 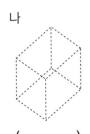 다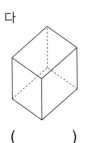

(   )   (   )   (   )

4 오른쪽 정육면체에서 면, 모서리, 꼭짓점의 수를 각각 구해 보세요.

면의 수(개)	모서리의 수(개)	꼭짓점의 수(개)

● 직육면체를 보고 물음에 답하세요. [5~6]

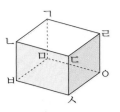

5 면 ㄴㅂㅅㄷ과 평행한 면은 어느 것인가요?

(   )

6 면 ㄷㅅㅇㄹ에 수직인 면을 모두 써 보세요.

(   )

⚠️ 주의
7 직육면체의 겨냥도에서 그 수가 가장 많은 것을 찾아 기호를 써 보세요.

> ㉠ 보이는 면의 수
> ㉡ 보이는 모서리의 수
> ㉢ 보이지 않는 면의 수
> ㉣ 보이지 않는 모서리의 수

(   )

8 면 ㄱㅁㅇㄹ과 면 ㅁㅂㅅㅇ이 만나 이루는 각의 크기를 구해 보세요.

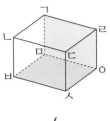

(   )

5
단원

9 다음 직육면체에 대한 설명으로 옳은 것을 모두 고르세요. (   )

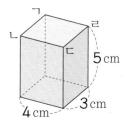

① 면은 3개입니다.
② 옆에 놓인 면은 2개입니다.
③ 보이는 꼭짓점은 8개입니다.
④ 모서리 ㄴㄷ과 길이가 같은 모서리는 3개 더 있습니다.
⑤ 보이지 않는 모서리의 수와 보이지 않는 꼭짓점의 수의 합은 4입니다.

10 바르게 말한 사람은 누구인지 이름을 써 보세요.

> 성수: 정육면체는 직육면체라고 말할 수 있습니다.
> 인영: 직육면체는 정육면체라고 말할 수 있습니다.

(   )

서술형

11 다음 정육면체의 전개도가 잘못 그려진 이유를 써 보세요.

가	나	다	라
	마		바

이유 _____

_____

○ 다음 전개도를 잘라서 직육면체를 만들었습니다. 물음에 답하세요. [12~13]

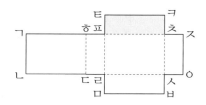

12 면 ㅌㅍㅊㅋ에 평행한 면은 어느 것인가요?

(   )

13 변 ㄴㄷ과 맞닿는 변은 어느 것인가요?

(   )

서술형

14 직육면체에서 보이지 않는 모서리의 길이의 합은 몇 cm인지 풀이 과정을 보고 답을 구해 보세요.

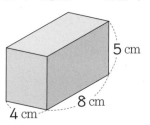

_____

_____

_____

_____

(   )

15 전개도로 만든 정육면체에서 마주 보는 면의 눈의 수의 합이 7이 되도록 하려고 합니다. 전개도에 주사위의 눈을 알맞게 그려 넣으세요.

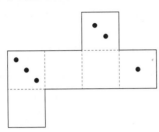

16 한 모서리의 길이가 2 cm인 정육면체의 전개도를 그려 보세요.

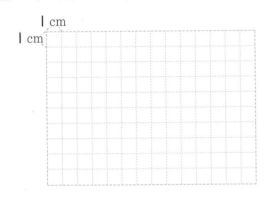

17 직육면체의 겨냥도에서 보이지 않는 모서리의 길이의 합이 27 cm일 때 색칠한 면의 둘레는 몇 cm인가요?

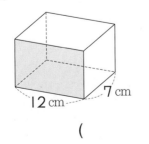

( )

주의

18 정육면체에 그림과 같이 선을 그었습니다. 선이 지나간 자리를 전개도에 나타내어 보세요.

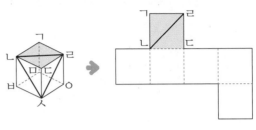

응용

19 직육면체 가와 정육면체 나의 모든 모서리의 길이의 합이 같습니다. 정육면체 나의 한 모서리의 길이는 몇 cm인가요?

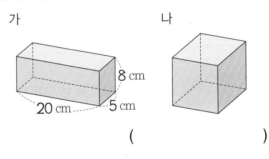

가 　　　　　　　　　　나

( )

20 다음 상자를 묶는 데 끈을 1 m 37 cm 사용하였습니다. 그중에서 매듭을 짓기 위해 사용한 길이는 몇 cm인가요?

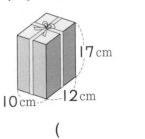

( )

연습 각 단계에 따라 문제를 풀어 보세요.

1 직육면체의 전개도가 <u>아닌</u> 것을 찾아 기호를 쓰고 이유를 써 보세요.

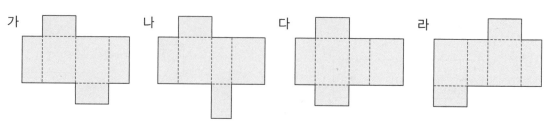

가　　나　　다　　라

1단계 직육면체의 전개도가 <u>아닌</u> 것을 찾아 기호를 써 보세요.

(　　　　　　)

2단계 직육면체의 전개도가 <u>아닌</u> 이유를 써 보세요.

 _____

도전 위에서 푼 방법을 생각하며 풀어 보세요.

1-1 정육면체의 전개도가 <u>아닌</u> 것을 찾아 기호를 쓰고 이유를 써 보세요.

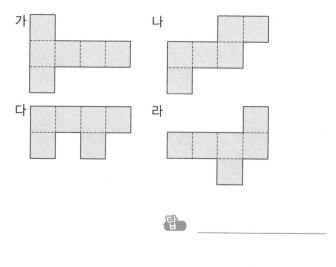

가　　나

다　　라

이렇게 술술풀어요

① 정육면체의 전개도가 아닌 것을 찾습니다.

② 정육면체의 전개도가 아닌 이유를 씁니다.

답 _____

이유 _____

_____

연습 각 단계에 따라 문제를 풀어 보세요.

2 오른쪽 직육면체에서 보이는 꼭짓점은 보이지 않는 꼭짓점보다 몇 개 더 많은지 구해 보세요.

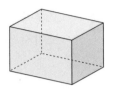

1단계 직육면체에서 보이는 꼭짓점과 보이지 않는 꼭짓점은 각각 몇 개인가요?

(,   )

2단계 직육면체에서 보이는 꼭짓점은 보이지 않는 꼭짓점보다 몇 개 더 많은가요?

(   )

5
단원

도전 위에서 푼 방법을 생각하며 풀어 보세요.

2-1 직육면체에서 한 면과 수직인 면은 한 꼭짓점에서 만나는 면보다 몇 개 더 많은지 풀이 과정을 쓰고 답을 구해 보세요.

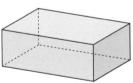

이렇게 술술풀어요

① 한 면과 수직인 면의 수를 구합니다.

② 한 꼭짓점에서 만나는 면의 수를 구합니다.

③ 한 면과 수직인 면의 수는 한 꼭짓점에서 만나는 면의 수보다 몇 개 더 많은지 알아봅니다.

풀이

_____

_____

_____

_____

답 _____

연습 각 단계에 따라 문제를 풀어 보세요.

3 오른쪽 정육면체의 겨냥도에서 보이는 모서리의 길이의 합이 117 cm일 때 보이지 않는 모서리의 길이의 합은 몇 cm인지 구해 보세요.

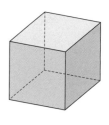

1단계 정육면체의 한 모서리의 길이는 몇 cm인가요?

( )

2단계 보이지 않는 모서리의 길이의 합은 몇 cm인가요?

( )

도전 위에서 푼 방법을 생각하며 풀어 보세요.

3-1 다음 정육면체의 겨냥도에서 보이지 않는 모서리의 길이의 합이 21 cm일 때 보이는 모서리의 길이의 합은 몇 cm인지 풀이 과정을 쓰고 답을 구해 보세요.

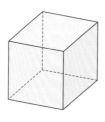

이렇게 술술풀어요

① 정육면체의 한 모서리의 길이를 구합니다.

② 보이는 모서리의 길이의 합을 구합니다.

풀이

_____

_____

_____

_____

답 _____

4 각 면에 서로 다른 알파벳이 써진 정육면체를 세 방향에서 본 것입니다. **E**가 써진 면과 평행한 면에 써진 알파벳은 무엇인지 풀이 과정을 쓰고 답을 구해 보세요. (알파벳의 방향은 생각하지 않습니다.)

풀이

답 _____

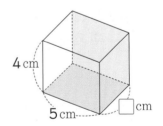

5
단원

5 오른쪽 직육면체의 겨냥도에서 모든 모서리의 길이의 합은 48 cm입니다. 색칠한 두 면에 동시에 수직인 면들의 모서리의 길이의 합은 몇 cm인가요?

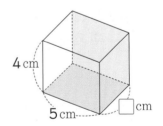

4 cm

5 cm ☐cm

 풀이

답 _____

6 - 1 평균을 알아볼까요

◉ 평균 알아보기

㉠ 재경이는 친구들과 제기차기를 하였습니다. 제기차기 기록은 다음과 같습니다.

제기차기 기록

이름	재경	종신	채연	예원
제기차기 기록(개)	4	5	6	5

제기차기 기록 4, 5, 6, 5를 모두 더해 자료의 수 4로 나눈 수 5는 제기차기 기록을 대표하는 값으로 정할 수 있습니다. 이 값을 <u>평균</u>이라고 합니다.

제기차기 기록의 평균은 5입니다. ●─┘

• 조사한 자료를 설명하기 위하여 자료를 대표해서 나타낼 수 있는 대푯값이 필요합니다. 대푯값은 평균값, 중앙값 등 여러 가지가 있지만 자료 전체의 고른 값을 의미하는 평균이 많이 이용됩니다.

6 - 2 평균을 구해 볼까요

◉ 평균을 구하는 방법

㉠ 재경이가 과녁 맞히기를 5회 실시한 기록은 다음과 같습니다.

과녁 맞히기 점수

회	1회	2회	3회	4회	5회
점수(점)	4	2	3	1	5

방법1 평균을 3점으로 예상하고 예상한 평균보다 많은 점수를 부족한 점수에 채워 점수를 고르게 하여 평균을 구합니다.

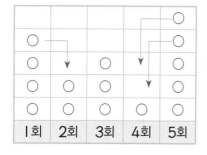 ➡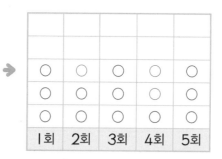

방법2 자료의 값을 모두 더해 자료의 수로 나누어 평균을 구합니다.

(평균)=(자료의 값을 모두 더한 수)÷(자료의 수)

$$=(4+2+3+1+5)÷5$$
$$=15÷5$$
$$=3(점)$$

• 자료의 평균을 두 가지 방법으로 구하기

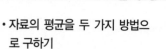

① 평균을 20으로 예상하고 예상한 평균보다 많은 점수를 부족한 점수에 채워 점수를 고르게 하여 평균을 구합니다.
(28-8, 12+8),
(19+1, 21-1)을 하여 20으로 고르게 맞출 수 있습니다.
따라서 평균은 20입니다.
② (평균)=
(28+19+20+12+21)
÷5=100÷5=20
따라서 평균은 20입니다.

◉ 이준이와 성준이네 학교의 5학년 학급별 학생 수를 나타낸 표입니다. ☐ 안에 알맞은 수를 써넣으세요. [1~2]

이준이네 학교의 학급별 학생 수

반	1	2	3	4
학생 수(명)	14	15	16	15

성준이네 학교의 학급별 학생 수

반	1	2	3	4	5
학생 수(명)	16	12	14	13	15

1 이준이네 학교의 5학년 한 학급에는 평균 몇 명의 학생이 있는지 구해 보세요.

(1) 이준이네 학교의 5학년 학생은 모두 ☐ 명입니다.

(2) 이준이네 학교의 5학년은 모두 ☐ 학급입니다.

(3) 이준이네 학교의 5학년 한 학급에는 평균 ☐ 명의 학생이 있습니다.

2 성준이네 학교의 5학년 한 학급에는 평균 몇 명의 학생이 있는지 구해 보세요.

(1) 성준이네 학교의 5학년 학생은 모두 ☐ 명입니다.

(2) 성준이네 학교의 5학년은 모두 ☐ 학급입니다.

(3) 성준이네 학교의 5학년 한 학급에는 평균 ☐ 명의 학생이 있습니다.

◉ 은비가 수학 시험을 4회 실시한 결과를 나타낸 표입니다. ☐ 안에 알맞은 수를 써넣으세요. [3~4]

은비의 수학 점수

회	1회	2회	3회	4회
점수(점)	90	89	94	87

3 점수의 평균을 예상하고 예상한 평균에 맞춰 수를 옮겨 점수를 고르게 하여 평균을 구해 보세요.

수학 점수의 평균을 ☐ 점으로 예상하고 90, (89+☐, 94−☐, 87+☐)(으)로 수를 옮기고 짝 지어 자료의 값을 고르게 하면 수학 점수의 평균은 ☐ 점입니다.

4 점수의 값을 모두 더해 시험을 본 횟수로 나누어 평균을 구해 보세요.

(90+☐+94+☐)÷☐
=☐÷☐=☐ (점)입니다.

5 4일 동안 어느 박물관의 입장객 수를 나타낸 표입니다. 하루 입장객 수는 평균 몇 명인지 구해 보세요.

박물관의 입장객 수

일	1	2	3	4
입장객 수(명)	160	180	280	120

(   )

6 - 3 평균을 어떻게 이용할까요

평균을 이용하여 문제 해결하기

㉹ 재윤이네 학교의 학년별 평균 학생 수를 보고 5학년 학생은 몇 명인지 알아봅니다.

재윤이네 학교의 학년별 학생 수

학년	1	2	3	4	5	6	평균
학생 수(명)	145	150	155	150		147	150

① 재윤이네 학교 전체 학생 수를 알아봅니다.

➡ $150 \times 6 = 900$(명) → (평균)×(6개 학년)으로 알 수 있습니다.

② 5학년 학생 수를 구해 봅니다.

➡ $900 - (145 + 150 + 155 + 150 + 147) = 153$(명)

③ 평균을 보고 알 수 있는 점

㉠ 평균보다 적은 학년은 1학년과 6학년입니다.

㉡ 평균과 같은 학년은 2학년과 4학년입니다.

㉢ 평균보다 많은 학년은 3학년과 5학년입니다.

• **평균을 이용하기**
① 두 집단의 평균을 비교할 수 있습니다.
② 평균을 이용하여 모르는 값을 구할 수 있습니다.

---

6 - 4 일이 일어날 가능성을 말로 표현해 볼까요

가능성: 어떠한 상황에서 특정한 일이 일어나길 기대할 수 있는 정도를 가능성이라고 합니다.

㉹

일 \ 가능성	불가능하다	~아닐 것 같다	반반이다	~일 것 같다	확실하다
내년 2월 달력에는 날짜가 30일까지 있을 것입니다.	○				
주사위를 굴리면 주사위 눈의 수가 5 이상 6 이하로 나올 것입니다.		○			
동전을 던지면 그림 면이 나올 것입니다.			○		
내년 1월에는 눈이 내릴 것입니다.				○	
1000원짜리 지폐만 들어 있는 지갑에서 꺼낸 돈은 1000원짜리 지폐일 것입니다.					○

• **일이 일어날 가능성이 일상생활에서 사용되는 경우**
① 일기 예보의 비가 올 확률
  ㉹ 오늘 비가 올 확률은 10%입니다.
② 야구팀의 승률
  ㉹ ★★팀의 승률은 0.5입니다.
③ 이벤트에 당첨될 확률
④ 대한민국의 16강 진출 확률

6 - 3 평균을 어떻게 이용할까요

건식이가 학교 수업이 끝난 뒤, 게임을 한 시간과 운동을 한 시간을 기록한 표입니다. 물음에 답하세요. [1~3]

건식이의 방과 후 여가 활동

요일 \ 활동	게임(분)	운동(분)
월	30	15
화	40	10
수	20	35
목	50	10
금		30
평균	30	

1 건식이가 금요일에 게임을 한 시간을 구하려고 합니다. ☐ 안에 알맞은 수를 써넣으세요.

(1) 건식이가 게임을 한 시간의 합계를 구합니다.

➡ ☐ ×5= ☐ (분)

(2) 금요일에 게임을 한 시간을 구합니다.

➡ ☐ −(30+40+20+50)

= ☐ (분)

2 건식이가 5일 동안 운동을 한 시간의 평균을 구해 보세요.

( )

3 1~2번에서 구한 평균을 보고 건식이가 학교 수업이 끝난 뒤 어떻게 생활하는 것이 좋을지 ☐ 안에 알맞은 말을 써 보세요.

예 건식이는 ☐ 하는 시간을 좀 줄이고, ☐ 하는 시간을 좀 늘리는 것이 좋겠습니다.

6 - 4 일이 일어날 가능성을 말로 표현해 볼까요

4 ☐ 안에 알맞은 말을 써넣으세요.

어떠한 상황에서 특정한 일이 일어나길 기대할 수 있는 정도를 ☐ 이라고 합니다.

5 ☐ 안에 일이 일어날 가능성의 정도를 알맞게 써넣으세요.

← 일이 일어날 가능성이 낮습니다.　　　일이 일어날 가능성이 높습니다. →

~아닐 것 같다	~일 것 같다
☐ 　반반이다	☐

6 다음 사건이 일어날 가능성을 생각하여 기호를 써넣으세요.

㉠	불가능하다
㉡	~아닐 것 같다
㉢	반반이다
㉣	~일 것 같다
㉤	확실하다

(1) 크리스마스에 눈이 내릴 것입니다.

( )

(2) 12월에 생일인 사람이 있을 것입니다.

( )

(3) 4월 30일의 다음 날은 4월 31일일 것입니다.

( )

(4) 내년에는 봄보다 여름에 비가 많이 올 것입니다.

( )

(5) 주사위를 굴리면 주사위 눈의 수가 1 이상 2 이하로 나올 것입니다.

( )

6 단원

6 - 5 일이 일어날 가능성을 비교해 볼까요

◎ **가능성 비교하기**

㉠ 파란색과 빨간색을 사용하여 만든 회전판을 돌렸을 때 화살이 빨간색에 멈출 가능성 비교하기

회전판	가능성
	불가능하다
	~아닐 것 같다
	반반이다
	~일 것 같다
	확실하다

↑ 일이 일어날 가능성이 낮습니다.

일이 일어날 가능성이 높습니다. ↓

• **가능성 비교하기**

㉠

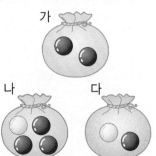

① 가 주머니에서 흰 공이 나올 가능성: 불가능하다
② 나 주머니에서 흰 공이 나올 가능성: ~아닐 것 같다
③ 다 주머니에서 흰 공이 나올 가능성: 반반이다
④ 나 주머니에서 검은 공이 나올 가능성: ~일 것 같다
⑤ 가 주머니에서 검은 공이 나올 가능성: 확실하다

---

6 - 6 일이 일어날 가능성을 수로 표현해 볼까요

◎ **일이 일어날 가능성을 수로 표현하기**

㉠ 화살이 빨간색에 멈출 가능성을 수로 표현하기

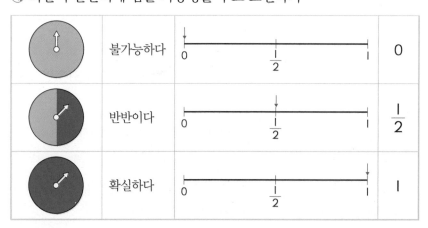

• **가능성을 수로 표현하기**

불가능하다	0
~아닐 것 같다	$\dfrac{1}{4}$
반반이다	$\dfrac{1}{2}\left(=\dfrac{2}{4}\right)$
~일 것 같다	$\dfrac{3}{4}$
확실하다	1

6 - 5 일이 일어날 가능성을 비교해 볼까요

◉ 빨간색, 파란색, 노란색으로 이루어진 회전판을 돌려 화살이 멈출 가능성에 대해 알아보려고 합니다. 물음에 답하세요. [1~3]

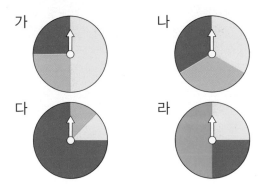

1 회전판을 돌려 화살이 노란색에 멈출 가능성이 가장 높은 것의 기호를 써 보세요.

( )

2 회전판을 돌려 화살이 노란색에 멈출 가능성이 가장 낮은 것의 기호를 써 보세요.

( )

3 회전판을 돌려 화살이 파란색에 멈출 가능성이 빨간색에 멈출 가능성의 2배인 것의 기호를 써 보세요.

( )

4 다음 두 가지 조건 을 만족하는 회전판이 되도록 색칠해 보세요.

조건
• 화살이 노란색에 멈출 가능성이 가장 높습니다.
• 화살이 파란색에 멈출 가능성은 빨간색에 멈출 가능성의 2배입니다.

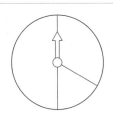

6 - 6 일이 일어날 가능성을 수로 표현해 볼까요

◉ 다음과 같은 모양의 회전판 돌리기를 하고 있습니다. 일이 일어날 가능성이 '불가능하다'이면 0, '반반이다'이면 $\frac{1}{2}$, '확실하다'이면 1로 표현할 때, 물음에 답하세요. [5~7]

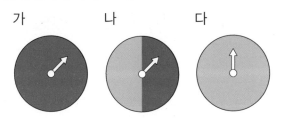

5 회전판 가에서 화살이 파란색에 멈출 가능성에 ↓로 나타내어 보세요.

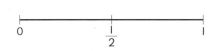

6 회전판 나에서 화살이 파란색에 멈출 가능성에 ↓로 나타내어 보세요.

7 회전판 다에서 화살이 파란색에 멈출 가능성에 ↓로 나타내어 보세요.

8 검은색 바둑돌이 들어 있는 통에서 바둑돌 1개를 꺼낼 때, 검은색일 가능성을 수로 나타내어 보세요.

( )

종호네 모둠 학생 8명의 몸무게를 조사한 것입니다. 물음에 답하세요. [1~2]

학생들의 몸무게

38 kg	40 kg	46 kg	41 kg
45 kg	43 kg	47 kg	44 kg

1 학생들의 몸무게의 합은 몇 kg인가요?

( )

2 종호네 모둠 학생들의 몸무게는 평균 몇 kg인가요?

( )

현수와 친구들의 투호 놀이 기록을 나타낸 표입니다. 물음에 답하세요. [3~4]

투호 놀이 기록

이름	현수	선희	미희	영지
넣은 화살 수(개)	2	7	4	3

3 표를 보고 넣은 화살 수만큼 ○를 그려 보고, ○의 수를 고르게 화살표로 표시해 보세요.

| 현수 | 선희 | 미희 | 영지 |

4 투호 놀이 기록의 평균을 구해 보세요.

( )

5 일이 일어날 가능성을 생각해 보고, 알맞게 표현한 곳에 ○표 하세요.

공룡이 학교에 놀러 올 것입니다.

불가능하다	~아닐 것 같다	반반이다	~일 것 같다	확실하다

인서네 모둠이 회전판 돌리기를 하고 있습니다. 일이 일어날 가능성이 '불가능하다'이면 0, '반반이다'이면 $\frac{1}{2}$, '확실하다'이면 1로 표현할 때, 물음에 답하세요. [6~7]

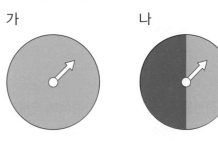

가　　　　　　나

6 가 회전판에서 화살이 파란색에 멈출 가능성에 ↓로 나타내어 보세요.

```
0          1/2          1
```

7 나 회전판에서 화살이 빨간색에 멈출 가능성에 ↓로 나타내어 보세요.

```
0          1/2          1
```

8 주은이네 가족들의 나이입니다. 주은이네 가족들의 나이는 평균 몇 살인가요?

가족들의 나이

가족	아빠	엄마	주은	동생
나이(살)	45	42	12	9

(   )

흰색 공 **2**개와 검은색 공 **2**개가 들어 있는 주머니에서 공을 **1**개 꺼냈습니다. 물음에 답하세요.

[9~10]

9 꺼낸 공이 흰색일 가능성을 말로 표현해 보세요.

(   )

10 꺼낸 공이 검은색일 가능성을 수로 표현해 보세요.

(   )

11 6장의 카드 중 한 장을 뽑을 때 의 카드를 뽑을 가능성을 수로 표현해 보세요.

(   )

12 가능성에 알맞은 일을 주변에서 찾아 써 보세요.

가능성	일
확실하다	
반반이다	
불가능하다	

13 진주가 ○× 문제를 풀고 있습니다. ×라고 답했을 때, 정답을 맞혔을 가능성을 말과 수로 표현해 보세요.

말 _____

수 _____

14 희진이네 학교 학년별 학생 수를 나타낸 표입니다. 평균 학생 수가 138명일 때 6학년 학생 수는 몇 명인가요?

희진이네 학교 학년별 학생 수

학년	1	2	3	4	5	6
학생 수 (명)	135	137	138	140	141	

(   )

❂ 지호는 제비뽑기 상자에 당첨 제비 3개를 포함하여 제비 6개를 담았습니다. 물음에 답하세요.

[15~16]

15 제비 1개를 뽑을 때 당첨 제비를 뽑을 가능성을 말과 수로 표현해 보세요.

말 _____

수 _____

16 꺼낸 제비가 당첨 제비일 가능성과 회전판이 색칠된 칸에 멈출 가능성이 같도록 회전판을 색칠해 보세요.

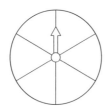

〰️서술형

17 고리던지기 기록입니다. 평균보다 더 많이 고리를 건 학생은 모두 몇 명인지 풀이 과정을 쓰고 답을 구해 보세요.

고리던지기 기록

이름	지수	강현	예진	주현
걸린 고리의 수(개)	3	8	7	10

_____

_____

_____

( )

18 국어와 수학의 점수의 합은 175점이고, 사회와 과학의 점수의 합은 173점입니다. 네 과목의 점수는 평균 몇 점인가요?

( )

19 수 1부터 4까지 쓰인 카드 4장이 있는 주머니에서 카드 1장을 꺼냈습니다. 가능성이 높은 것부터 순서대로 기호를 써 보세요.

┌─────────────────────────────┐
│ ㉠ 수 0이 나올 가능성   │
│ ㉡ 짝수가 나올 가능성   │
│ ㉢ 1 이상 4 이하인 수가 나올 가능성 │
└─────────────────────────────┘

(, ,)

〰️서술형

20 동화책을 현지는 12일 동안 552쪽을 읽고, 은주는 7일 동안 308쪽을 읽었다고 합니다. 누가 하루에 평균 몇 쪽씩 더 읽은 것인지 풀이 과정을 쓰고 답을 구해 보세요.

_____

_____

_____

(,)

1 다음 5개의 수들의 평균은 얼마인가요?

| 13 | 27 | 19 | 21 | 10 |

( )

2 100원짜리 동전을 던졌을 때 그림 면이 나올 가능성을 수로 표현해 보세요.

( )

● 어느 농구 팀의 경기별 득점을 나타낸 표입니다. 물음에 답하세요. [3~4]

경기별 득점

회	1회	2회	3회	4회	5회
득점(점)	78	82	59	68	93

3 경기별 득점은 평균 몇 점인가요?

( )

4 4회 경기의 득점은 평균보다 많은 편인가요, 적은 편인가요?

( )

● 영철이네 모둠과 예서네 모둠의 수학 성적을 나타낸 표입니다. 물음에 답하세요. [5~6]

영철이네 모둠의 수학 성적

이름	점수
영철	87
예은	71
경진	95
민영	91

예서네 모둠의 수학 성적

이름	점수
예서	79
태민	95
종민	89
은조	69

5 누구네 모둠의 수학 성적의 평균이 더 높은가요?

( )

6 두 모둠의 수학 성적의 평균의 차는 몇 점인가요?

( )

6단원

7 일이 일어날 가능성을 찾아 이어 보세요.

(1) 해가 서쪽에서 뜰 가능성 •

(2) 대기 번호표의 번호가 짝수일 가능성 •

• ㉠ 확실하다

• ㉡ 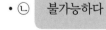 불가능하다

• ㉢ 반반이다

8 계산기로 '2×4='을 누르면 1이 나올 가능성에 ↓로 나타내어 보세요.

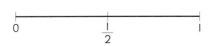

9 선예네 모둠에서 하루 동안 사용한 물의 양을 조사하여 나타낸 표입니다. 선예네 모둠원이 하루 동안 사용한 물의 양은 평균 몇 L인가요?

사용한 물의 양

이름	선예	준석	혜원	태현
물의 양(L)	96	79	85	80

( )

중요
10 제비뽑기 상자에서 번호표 한 개를 꺼낼 때 0번 번호표를 꺼낼 가능성을 말로 표현해 보세요.

상자 안에는 1~7번까지의 번호표가 있어.

_____

_____

11 태수는 161쪽짜리 동화책을 일주일 동안 읽었습니다. 하루에 평균 몇 쪽씩 읽었나요?

( )

주의
12 수미네 모둠의 몸무게는 평균 41 kg입니다. 선영이의 몸무게는 몇 kg인가요?

수미네 모둠의 몸무게

이름	수미	선영	민지	지영	지은
몸무게(kg)	36		44	43	40

( )

● 1부터 6까지의 눈이 그려진 주사위를 한 번 굴릴 때, 물음에 답하세요. [13~14]

13 주사위 눈의 수가 1 이상 6 이하로 나올 가능성을 말로 표현해 보세요.

( )

14 주사위 눈의 수가 2의 배수로 나올 가능성을 말로 표현해 보세요.

( )

◉ 선우가 구슬 개수 맞히기를 하고 있습니다. 구슬 6개가 들어 있는 주머니에서 1개 이상의 구슬을 꺼냈습니다. 물음에 답하세요. [15~16]

15 꺼낸 구슬의 개수가 짝수일 가능성을 말과 수로 표현해 보세요.

> 말 _____
>
> 수 _____

16 꺼낸 구슬의 개수가 짝수일 가능성과 회전판의 화살이 노란색에 멈출 가능성이 같도록 회전판을 색칠해 보세요.

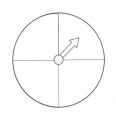

서술형
17 가 자동차는 3 L의 휘발유로 36 km를 갔고, 나 자동차는 7 L의 휘발유로 112 km를 갔습니다. 휘발유 1 L로 더 멀리 갈 수 있는 자동차는 어느 것인지 풀이 과정을 쓰고 답을 구해 보세요.

_____

_____

_____

(   )

18 회전판에서 화살이 빨간색에 멈출 가능성이 높은 것부터 순서대로 기호를 써 보세요.

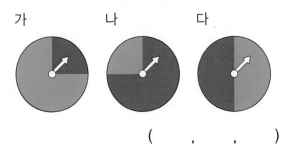

가   나   다

(,   ,   )

19 준호의 수학 성적을 나타낸 표입니다. 준호가 5회째 시험에서 100점을 맞았다면, 5회까지의 평균은 4회까지의 평균보다 몇 점 더 높아지나요?

준호의 수학 성적

회	1회	2회	3회	4회
점수(점)	92	86	80	82

(   )

6단원

서술형
20 가와 나의 평균은 55이고 다는 73입니다. 세 수 가, 나, 다의 평균을 구하려고 합니다. 풀이 과정을 쓰고 답을 구해 보세요.

_____

_____

_____

(   )

1 다음 6개의 수들의 평균은 얼마인가요?

| 8 4 6 5 9 10 |

( )

● 세미네 모둠과 슬기네 모둠의 수학 성적을 나타낸 것입니다. 물음에 답하세요. [2~3]

세미네 모둠의 수학 성적

| 73 92 84 76 64 85 |

슬기네 모둠의 수학 성적

| 88 91 78 82 86 |

2 세미네 모둠과 슬기네 모둠의 수학 성적의 평균을 각각 구해 보세요.

세미네 모둠: ( )
슬기네 모둠: ( )

3 어느 모둠의 수학 성적의 평균이 더 높은가요?

( )

4 지갑 속에 10원짜리 동전이 2개, 100원짜리 동전이 2개 들어 있습니다. 그중에서 1개를 꺼낼 때 100원짜리 동전이 나올 가능성을 수로 표현해 보세요.

( )

● 현정이네 모둠 친구들의 던지기 기록을 나타낸 표입니다. 물음에 답하세요. [5~7]

던지기 기록

이름	현정	미혜	주희	다영	민주
기록(m)	13	15	11	16	10

5 현정이네 모둠 친구들의 던지기 기록을 막대그래프로 나타내고, 막대의 높이를 고르게 해 보세요.

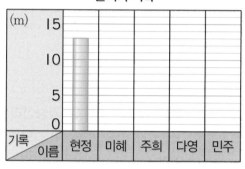

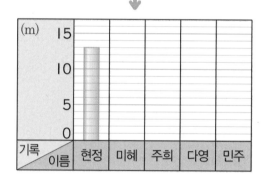

6 현정이네 모둠 친구들의 던지기 기록의 평균은 몇 m인가요?

( )

7 평균 기록보다 더 멀리 던진 학생을 모두 찾아보세요.

( )

● 회전판을 돌렸을 때 화살이 빨간색에 멈출 가능성을 찾아 기호를 써 보세요. [8~9]

> ㉠ 불가능하다 ㉡ ~아닐 것 같다
> ㉢ 반반이다   ㉣ ~일 것 같다
> ㉤ 확실하다

8

( )

9

( )

10 가능성에 알맞은 일을 주변에서 찾아 써 보세요.

가능성	일
확실하다	
반반이다	
불가능하다	

11 주사위를 굴렸을 때 8이 나올 가능성을 말과 수로 표현해 보세요.

말 _____

수 _____

12 원준이네 모둠의 윗몸 말아 올리기 기록의 평균은 40회입니다. 미호는 윗몸 말아 올리기를 몇 회 했는지 풀이 과정을 쓰고 답을 구해 보세요.

원준이네 모둠의 윗몸 말아 올리기 기록

이름	원준	미호	우성	아린
횟수(회)	35		42	38

_____

_____

_____

( )

● 다음 주머니 속에서 공 1개를 꺼낼 때 물음에 답하세요. [13~14]

13 공 1개를 꺼낼 때, 빨간색 공일 가능성을 수로 표현해 보세요.

( )

14 13번의 가능성과 회전판의 화살이 빨간색에 멈출 가능성이 같도록 회전판을 색칠해 보세요.

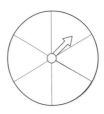

🌸 회전판을 보고 물음에 답하세요. [15~16]

가   나

   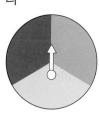

15 화살이 파란색, 노란색, 빨간색에 멈출 가능성이 비슷한 회전판의 기호를 써 보세요.

(   )

16 화살이 빨간색에 멈출 가능성이 가장 높은 회전판의 기호를 써 보세요.

(   )

✍️서술형

17 현수네와 효진이네 밭의 고구마 생산량을 나타낸 것입니다. 고구마의 평균 생산량은 누구네가 더 많은지 풀이 과정을 쓰고 답을 구해 보세요.

	밭의 넓이	고구마 생산량
현수네	8 km^2	520 kg
효진이네	10 km^2	630 kg

_____

_____

_____

_____

(   )

18 조건에 알맞은 회전판이 되도록 색칠해 보세요.

조건
• 화살이 빨간색에 멈출 가능성이 가장 높습니다.
• 화살이 파란색에 멈출 가능성은 노란색에 멈출 가능성의 3배입니다.

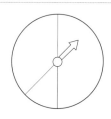

✍️서술형

19 가 마을과 다 마을의 초등학생 수의 평균은 360명이고, 나 마을의 초등학생 수는 408명입니다. 가, 나, 다 세 마을의 초등학생 수는 평균 몇 명인지 풀이 과정을 쓰고 답을 구해 보세요.

_____

_____

_____

(   )

20 진수의 시험 성적입니다. 진수가 다음 시험에서 평균 2점을 더 올리려면 다음 시험에서 총 몇 점을 받아야 하나요?

진수의 시험 성적

과목	국어	수학	사회	과학
점수(점)	85	92	81	90

(   )

지은이네 마을 학생 35명이 한 달 동안 종류별 읽은 책 수를 나타낸 표입니다. 물음에 답하세요.

[1~2]

종류별 읽은 책 수

종류	동화책	위인전	만화	잡지	기타
책 수(권)	50	58	46	23	33

1 지은이네 마을 학생들은 한 명이 한 달에 책을 몇 권씩 읽었나요?

( )

2 지은이가 읽은 책이 9권이라면, 지은이네 마을에서 책을 많이 읽은 편인가요, 적게 읽은 편인가요?

( )

어느 학교의 5학년 반별 학생 수를 나타낸 표입니다. 5학년 반별 학생 수의 평균이 27명일 때 물음에 답하세요. [3~4]

반별 학생수

반	1	2	3	4
학생 수(명)	28	24	27	

3 5학년 전체 학생 수는 몇 명인가요?

( )

4 4반의 학생 수는 몇 명인가요?

( )

5 일이 일어날 가능성을 찾아 이어 보세요.

(1) 내년에는 1월 다음에 12월이 올 것입니다. •

(2) 동전을 던지면 그림 면이 나올 것입니다. •

• ㉠ 확실하다

• ㉡ 반반이다

• ㉢ 불가능하다

당첨 제비만 5개 들어 있는 제비뽑기 상자에서 제비 1개를 뽑았습니다. 물음에 답하세요. [6~7]

6 당첨 제비를 뽑을 가능성을 말로 표현해 보세요.

( )

7 뽑은 제비가 당첨 제비가 아닐 가능성을 수로 표현해 보세요.

( )

8 주머니 속에 빨간색 구슬이 2개 들어 있습니다. 주머니에서 구슬 1개를 꺼낼 때 빨간색일 가능성을 수로 표현해 보세요.

( )

지호와 태인이가 주사위 놀이를 하고 있습니다. 1부터 6까지의 눈이 그려진 주사위를 한 번 굴릴 때, 일이 일어날 가능성을 찾아 기호를 써 보세요.
[9~10]

┌─────────────────────────────────┐
│ ㉠ 불가능하다   ㉡ ~아닐 것 같다 │
│ ㉢ 반반이다   ㉣ ~일 것 같다   │
│ ㉤ 확실하다   │
└─────────────────────────────────┘

9 ┌─────────────────────────────┐
    │   홀수의 눈이 나올 가능성   │
    └─────────────────────────────┘

( )

10 ┌─────────────────────────────┐
     │   6 초과의 눈이 나올 가능성   │
     └─────────────────────────────┘

( )

11 8장의 카드 중 한 장을 뽑을 때  의 카드를 뽑을 가능성을 말로 표현해 보세요.

( )

5학년 친구들이 말한 일이 일어날 가능성을 비교해 보려고 합니다. 물음에 답하세요. [12~14]

12 일이 일어날 가능성이 '불가능하다'인 경우를 말한 친구는 누구인가요?

( )

🖐️서술형

13 12번과 같은 상황에서 일이 일어날 가능성이 '확실하다'가 되도록 친구의 말을 바꿔 보세요.

_____

_____

14 일이 일어날 가능성이 높은 친구부터 순서대로 이름을 써 보세요.

(, ,)

서술형

15 미술관에서는 지난 5일 동안 방문자 수의 평균보다 방문자 수가 많았던 요일에 작품 해설 도우미를 추가로 배정하려고 합니다. 작품 해설 도우미가 추가로 배정되어야 하는 요일을 모두 구하는 풀이 과정을 쓰고 답을 구해 보세요.

요일별 방문자 수

요일	월	화	수	목	금
방문자 수 (명)	120	90	85	80	135

( )

16 수 카드 4장을 수가 보이지 않게 뒤집어 놓았습니다. 수 카드 한 장을 수가 보이게 뒤집었을 때 그 수가 4보다 클 가능성을 수로 표현해 보세요.

( )

17 **조건** 에 알맞은 회전판이 되도록 색칠해 보세요.

조건
- 화살이 초록색에 멈출 가능성이 가장 높습니다.
- 화살이 빨간색에 멈출 가능성은 노란색에 멈출 가능성의 2배입니다.

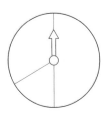

서술형

18 수진이가 1분 동안 치는 타자 기록을 나타낸 표입니다. 6회까지의 평균 타자 기록이 250타가 되려면 6회에는 몇 타를 쳐야 하는지 풀이 과정을 쓰고 답을 구해 보세요.

1분 동안 치는 타자 기록

회	1회	2회	3회	4회	5회	6회
기록(타)	237	247	225	272	248	

( )

19 수영이는 일주일 동안 턱걸이를 84회 했고, 영호는 열흘 동안 150회 했습니다. 하루 평균 턱걸이를 더 많이 한 사람은 누구인가요?

( )

서술형

20 영지네 반 남녀 학생들의 평균 키를 나타낸 표입니다. 영지네 반 전체 학생들의 평균 키는 몇 cm인지 풀이 과정을 쓰고 답을 구해 보세요.

남학생 15명	161 cm
여학생 13명	133 cm

( )

6 단원

연습 각 단계에 따라 문제를 풀어 보세요.

1 당첨 제비만 4개 들어 있는 제비뽑기 상자에서 제비 1개를 뽑았습니다. 뽑은 제비가 당첨 제비일 가능성을 말과 수로 각각 표현해 보세요.

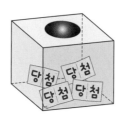

1단계 당첨 제비를 뽑을 가능성을 말로 나타내어 보세요.

(   )

2단계 당첨 제비를 뽑을 가능성을 수로 나타내어 보세요.

(   )

도전 위에서 푼 방법을 생각하며 풀어 보세요.

1-1 당첨 제비만 4개 들어 있는 제비뽑기 상자에서 제비 1개를 뽑았습니다. 뽑은 제비가 당첨 제비가 아닐 가능성을 말과 수로 각각 표현하려고 합니다. 풀이 과정을 쓰고 답을 구해 보세요.

이렇게 술술 풀어요

① 가능성을 말로 나타내어 봅니다.

② 가능성을 수로 나타내어 봅니다.

풀이

_____

_____

_____

_____

답 _____

연습 각 단계에 따라 문제를 풀어 보세요.

2 준수의 단원 평가 점수를 나타낸 표입니다. 5단원까지의 점수의 평균이 86점이 되려면 5단원은 몇 점을 받아야 하는지 구해 보세요.

단원 평가 점수

단원	1	2	3	4	5
점수(점)	92	84	76	88	

1단계 5단원까지의 점수의 평균이 86점이 되려면 점수의 합은 몇 점이어야 하나요?

( )

2단계 5단원은 몇 점을 받아야 하나요?

( )

도전 위에서 푼 방법을 생각하며 풀어 보세요.

2-1 윤재의 윗몸 말아 올리기 기록을 나타낸 표입니다. 수요일에는 윗몸 말아 올리기를 몇 회 했는지 풀이 과정을 쓰고 답을 구해 보세요.

윗몸 말아 올리기 기록

요일	월	화	수	목	금	평균
횟수(회)	18	21		28	19	22

이렇게 술술 풀어요

① 5일 동안 한 윗몸 말아 올리기 횟수의 합을 알아봅니다.

② 수요일에 한 윗몸 말아 올리기 횟수를 알아봅니다.

_____

_____

_____

답 _____

6 단원

연습 각 단계에 따라 문제를 풀어 보세요.

3 지은이와 석훈이가 주사위 놀이를 하고 있습니다. 1부터 6까지 그려진 주사위를 한 번 굴릴 때, 일이 일어날 가능성이 가장 높은 것을 찾아 기호를 써 보세요.

┌───┐
│ ㉠ 주사위의 눈의 수가 2의 배수로 나올 가능성 │
│ ㉡ 주사위의 눈의 수가 10보다 큰 수로 나올 가능성 │
│ ㉢ 주사위의 눈의 수가 0 초과 7 미만으로 나올 가능성 │
└───┘

1단계 ㉠, ㉡, ㉢이 일어날 가능성을 각각 수로 나타내어 보세요.

㉠ (   ), ㉡ (   ), ㉢ (   )

2단계 일이 일어날 가능성이 가장 높은 것을 찾아 기호를 써 보세요.

(   )

도전 위에서 푼 방법을 생각하며 풀어 보세요.

3-1 은정이와 진우가 주사위 놀이를 하고 있습니다. 1부터 6까지 그려진 주사위를 한 번 굴릴 때, 일이 일어날 가능성이 가장 낮은 것을 알아보려고 합니다. 풀이 과정을 쓰고 답을 구해 보세요.

┌───┐
│ ㉠ 주사위의 눈의 수가 4 이상으로 나올 가능성 │
│ ㉡ 주사위의 눈의 수가 7의 배수로 나올 가능성 │
│ ㉢ 주사위의 눈의 수가 1 이상 6 이하로 나올 가능성 │
└───┘

이렇게 술술 풀어요

① ㉠, ㉡, ㉢이 일어날 가능성을 수로 나타내어 봅니다.

② 일이 일어날 가능성이 가장 낮은 것을 찾습니다.

풀이

_____

_____

_____

답 _____

실전 시험처럼 문제를 풀어 보세요.

4 조건 에 알맞은 회전판이 되도록 풀이 과정을 쓰고 회전판에 색칠해 보세요.

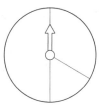

> **조건**
> • 화살이 보라색에 멈출 가능성이 가장 높습니다.
> • 화살이 노란색에 멈출 가능성은 빨간색에 멈출 가능성의 2배입니다.

풀이 _____

_____

실전 시험처럼 문제를 풀어 보세요.

5 다이빙은 7명의 심사위원이 채점한 점수 중 가장 높은 점수와 가장 낮은 점수를 제외한 후 나머지 5명의 점수의 평균에 난이도를 곱한 것이 득점이 됩니다. 두 선수의 다이빙 점수표가 다음과 같을 때, 득점이 더 높은 선수는 누구인지 풀이 과정을 쓰고 답을 구해 보세요.

선수별 다이빙 점수

	심사위원 1	심사위원 2	심사위원 3	심사위원 4	심사위원 5	심사위원 6	심사위원 7	난이도
미혜	8.2	8.5	8.8	9.6	8.0	9.5	9.0	1.6
영민	7.6	8.0	8.5	7.5	9.0	7.0	8.4	1.9

풀이 _____

_____

_____

답 _____

100점
예상문제

수학 5-2

5~6
학년군

1 수의 범위와 어림하기

1 21 초과인 수에 △표, 18 이하인 수에 ○표 하세요.

15	17	18	20
21	23	25	28

2 수직선에 나타낸 수의 범위를 써 보세요.

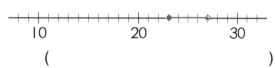

( )

3 영호네 모둠 학생들의 몸무게를 조사하여 나타낸 표입니다. 몸무게가 42 kg 미만인 학생을 모두 찾아 써 보세요.

영호네 모둠 학생들의 몸무게

이름	영호	경희	주원	용진	민우	성민
몸무게(kg)	42	38	48	45	51	36

( )

4 어느 마을의 인구는 2519명입니다. 이 마을의 인구를 버림하여 백의 자리까지 나타내면 몇 명인가요?

( )

5 어림한 후, 어림한 수의 크기를 비교하여 ○ 안에 >, =, <를 알맞게 써넣으세요.

3672를 반올림하여 백의 자리까지 나타낸 수	○	3672를 버림하여 십의 자리까지 나타낸 수
➡ [ ]		➡ [ ]

서술형

6 수 카드 5 , 7 , 3 , 6 을 한 번씩 모두 사용하여 만들 수 있는 가장 작은 네 자리 수를 반올림하여 백의 자리까지 나타내려고 합니다. 풀이 과정을 쓰고 답을 구해 보세요.

_____

_____

_____

_____

( )

서술형

7 어느 가게에서는 철사를 1 m 단위로만 팔고, 1 m의 값은 850원입니다. 희원이는 미술 시간에 사용할 철사 772 cm를 사려고 합니다. 필요한 돈은 최소 얼마인지 풀이 과정을 쓰고 답을 구해 보세요.

_____

_____

_____

_____

( )

8 그림에 알맞게 색칠하고, ☐ 안에 알맞은 수를 써넣으세요.

$$\frac{2}{3} \times 4 = \frac{2 \times \boxed{}}{3} = \frac{\boxed{}}{3} = \boxed{}$$

9 계산해 보세요.

(1) $\frac{1}{4} \times \frac{1}{7}$

(2) $\frac{4}{7} \times \frac{5}{6}$

10 빈칸에 알맞은 수를 써넣으세요.

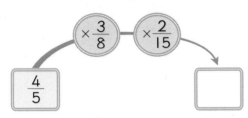

11 계산 결과를 비교하여 ◯ 안에 >, =, <를 알맞게 써넣으세요.

$$4 \times 2\frac{3}{4} \quad \bigcirc \quad 7 \times 1\frac{4}{5}$$

12 ㉠과 ㉡의 합을 구해 보세요.

$$㉠ \frac{8}{9} \times \frac{3}{5} \qquad ㉡ 6 \times \frac{7}{10}$$

( )

13 그림과 같은 직사각형 모양의 동물 그림 카드가 있습니다. 이 카드의 넓이는 몇 cm^2인가요?

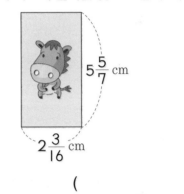

$5\frac{5}{7}$ cm

$2\frac{3}{16}$ cm

( )

서술형

14 윤희는 우유를 오전에 $\frac{2}{5}$ L, 오후에 $\frac{1}{5}$ L씩 매일 마십니다. 윤희가 일주일 동안 마시는 우유의 양은 몇 L인지 풀이 과정을 쓰고 답을 구해 보세요.

_____

_____

_____

( )

100점
예상
문제

3 합동과 대칭

◉ 도형을 보고 물음에 답하세요. [15~16]

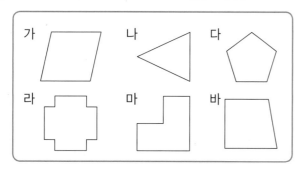

15 선대칭도형을 모두 찾아 기호를 써 보세요.

( )

16 점대칭도형을 모두 찾아 기호를 써 보세요.

( )

17 점 ㅇ을 대칭의 중심으로 하는 점대칭도형입니다. 변 ㄴㄷ이 12 cm일 때, 변 ㄱㄹ은 몇 cm인가요?

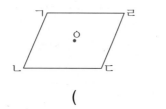

( )

◉ 두 사각형은 서로 합동입니다. 물음에 답하세요. [18~19]

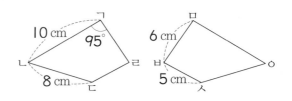

18 각 ㅂㅁㅇ은 몇 도인가요?

( )

서술형

19 사각형 ㅁㅂㅅㅇ의 둘레는 몇 cm인지 풀이 과정을 쓰고 답을 구해 보세요.

_____

_____

_____

_____

( )

20 직선 ㄱㄴ을 대칭축으로 하는 선대칭도형입니다. ☐ 안에 알맞은 수를 써넣으세요.

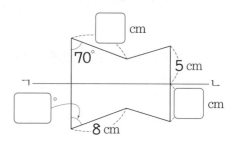

4 소수의 곱셈

1 ☐ 안에 알맞은 수를 써넣으세요.

$$24 \times 1.3 = 24 \times \dfrac{\boxed{}}{10} = \dfrac{24 \times \boxed{}}{10}$$

$$= \dfrac{\boxed{}}{10} = \boxed{}$$

2 빈 곳에 알맞은 수를 써넣으세요.

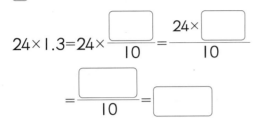

3 어림하여 계산 결과가 6보다 큰 것을 찾아 기호를 써 보세요.

┌─────────────────────────────────────┐
│ ⊙ 12×0.48   ⓒ 3×1.89   ⓔ 2×3.04 │
└─────────────────────────────────────┘

(   )

4 빈칸에 알맞은 수를 써넣으세요.

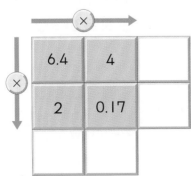

5 ☐ 안에 들어갈 수가 <u>다른</u> 하나는 어느 것인가요? (   )

① 73×☐=0.73
② ☐×0.96=9.6
③ 5.3×☐=0.053
④ 8.7×☐=0.087
⑤ ☐×0.47=0.0047

서술형

6 민석이는 1분에 62.5 m를 걷습니다. 같은 빠르기로 3분 30초 동안에 걸은 거리는 몇 m인지 풀이 과정을 쓰고 답을 구해 보세요.

_____

_____

(   )

7 어떤 수에 0.16을 곱해야 할 것을 <u>잘못</u>하여 더했더니 12.16이 되었습니다. 바르게 계산하면 얼마인가요?

(   )

100점
예상
문제

5 직육면체

8 직육면체의 겨냥도를 바르게 그린 것을 찾아 기호를 써 보세요.

가   나   다

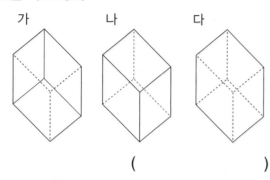

(   )

9 직육면체에 대하여 바르게 설명한 것은 어느 것인가요? (   )

① 서로 평행한 면이 2쌍 있습니다.
② 서로 마주 보는 면은 평행합니다.
③ 옆에 놓인 면은 모두 평행합니다.
④ 한 면에 수직인 면이 5개 있습니다.
⑤ 한 면에 수직인 모서리는 5개 있습니다.

10 직육면체의 전개도가 <u>아닌</u> 것을 찾아 기호를 써 보세요.

가   나

다   라

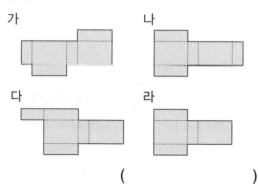

(   )

11 직육면체에서 색칠한 면과 수직인 모서리의 길이의 합을 구해 보세요.

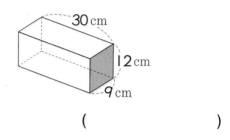

(   )

◉ 직육면체를 보고 물음에 답하세요. [12~13]

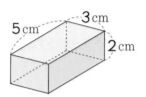

12 보이지 <u>않는</u> 모서리의 길이의 합은 몇 cm인가요?

(   )

13 위 직육면체의 전개도를 완성해 보세요.

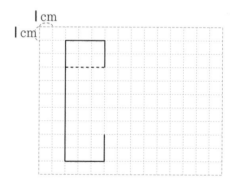

14 직육면체 모양의 상자를 끈으로 2번씩 감고, 매듭을 짓는 데에는 30 cm를 사용했습니다. 사용한 끈의 길이는 모두 몇 cm인지 구해 보세요.

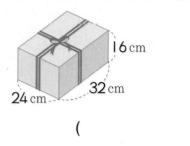

(   )

15 다음 수들의 평균을 구해 보세요.

| 66 | 12 | 40 | 58 | 29 |

(평균)=(66+12+40+58+29)÷ □

= □ ÷ □

= □

16 일이 일어날 가능성을 생각해 보고 알맞은 표현을 찾아 선으로 이어 보세요.

(1)	(2)	(3)
동전을 던지면 그림 면이 나올 것입니다.	내일 아침에 동쪽에서 해가 뜰 것입니다.	내년에는 6월이 5월보다 빨리 올 것입니다.
•	•	•
•	•	•
㉠	㉡	㉢
확실하다	불가능하다	반반이다

17 회전판을 돌릴 때 화살이 빨간색에 멈출 가능성에 ↓로 나타내어 보세요.

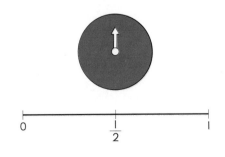

0 —— 1/2 —— 1

서술형

18 은채가 1분씩 5회 동안 기록한 윗몸 말아 올리기 횟수를 나타낸 표입니다. 은채가 기록한 윗몸 말아 올리기의 평균이 32번일 때 은채의 기록이 가장 좋았을 때가 몇 회인지 풀이 과정을 쓰고 답을 구해 보세요.

회별 윗몸 말아 올리기 횟수

회	1	2	3	4	5
윗몸 말아 올리기 횟수(번)	30	34		29	32

_____

_____

_____

(   )

19 일이 일어날 가능성이 가장 높은 것부터 차례로 기호를 써 보세요.

㉠ 주사위 한 개를 던져 7이 나올 가능성
㉡ 동전 한 개를 던질 때 숫자 면이 나올 가능성
㉢ 검은색 공만 5개 들어 있는 주머니에서 한 개의 공을 꺼낼 때 꺼낸 공이 검은색 공일 가능성

(,   ,   )

20 조건에 맞는 회전판이 되도록 색칠해 보세요.

조건
• 화살이 빨간색에 멈출 가능성이 가장 높습니다.
• 화살이 파란색에 멈출 가능성은 노란색에 멈출 가능성의 3배입니다.

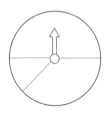

1 수의 범위와 어림하기

1 25 이상인 수를 모두 찾아 써 보세요

| 17 32 25 19 10 27 |

( )

2 수직선에 나타낸 수의 범위를 써 보세요.

10   20   30

( )

서술형

3 43098을 올림하여 백의 자리까지 나타낸 수와 버림하여 천의 자리까지 나타낸 수의 차는 얼마인지 풀이 과정을 쓰고 답을 구해 보세요.

_____

_____

_____

_____

( )

4 245687을 반올림하여 다음 자리까지 나타낼 때 가장 큰 수가 되는 것은 어느 것인가요?

( )

① 십의 자리   ② 백의 자리
③ 천의 자리   ④ 만의 자리
⑤ 십만의 자리

2 분수의 곱셈

5 계산해 보세요.

(1) $3\frac{16}{35} \times 2\frac{3}{11}$

(2) $1\frac{1}{7} \times 1\frac{5}{22}$

6 계산 결과가 6보다 큰 식을 모두 찾아 기호를 써 보세요.

| ㉠ $6 \times \frac{5}{7}$ ㉡ $6 \times \frac{7}{4}$ |
| ㉢ 6×1 ㉣ $6 \times 2\frac{1}{3}$ |

( )

서술형

7 1분에 9 L씩 물이 나오는 수도꼭지가 있습니다. 이 수도꼭지에서 5분 20초 동안 받은 물은 모두 몇 L인지 풀이 과정을 쓰고 답을 구해 보세요.

_____

_____

_____

( )

8 도형을 점선을 따라 잘랐을 때 만들어진 두 도형이 서로 합동이 <u>아닌</u> 것을 모두 고르세요.

( )

①

②

③ ④

⑤

9 직선 ㄱㄴ을 대칭축으로 하는 선대칭도형입니다. ◻ 안에 알맞은 수를 써넣으세요.

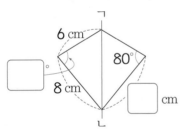

10 점 ㅇ을 대칭의 중심으로 하는 점대칭도형을 완성하였을 때, 점대칭도형의 넓이는 몇 cm^2인가요?

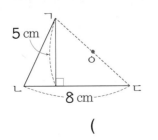

( )

11 빈칸에 알맞은 수를 써넣으세요.

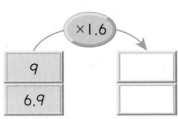

12 가장 큰 수와 가장 작은 수의 곱을 구해 보세요.

| 4.7 26.8 0.64 13.5 |

( )

서술형
13 한 변의 길이가 8.64 cm인 정오각형의 둘레는 몇 cm인지 풀이 과정을 쓰고 답을 구해 보세요.

_____

_____

_____

_____

( )

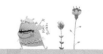

14 직육면체의 면, 모서리, 꼭짓점의 수를 모두 더하면 몇 개인가요?

(   )

15 다음 도형이 직육면체가 <u>아닌</u> 이유를 써 보세요.

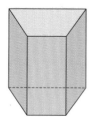

이유 _____

_____

_____

직육면체의 전개도를 보고 물음에 답하세요.

[16~17]

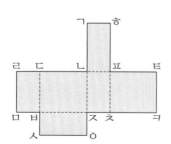

16 직육면체의 전개도를 접었을 때 점 ㄱ과 만나는 점을 써 보세요.

(   )

17 직육면체의 전개도를 접었을 때 선분 ㅊㅋ과 만나는 모서리를 찾아 써 보세요.

(   )

18 정우네 학교 5학년의 학급별 학생 수를 나타낸 표입니다. 5학년 한 학급의 평균 학생 수를 구해 보세요.

학급별 학생 수

학급(반)	1	2	3	4	5
학생 수(명)	24	22	21	23	25

(   )

19 일이 일어날 가능성으로 알맞게 표현한 곳에 ○표 하세요.

주사위를 던졌을 때 눈의 수가 1이 나올 가능성

불가능하다	~아닐 것 같다	반반이다	~일 것 같다	확실하다

20 세진이네 모둠 학생들의 수학 점수의 평균이 92점일 때 주희의 수학 점수는 몇 점인가요?

세진이네 모둠 학생들의 수학 점수

이름	세진	정아	윤재	주희
점수(점)	95	88	92	

(   )

1 수의 범위와 어림하기

1 97 이상인 수가 <u>아닌</u> 것을 모두 찾아보세요.

( )

① 9.8   ② 89

③ 97   ④ 98

⑤ 100

2 수를 올림, 버림, 반올림하여 백의 자리까지 나타내어 보세요.

수	올림	버림	반올림
4276			

서술형

3 두 수직선에 나타낸 수의 범위에 공통으로 들어가는 자연수는 모두 몇 개인지 풀이 과정을 쓰고 답을 구해 보세요.

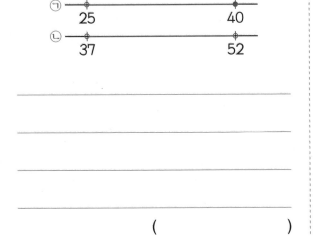

_____

_____

_____

( )

4 민서의 키는 148.7 cm입니다. 민서의 키를 반올림하여 일의 자리까지 나타내면 몇 cm인가요?

( )

2 분수의 곱셈

5 ☐ 안에 알맞은 수를 써넣으세요.

$$12 \times 2\frac{3}{10} = (12 \times \boxed{}) + (12 \times \frac{\boxed{}}{10})$$

$$= \boxed{} + \boxed{} = \boxed{}$$

6 계산해 보세요.

(1) $6\frac{1}{7} \times 3$

(2) $\frac{1}{7} \times \frac{1}{14}$

7 영주는 전체 360쪽짜리 동화책의 $\frac{7}{18}$을 읽었습니다. 영주가 읽은 동화책은 몇 쪽인가요?

( )

3 합동과 대칭

8 두 삼각형은 서로 합동입니다. 각 ㄹㅁㅂ은 몇 도인가요?

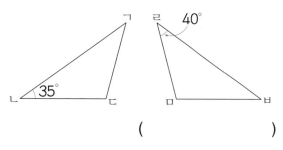

( )

9 선대칭도형을 완성해 보세요.

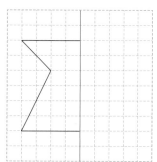

서술형
10 점 ㅇ을 대칭의 중심으로 하는 점대칭도형입니다. 도형의 둘레는 몇 cm인지 풀이 과정을 쓰고 답을 구해 보세요.

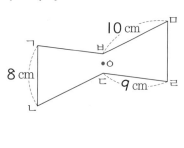

_____

_____

_____

_____

( )

4 소수의 곱셈

11 빈칸에 알맞은 수를 써넣으세요.

12 어림하여 계산 결과가 3보다 큰 것을 찾아 기호를 써 보세요.

> ㉠ 4×0.67 ㉡ 6의 0.53배 ㉢ 3의 0.89배

( )

13 ☐ 안에 알맞은 수를 써넣으세요.

(1) 0.027×☐=2.7

(2) 42.6×☐=0.426

서술형
14 어떤 수에 0.12를 곱해야 할 것을 잘못하여 나누었더니 4.5가 되었습니다. 바르게 계산하면 얼마인지 풀이 과정을 쓰고 답을 구해 보세요.

_____

_____

_____

( )

5 직육면체

15 직육면체에서 보이는 꼭짓점은 몇 개인가요?

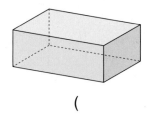

( )

서술형

16 정육면체의 모든 모서리의 길이의 합은 몇 cm인
지 풀이 과정을 쓰고 답을 구해 보세요.

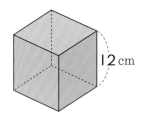

12 cm

_____

_____

_____

( )

17 직육면체의 겨냥도를 바르게 그린 것을 찾아 기
호를 써 보세요.

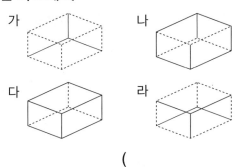

가   나

다   라

( )

6 평균과 가능성

18 민수네 모둠 학생들의 몸무게입니다. 학생들의
몸무게의 평균은 몇 kg인가요?

학생들의 몸무게

이름	민수	은지	선우	지은
몸무게(kg)	45	38	42	35

( )

19 봉사 동아리 회원의 나이를 나타낸 표입니다. 새
로운 회원 한 명이 더 들어와서 나이의 평균이 한
살 늘어났습니다. 새로운 회원의 나이는 몇 살인
가요?

봉사 동아리 회원의 나이

이름	예진	소영	준영	서윤
나이(살)	12	16	11	13

( )

100점
예상
문제

20 수 1부터 6까지 쓰인 6장의 카드 중 한 장을 뽑
을 때 일어날 가능성이 가장 큰 것을 찾아 기호를
써 보세요.

> ㉠ 짝수가 나올 가능성
> ㉡ 홀수가 나올 가능성
> ㉢ 두 자리 수가 나올 가능성
> ㉣ 6 이하의 수가 나올 가능성

( )

1 수의 범위와 어림하기

1 23 초과인 수에 ○표, 23 미만인 수에 △표 하세요.

| 20 | 21 | 22 | 23 | 24 | 25 | 26 |

2 주어진 수를 올림하여 십의 자리까지 나타낸 수에 ○표 하세요.

4259 ➡ (4240 、 4250 、 4260)

3 어림한 수의 크기를 비교하여 ○ 안에 >, =, < 를 알맞게 써넣으세요.

5081을 버림하여
십의 자리까지
나타낸 수

○

5081을 올림하여
백의 자리까지
나타낸 수

4 자몽 273개를 상자에 모두 담으려고 합니다. 한 상자에 자몽을 10개씩 담을 수 있을 때 상자는 최소 몇 상자 필요한가요?

( )

2 분수의 곱셈

5 두 수의 곱을 구해 보세요.

| 7 | $\dfrac{2}{3}$ |

( )

6 보기 와 같이 계산해 보세요.

보기

$$8\dfrac{2}{5} \times 2\dfrac{2}{9} =$$ _____

7 직사각형의 넓이는 몇 cm²인가요?

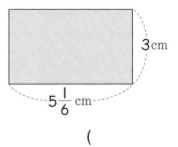

3 cm

$5\dfrac{1}{6}$ cm

( )

서술형

8 다음 계산이 잘못된 이유를 써 보세요.

$$\dfrac{3}{14} \times 2 = \dfrac{3}{14 \times 2} = \dfrac{3}{28}$$

이유 _____

_____

3 합동과 대칭

9 두 사각형은 합동입니다. 각 ㅅㅇㅁ의 크기를 구해 보세요.

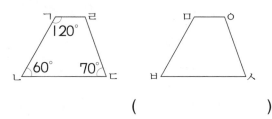

( )

10 다음 중 선대칭도형인 글자를 모두 찾아보세요.

( )

① 동 ② 이 ③ 를
④ 읍 ⑤ 묻

11 점 ㅇ을 대칭의 중심으로 하는 점대칭도형입니다. 이 도형의 둘레는 몇 cm인가요?

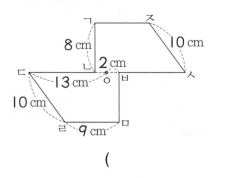

( )

4 소수의 곱셈

12 38×64=2432입니다. ☐ 안에 알맞은 수를 써넣으세요.

$$38×0.64 = \boxed{}$$
$$0.038×64 = \boxed{}$$

13 빨간색 테이프의 길이는 60 cm이고, 파란색 테이프의 길이는 빨간색 테이프의 길이의 1.2배입니다. 파란색 테이프의 길이는 몇 cm인가요?

( )

14 ☐ 안에 들어갈 수 있는 소수 한 자리 수를 구해 보세요.

$$4.7×7.5 < \square < 9.3×3.8$$

( )

---

5 직육면체

15 다음 중 직육면체의 전개도로 알맞은 것은 어느 것인가요? (   )

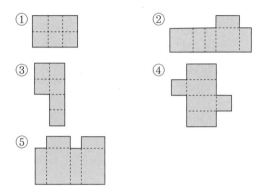

16 직육면체에서 면 ㄱㅁㅇㄹ에 평행한 면과 수직 인 면은 각각 몇 개인가요?

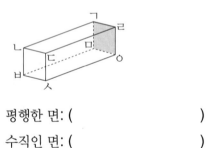

평행한 면: (   )

수직인 면: (   )

서술형

17 직육면체의 겨냥도에서 보이는 모서리의 길이의 합과 보이지 않는 모서리의 길이의 합의 차는 몇 cm인지 풀이 과정을 쓰고 답을 구해 보세요.

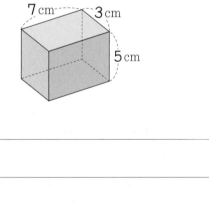

(   )

---

6 평균과 가능성

18 유리네 학교의 월별 도서관을 이용한 학생 수를 나타낸 표입니다. 3월부터 7월까지 월별 도서관 을 이용한 학생 수의 평균은 몇 명인가요?

월별 도서관을 이용한 학생 수

월	3	4	5	6	7
학생 수(명)	205	210	200	180	215

(   )

19 일이 일어날 가능성이 높은 것부터 차례대로 기 호를 써 보세요.

> ㉠ 동전 1개를 던지면 숫자 면이 나올 것입니다.
> ㉡ 지금 오전 10시니까 12시간 후는 오후 8시가 될 것입니다.
> ㉢ 1부터 20까지의 수가 써진 20장의 수 카드 중에서 1장을 뽑으면 15번을 뽑을 것입니다.

(,   ,   )

20 빨간색과 파란색을 사용하여 만든 회전판을 돌릴 때 화살이 파란색에 멈출 가능성이 높은 회전판 부터 순서대로 써 보세요.

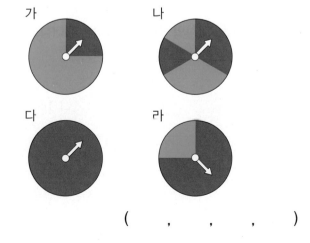

(,   ,   ,   )

1 수의 범위와 어림하기

1 수직선에 나타내어 보세요.

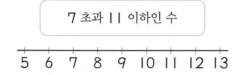

7 초과 11 이하인 수

5 6 7 8 9 10 11 12 13

2 올림하여 백의 자리까지 나타내면 300이 되는 수를 찾아 써 보세요.

| 301 | 299 | 350 | 399 |

(   )

3 선물 상자 한 개를 포장하려면 100 cm의 빨간색 끈이 필요합니다. 끈 273 cm로 선물 상자를 최대 몇 개까지 포장할 수 있나요?

(   )

4 어떤 수를 반올림하여 십의 자리까지 나타내었더니 530이 되었습니다. 어떤 수가 될 수 있는 수의 범위를 이상과 미만을 사용하여 나타내어 보세요.

(   )

2 분수의 곱셈

5 ○ 안에 >, =, <를 알맞게 써넣으세요.

$$\frac{1}{7} \times \frac{1}{3} \bigcirc \frac{1}{7}$$

6 석진이는 한 시간에 2 km를 걷습니다. 같은 빠르기로 석진이가 1시간 40분 동안 걸은 거리는 몇 km인가요?

(   )

서술형

7 다음 수 카드를 각각 한 번씩만 사용하여 만들 수 있는 가장 큰 대분수와 가장 작은 대분수의 곱은 얼마인지 풀이 과정을 쓰고 답을 구해 보세요.

| 5 | 2 | 6 |

_____

_____

_____

(   )

100점
예상
문제

3 합동과 대칭

8 선대칭도형이면서 점대칭도형인 것을 모두 찾아 기호를 써 보세요.

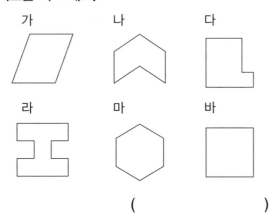

가   나   다

라   마   바

(   )

9 점대칭도형을 보고 ◻ 안에 알맞은 수를 써넣으세요.

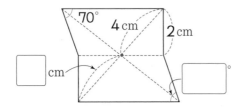

서술형

10 두 직사각형은 서로 합동입니다. 직사각형 ㄱㄴㄷㄹ의 넓이는 몇 cm²인지 풀이 과정을 쓰고 답을 구해 보세요.

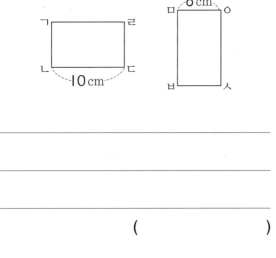

_____

_____

_____

(   )

11 삼각형 ㄱㄴㄹ과 삼각형 ㄷㄹㄴ은 합동입니다. 각 ㄴㄱㄹ의 크기를 구해 보세요.

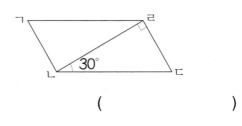

(   )

4 소수의 곱셈

12 평행사변형의 넓이는 몇 cm²인가요?

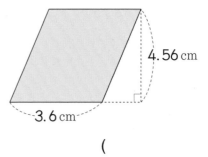

4.56 cm

3.6 cm

(   )

서술형

13 어머니의 몸무게는 54 kg이고 지아의 몸무게는 어머니의 몸무게의 0.6배입니다. 어머니와 지아의 몸무게의 합은 몇 kg인지 풀이 과정을 쓰고 답을 구해 보세요.

_____

_____

(   )

14 어림하여 계산 결과가 4보다 큰 것에 ○표 하세요.

0.84×5	8×0.46
( )	( )

5 직육면체

15 그림에서 빠진 부분을 그려 넣어 직육면체의 겨냥도를 완성해 보세요.

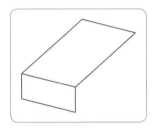

16 직육면체에 대한 설명으로 옳은 것은 어느 것인가요? (   )

① 면이 5개입니다.
② 모서리가 8개입니다.
③ 꼭짓점이 10개입니다.
④ 면의 크기와 모양이 모두 같습니다.
⑤ 직사각형 모양의 면으로 둘러싸여 있습니다.

17 다음 직육면체의 전체 모서리의 길이의 합은 몇 cm인가요?

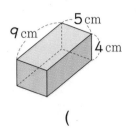

(   )

6 평균과 가능성

18 흰색 공과 검은색 공이 각각 1개씩 들어 있는 주머니에서 공 1개를 꺼낼 때 꺼낸 공이 흰색일 가능성을 말과 수로 표현해 보세요.

말 _____

수 _____

19 회전판에서 화살이 파란색에 멈출 가능성이 높은 순서대로 기호를 써 보세요.

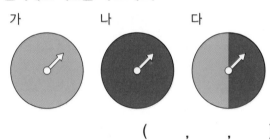

(,   ,   )

20 지수의 수학 단원 평가 점수를 나타낸 표입니다. 지수의 단원 평가 점수의 평균이 75점일 때 단원 평가 점수가 가장 높은 단원은 몇 단원인가요?

수학 단원 평가 점수

단원	1	2	3	4
점수(점)	80	70		60

(   )

100점 예상문제

메모 Memo

선생님이 강력 추천하는
개념 PLUS
단원평가

10종 검정 교과서

완벽 분석

수학

종합평가

5·2

5~6학년군

교육의 길잡이·학생의 동반자
(주)교학사

1 수의 범위에 포함되는 수를 모두 찾아 ○표 하세요.

(1) 20 이상인 수

> 20   19.8   20.1   19.5   22

(2) 4 이하인 수

> 4.2   4   3.5   5   3.1

2 수직선에 나타낸 수의 범위를 써 보세요.

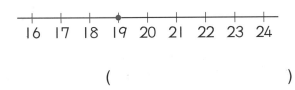

(   )

3 □ 안에 알맞은 말을 써넣으세요.

> 100보다 큰 수를 100 ☐ 인 수라하고,
> 100보다 작은 수를 100 ☐ 인 수라고 합
> 니다.

4 학교에서 줄넘기 시험을 보려고 합니다. 20회 이상인 학생은 줄넘기 시험을 통과합니다. □ 안에 이상, 이하, 초과, 미만 중에서 알맞은 말을 써넣으세요.

> 횟수가 20회 ☐ 인 학생은 줄넘기 시험을
> 통과하지 못합니다.

5 다음은 우리나라 도시별 2월 최고 기온을 조사하여 나타낸 표입니다. 기온이 9℃ 초과 12℃ 이하인 도시를 모두 찾아 써 보세요.

도시별 2월 최고 기온

도시	서울	백령도	인천	수원	부산	제주
최고 기온(℃)	12	9	9.2	11.5	15.7	16.4

(   )

6 수의 범위를 수직선에 나타내고, 범위에 포함되는 자연수를 모두 써 보세요.

> 37 이상 43 미만인 수

36   37   38   39   40   41   42   43   44

(   )

7 정우네 학교 책장은 한 칸에 책을 6권 넣을 수 있습니다. 정우가 가지고 있는 책을 넣는데 적어도 책장 3칸이 필요하다면 정우가 가지고 있는 책의 수는 몇 권이상 몇 권 이하인지 구해 보세요.

(   )

8 15와 17을 동시에 포함하는 수의 범위를 모두 찾아 기호를 써 보세요.

> ㉠ 14 초과 17 이하   ㉡ 13 이상 16 미만
> ㉢ 16 초과 20 미만   ㉣ 15 이상 18 이하

( )

9 수를 올림하여 주어진 자리까지 나타내어 보세요.

수	십의 자리	백의 자리
121		
712		

10 올림하여 천의 자리까지 나타내면 21000이 되는 수를 모두 찾아 ○표 하세요.

> 21430 20990 20110 22510

11 □ 안에 알맞은 수를 써넣으세요.

(1) 3.912를 버림하여 소수 둘째 자리까지 나타낸 수는 □ 입니다.

(2) 12.25를 버림하여 소수 첫째 자리까지 나타낸 수는 □ 입니다.

12 진영이는 과자를 사 먹으려고 합니다. 과자 한 봉지의 가격은 1000원이고 진영이는 3900원을 가지고 있다면, 진영이는 과자를 최대 몇 봉지를 살 수 있는지 구해 보세요.

( )

13 반올림하여 나타낸 수의 크기를 비교하여 ○ 안에 >, =, <를 알맞게 써넣으세요.

> 62.5를 반올림하여 일의 자리까지 나타낸 수   ○   62

●서술형●

14 반올림하여 백의 자리까지 나타내면 400이 되는 자연수 중에서 가장 작은 수와 가장 큰 수의 합을 구하는 풀이 과정을 쓰고, 답을 구해 보세요.

_____

_____

_____

( )

[15~16] 예슬이네 모둠 친구들의 발 길이를 조사하여 나타낸 표입니다. 물음에 답해 보세요.

예슬이네 모둠 친구들의 발 길이

이름	발 길이(mm)
예슬	225
찬혁	242
원우	250
진아	234
민서	221

15 예슬이네 모둠 친구들의 발 길이를 반올림하여 십의 자리까지 나타내었을 때 옳게 짝지어진 것을 모두 골라 보세요. (   )

① 예슬, 220 mm   ② 찬혁, 240 mm
③ 원우, 250 mm   ④ 진아, 240 mm
⑤ 민서, 230 mm

16 다음은 표에 대해 설명한 것입니다. 알맞은 말에 ○표 하세요.

> 예슬이네 모둠 친구들의 발 길이를 (반올림, 올림)하여 (십의 자리, 백의 자리)까지 나타내면 모든 친구들의 발 길이는 같아집니다.

17 다음에 해당하는 수를 반올림하여 천의 자리까지 나타내었을 때, 알맞은 수를 써넣으세요.

> 1999 초과 2500 미만인 수

(   )

[18~19] 주어진 직사각형을 보고 물음에 답해 보세요.

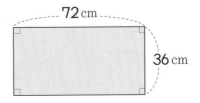

18 직사각형의 둘레의 길이를 반올림하여 십의 자리까지 나타내면 몇 cm일까요?

(   )

19 직사각형의 넓이를 반올림하여 백의 자리까지 나타내면 몇 cm²일까요?

(   )

20 어느 동물원에 살고 있는 반달가슴곰의 개체 수는 179마리입니다. 이 동물원에 있는 반달가슴곰의 개체 수를 어림했더니 200마리가 되었습니다. 어떻게 어림했는지 올림, 버림, 반올림의 방법 중 두 가지 방법으로 각각 설명해 보세요.

방법 1	방법 2

1 □ 안에 알맞은 수를 써넣으세요.

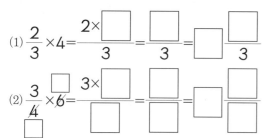

(1) $\dfrac{2}{3} \times 4 = \dfrac{2 \times \square}{3} = \dfrac{\square}{3} = \square\dfrac{\square}{3}$

(2) $\dfrac{3}{4} \times 6 = \dfrac{3 \times \square}{\square} = \dfrac{\square}{\square} = \square\dfrac{\square}{\square}$

2 계산해 보세요.

(1) $\dfrac{3}{7} \times 2$

(2) $\dfrac{5}{9} \times 10$

3 계산 결과가 <u>다른</u> 하나를 찾아 기호를 써 보세요.

ㄱ $\dfrac{5}{17} + \dfrac{5}{17} + \dfrac{5}{17}$ ㄴ $\dfrac{5}{17} \times 3$

ㄷ $\dfrac{5 \times 3}{17 \times 3}$ ㄹ $\dfrac{5 \times 3}{17}$

(   )

4 설명하는 수가 얼마인지 구해 보세요.

$\dfrac{5}{8}$의 10배인 수

(   )

5 사과 한 박스의 무게가 $\dfrac{4}{5}$ kg인 사과가 15박스 있습니다. 사과의 무게는 모두 몇 kg인지 식을 쓰고, 답을 구해 보세요.

식 _____

답 _____

6 그림을 보고 □ 안에 알맞은 수를 써넣으세요.

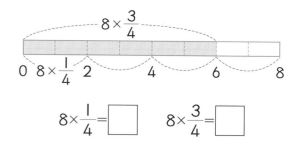

$8 \times \dfrac{1}{4} = \square$ $8 \times \dfrac{3}{4} = \square$

7 계산해 보세요.

(1) $3 \times 1\dfrac{2}{5}$

(2) $4 \times 3\dfrac{5}{11}$

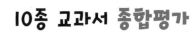
8 계산 결과가 작은 곱셈부터 차례대로 1, 2, 3을 써넣으세요.

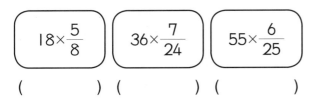

(   ) (   ) (   )

9 하루는 24시간입니다. 동윤이는 하루의 $\dfrac{1}{12}$ 만큼 컴퓨터 게임을 한다면 하루에 컴퓨터 게임을 하는 시간은 몇 시간인가요?

식 _____

답 _____

서술형

10 계산이 잘못된 부분을 찾아 이유를 쓰고, 바르게 계산해 보세요.

$$\overset{3}{\cancel{9}}\times 2\dfrac{1}{\underset{2}{\cancel{6}}}=3\times 2\dfrac{1}{2}=3\times\dfrac{5}{2}=\dfrac{15}{2}=7\dfrac{1}{2}$$

이유 _____
_____
_____

계산 _____

11 그림을 보고 □ 안에 알맞은 수를 써넣으세요.

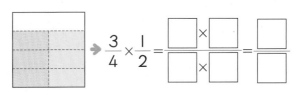

$$\dfrac{3}{4}\times\dfrac{1}{2}=\dfrac{\boxed{}\times\boxed{}}{\boxed{}\times\boxed{}}=\dfrac{\boxed{}}{\boxed{}}$$

12 계산해 보세요.

(1) $\dfrac{1}{3}\times\dfrac{1}{5}$

(2) $\dfrac{2}{11}\times\dfrac{2}{3}$

13 계산 결과를 비교하여 ○ 안에 >, =, <를 알맞게 써넣으세요.

$$\dfrac{14}{15}\times\dfrac{20}{21}\bigcirc\dfrac{15}{16}\times\dfrac{4}{5}$$

14 콜라가 $\dfrac{3}{4}$ L 있었습니다. 혜정이가 먼저 이 중에서 $\dfrac{3}{5}$ 만큼을 마시고, 대호는 혜정이가 마신 양의 $\dfrac{5}{9}$ 를 마셨다면 대호가 마신 콜라는 몇 L 일까요?

(   )

15 계산 결과가 같은 것을 찾아 이어 보세요.

(1) $\boxed{\dfrac{2}{3} \times \dfrac{1}{4}}$ •

(2) $\boxed{\dfrac{7}{8} \times \dfrac{16}{35}}$ •

(3) $\boxed{\dfrac{1}{5} \times \dfrac{5}{9}}$ •

• ㉠ $\boxed{\dfrac{14}{15} \times \dfrac{3}{7}}$

• ㉡ $\boxed{\dfrac{13}{45} \times \dfrac{5}{13}}$

• ㉢ $\boxed{\dfrac{1}{2} \times \dfrac{1}{3}}$

16 빈칸에 알맞은 수를 써넣으세요.

×	$3\dfrac{2}{5}$	$1\dfrac{5}{7}$
$2\dfrac{1}{4}$		

서술형

17 민성이는 $4\dfrac{6}{7}$ km를 걸었습니다. 성규는 민성이가 걸은 거리의 $1\dfrac{2}{3}$ 배, 지수는 성규가 걸은 거리의 $1\dfrac{2}{5}$ 배만큼 걸었습니다. 성규와 지수가 걸은 거리의 차를 풀이 과정을 쓰고, 답을 구해 보세요.

_____

_____

_____

_____

( )

[18~19] 주어진 삼각형을 보고 물음에 답해 보세요.

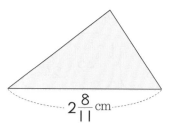

$2\dfrac{8}{11}$ cm

18 삼각형의 높이는 밑변의 길이의 $\dfrac{1}{2}$ 입니다. 삼각형의 높이는 몇 cm인가요?

( )

19 주어진 삼각형의 높이를 한 변으로 가지는 정사각형의 넓이는 몇 cm²인가요?

( )

서술형

20 주어진 수와 말을 이용하여 분수의 곱셈 문제를 만들고, 답을 구해 보세요.

$\boxed{3\dfrac{1}{2}}$ $\boxed{가로}$ $\boxed{세로}$ $\boxed{5\dfrac{1}{3}}$

문제 _____

_____

_____

_____

답 _____

1 종이 두 장을 포개어 놓고 사각형 모양으로 자르면 만들어지는 두 사각형의 모양과 크기는 똑같습니다. 이러한 두 도형의 관계를 무엇이라고 하는지 써 보세요.

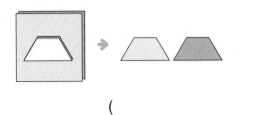

(   )

2 서로 합동인 도형을 모두 찾아 기호를 써 보세요.

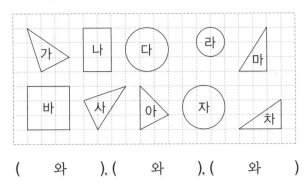

(와   ), (와   ), (와   )

3 점선을 따라 잘랐을 때 서로 합동이 되는 도형을 모두 찾아 ○표 하세요.

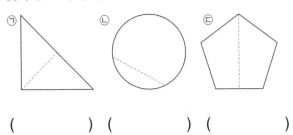

(   ) (   ) (   )

4 서로 합동인 도형의 성질에 대한 설명입니다. 알맞은 말에 ○표 하세요.

(1) 대응변의 길이는 서로 (같습니다, 다릅니다).

(2) 대응각의 크기는 서로 (같습니다, 다릅니다).

5 다음 도형에서 찾을 수 있는 크고 작은 삼각형 중에서 서로 합동인 삼각형은 모두 몇 쌍인지 구해 보세요.

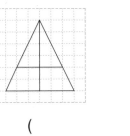

(   )

〈서술형〉

6 두 도형이 서로 합동인지 합동이 아닌지 쓰고, 그렇게 답한 이유를 써 보세요.

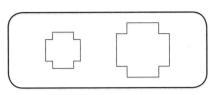

답 _____

이유 _____

_____

7 두 삼각형은 서로 합동입니다. □ 안에 알맞게 써넣으세요.

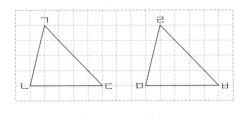

(1) 점 ㄱ과 점 ㄹ은 [   ]입니다.

(2) 변 ㄴㄷ과 변 [   ]은 대응변입니다.

(3) 각 ㄱㄷㄴ과 각 ㄹㅂㅁ은 [   ]입니다.

[8~9] 두 도형은 서로 합동입니다. 물음에 답해 보세요.

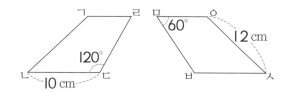

8 변 ㄱㄴ의 길이와 변 ㅂㅅ의 길이를 각각 써 보세요.

변 ㄱㄴ의 길이 (   )

변 ㅂㅅ의 길이 (   )

9 각 ㅁㅂㅅ의 크기와 각 ㄱㄹㄷ의 크기를 각각 써 보세요.

각 ㅁㅂㅅ의 크기 (   )

각 ㄱㄹㄷ의 크기 (   )

10 서로 합동인 4개의 사다리꼴을 정사각형에 이어 붙여 그림과 같이 바람개비 모양을 만들었습니다. 바람개비의 둘레는 몇 cm인가요?

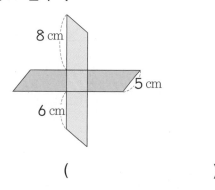

(   )

11 □ 안에 알맞은 말을 써넣으세요.

한 직선을 따라 접었을 때, 완전히 겹치는 도형을

[   ](이)라고 합니다. 이때 그 직

선을 [   ](이)라고 합니다.

12 선대칭도형인 숫자를 모두 찾아 ○표 하세요.

2 3 7 8 9

13 다음 도형은 선대칭도형입니다. 대칭축을 모두 그려 보세요.

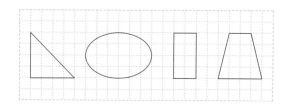

14 선대칭도형의 일부입니다. 점 ㄱ의 대응점을 찾아 기호를 써 보세요.

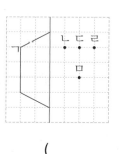

(   )

15 도형 가는 정사각형이고, 도형 나는 정육각형입니다. 어떤 도형의 대칭축이 몇 개 더 많은지 구해 보세요.

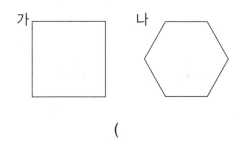

( )

16 점대칭도형을 모두 찾아 기호를 써 보세요.

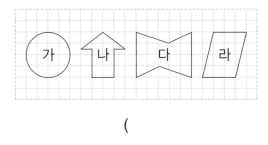

( )

17 점대칭도형의 성질에 대해 잘못 설명한 것을 찾아 기호를 쓰고, 잘못된 이유를 써 보세요.

> ㉠ 대응변의 길이가 서로 같습니다.
> ㉡ 대응각의 크기가 서로 같습니다.
> ㉢ 대칭의 중심은 대응점끼리 이은 선분을 둘로 똑같이 나눕니다.
> ㉣ 대칭의 중심의 개수는 도형에 따라 다릅니다.

( )

이유 _____

_____

18 점 ㅇ을 대칭의 중심으로 하는 점대칭도형을 완성해 보세요.

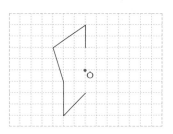

19 점대칭도형을 보고 표를 완성해 보세요.

점 ㄴ의 대응점	
변 ㄷㄹ의 대응변	
각 ㄷㄹㅁ의 대응각	

20 점 ㅇ을 대칭의 중심으로 하는 점대칭도형입니다. 각 ㅂㅁㄴ은 몇 도인가요?

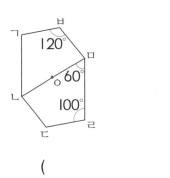

( )

1 ●보기●와 같은 방법으로 계산해 보세요.

●보기●
0.3×4=0.3+0.3+0.3+0.3=1.2

0.7×3 _____

2 그림을 보고 □ 안에 알맞은 수를 써넣으세요.

0.1	0.1	0.1	0.1	0.1	0.1	0.1	0.1	0.1	0.1

0　　　　　　　　　　　　　　　　　　　1

0.1×9=□

3 선물 한 개를 포장하는 데 빨간색 끈 0.55 m가 필요합니다. 선물을 6개 포장하는 데 필요한 빨간색 끈은 모두 몇 m인가요?

답 _____

4 어림하여 계산 결과가 10보다 큰 곱셈에 ○표 하세요.

(　　　) (　　　) (　　　)

5 한 변의 길이가 4.7 cm인 정사각형의 둘레는 몇 cm일까요?

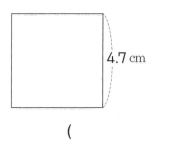

4.7 cm

(　　　　　　　　　　)

6 빈칸에 알맞은 수를 써넣으세요.

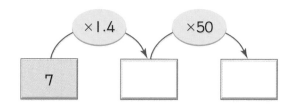

7 계산 결과를 비교하여 ○ 안에 >, =, <를 알맞게 써넣으세요.

(1) 8×0.75 ◯ 20×0.62

(2) 7×0.09 ◯ 3×0.2

8 계산해 보세요.

(1)　　　　　5
　　　× 0.47
　　┌─────┐
　　└─────┘

(2)　　　　　7
　　　× 3.83
　　┌─────┐
　　└─────┘

9 철우는 한 시간에 16 km씩 일정하게 달리는 자전거를 탔습니다. 철우가 이 자전거를 2시간 30분 동안 탄 거리는 모두 몇 km인가요?

식 _____

답 _____

12 계산해 보세요.

⑴ 0.6×0.8

⑵
$$\begin{array}{r} 2.2 \\ \times\ 3.0\ 3 \\ \hline \end{array}$$

10 1부터 9까지의 수 중에서 □ 안에 들어갈 수 있는 수는 모두 몇 개인가요?

5×1.73>8.□

( )

13 0.26×0.89를 옳게 계산한 것을 찾아 기호를 써 보세요.

㉠ 231.4 ㉡ 23.14
㉢ 2.314 ㉣ 0.2314

( )

11 계산 결과를 잘못 어림한 사람을 찾아 이름을 쓰고, 잘못 어림한 부분을 바르게 고쳐 보세요.

4×2.51	6×0.65
지윤: 4와 2.5의 곱으로 어림할 수 있으니까 계산 결과는 10 정도가 돼.	민수: 6과 65의 곱은 약 400이니까 6과 0.65의 곱은 40 정도가 돼.

( )

_____

_____

14 □ 안에 알맞은 수를 써넣고, 그 이유를 써 보세요.

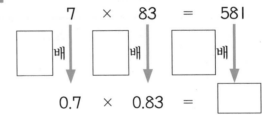

이유 _____

_____

_____

_____

15 ㉠과 ㉡의 합을 구해 보세요.

> ㉠ 1.8×0.6　　㉡ 3.6×7.2

(　　　　　)

16 주어진 직사각형의 넓이를 구해 보세요.

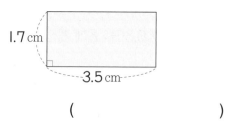

1.7 cm
3.5 cm

(　　　　　)

서술형

17 다음은 운동별 1분당 소모되는 열량을 나타낸 표입니다. 범수가 등산을 100분, 수영을 10분 동안 했을 때, 소모되는 열량은 모두 몇 킬로칼로리인지 풀이 과정을 쓰고, 답을 구해 보세요.

운동	걷기	등산	줄넘기	수영
1분당 소모되는 열량(킬로칼로리)	2.85	5.61	7.1	6.2

_____

_____

_____

_____

(　　　　　)

18 보기를 이용하여 계산해 보세요.

> 보기
>
> 23×56=1288

(1) 2.3×5.6

(2) 0.23×5.6

(3) 0.23×0.56

19 평행사변형의 넓이의 단위를 cm² 대신 m²로 나타내려고 합니다. 평행사변형의 밑변의 길이와 높이는 각각 몇 m인지 □ 안에 알맞은 수를 써넣고, 넓이는 몇 m²인지 구해 보세요.

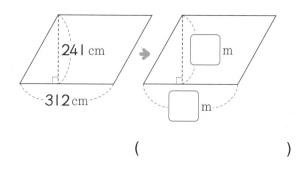

241 cm
312 cm

☐ m

☐ m

(　　　　　)

20 어떤 소수에 4.5를 곱해야 할 것을 잘못하여 더하였더니 6.04가 되었습니다. 바르게 계산한 값을 구해 보세요.

(　　　　　)

[1~2] 도형을 보고 물음에 답해 보세요.

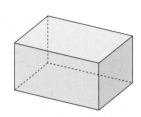

1 위와 같은 도형을 무엇이라고 하나요?

( )

2 직육면체에 대한 설명으로 <u>잘못된</u> 것은 어느 것인가요? ( )

① 선분으로 둘러싸인 부분은 면입니다.
② 면과 면이 만나는 선분은 모서리입니다.
③ 모서리와 모서리가 만나는 점은 꼭짓점입니다.
④ 면의 크기가 모두 같습니다.
⑤ 직사각형 6개로 둘러싸여 있습니다.

서술형

3 다음 도형이 직육면체가 <u>아닌</u> 이유를 써 보세요.

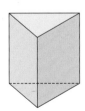

_____

_____

[4~5] 도형을 보고 물음에 답해 보세요.

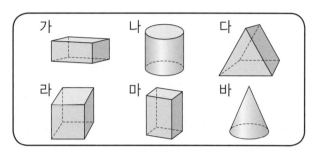

4 정육면체를 찾아 기호를 써 보세요.

( )

5 직육면체를 모두 찾아 기호를 써 보세요.

( )

6 다음 설명 중 옳게 설명한 것을 모두 찾아 기호를 써 보세요.

> ㉠ 정육면체에서 모든 면의 모양과 크기는 서로 같습니다.
> ㉡ 정육면체에서 정사각형 모양의 면은 모두 4개입니다.
> ㉢ 직육면체와 정육면체는 면, 모서리, 꼭짓점의 수가 각각 같습니다.

( )

7 한 모서리의 길이가 9 cm인 정육면체 모양의 주사위가 있습니다. 이 주사위의 모든 모서리의 길이의 합은 몇 cm인가요?

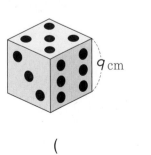

( )

8 □ 안에 알맞은 말을 써넣으세요.

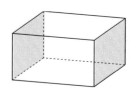

> 직육면체에서 계속 늘여도 서로 만나지 않는 두 면을 □ 하다고 합니다. 이 두 면을 직육면체의 □ (이)라고 합니다.

9 직육면체에서 서로 평행한 면은 모두 몇 쌍인지 구해 보세요.

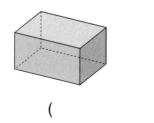

( )

10 직육면체에서 색칠한 면과 평행한 면의 모서리 길이의 합은 몇 cm인지 구해 보세요.

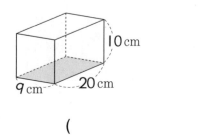

( )

[11~12] 그림을 보고 물음에 답해 보세요.

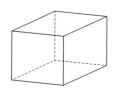

11 직육면체의 모양을 잘 알 수 있도록 나타낸 그림을 무엇이라고 하나요?

( )

12 보이지 않는 면의 수와 보이는 모서리의 수의 합을 구해 보세요.

( )

[13~14] 그림을 보고 물음에 답해 보세요.

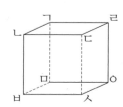

13 정육면체의 겨냥도를 잘못 그린 모서리를 모두 찾아 써 보세요.

( )

14 정육면체의 모든 모서리의 길이의 합이 96 cm라면 보이지 않는 모서리의 길이의 합은 몇 cm인지 구해 보세요.

( )

15 □ 안에 알맞은 말을 써넣으세요.

(1) 정육면체의 모서리를 잘라서 평면 위에 펼친 그림을 정육면체의 [ ](이)라고 합니다.

(2) 정육면체의 전개도에서 잘린 모서리는 [ ](으)로, 잘리지 않는 모서리는 [ ](으)로 그립니다.

[16~18] 직육면체의 전개도를 보고 물음에 답해 보세요.

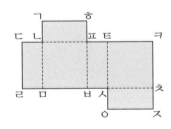

16 전개도를 접었을 때 점 ㄹ과 겹치는 점을 찾아 써 보세요.

( )

17 전개도를 접었을 때 선분 ㅋㅌ과 겹치는 선분을 찾아 써 보세요.

( )

18 전개도를 접었을 때 면 ㄱㄴㅍㅎ과 평행한 면을 찾아 써 보세요.

( )

19 직육면체의 전개도가 잘못 그려진 이유를 쓰고, 오른쪽 모눈종이에 올바른 전개도를 그려 보세요.

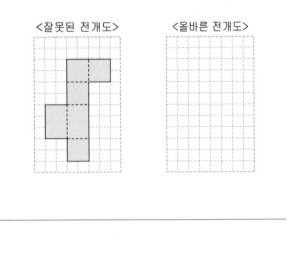

<잘못된 전개도>   <올바른 전개도>

_____

_____

20 직육면체의 전개도에서 □ 안에 알맞은 수를 써넣으세요.

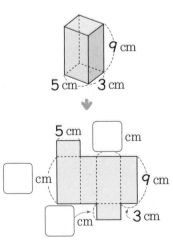

9 cm
5 cm — 3 cm

5 cm   [ ] cm
[ ] cm   9 cm
[ ] cm   3 cm

1 연우가 노래 연습을 한 횟수를 나타낸 표입니다. 연습 횟수를 요일별로 고르게 하여 구한 수를 가장 적절하게 말한 친구는 누구인가요?

연우가 노래 연습을 한 횟수

요일	월	화	수	목	금
연습 횟수(회)	5	3	4	5	3

연우: 매일 노래 연습을 3회 했다고 할 수 있어요.
채연: 노래 연습을 한 횟수를 고르게 하여 구하면 4회예요.
주호: 하루에 노래 연습을 5회 정도 했다고 할 수 있어요.

( )

2 자료의 값을 모두 더한 수를 자료의 수로 나눈 값은 무엇인가요?

( )

3 동원이네 모둠의 줄넘기 기록을 나타낸 표입니다. 동원이네 모둠에서 한 명의 줄넘기 기록을 대표하는 값을 몇 회라고 말할 수 있나요?

동원이네 모둠의 줄넘기 기록

이름	동원	성경	지훈	아현
기록(회)	44	46	48	46

( )

4 지연이의 과목별 쪽지시험 점수를 나타낸 표입니다. 지연이의 쪽지시험 점수의 평균은 몇 점인지 풀이 과정을 쓰고, 답을 구해 보세요.

지연이의 과목별 쪽지시험 점수

과목	국어	수학	사회	과학	영어
점수(점)	92	86	96	90	81

_____

_____

_____

( )

[5~6] 민철이가 게임을 한 시간을 나타낸 표입니다. 물음에 답해 보세요.

민철이가 게임을 한 시간

날짜	첫째 날	둘째 날	셋째 날	넷째 날
게임한 시간(분)	40	20	25	35

5 민철이가 게임을 한 시간의 평균을 구해 보세요.

( )

6 민철이가 5일 동안 게임을 한 시간의 평균이 4일 동안 게임을 한 시간의 평균보다 낮으려면 다섯째 날에는 게임을 많아야 몇 분 동안 할 수 있는지 예상해 보세요.

_____

[7~8] 승기네 반 친구들의 모둠별 팔굽혀펴기 기록을 나타낸 표입니다. 물음에 답해 보세요.

모둠별 팔굽혀펴기 기록

모둠	모둠 1	모둠 2	모둠 3	모둠 4
학생 수(명)	4	4	5	5
기록의 합(회)	48	52	45	55

7 팔굽혀펴기 기록의 평균이 가장 낮은 모둠의 기록은 몇 회인가요?

( )

8 팔굽혀펴기 기록의 평균이 가장 높은 모둠을 대표로 정하려고 합니다. 어느 모둠이 승기네 반의 대표가 되어야 할까요?

( )

[9~10] 재영이와 윤정이의 제기차기 기록을 나타낸 표입니다. 물음에 답해 보세요.

재영이의 제기차기 기록

회	제기차기 기록(번)
1회	27
2회	16
3회	14

윤정이의 제기차기 기록

회	제기차기 기록(번)
1회	20
2회	18
3회	
4회	22

9 재영이와 윤정이의 제기차기 기록의 평균이 같을 때, 윤정이의 3회 기록은 몇 번인지 구해 보세요.

( )

10 윤정이의 제기차기 기록 중에서 평균보다 높은 기록을 모두 찾아 써 보세요.

( )

11 일이 일어날 가능성을 생각해 보고, 알맞은 말에 ○표 하세요.

	불가능하다	반반이다	확실하다
우리나라 낮 평균 기온은 12월이 8월보다 낮을 것입니다.			
내년에는 8월이 9월보다 늦게 올 것입니다.			

12 주머니에서 구슬 한 개를 꺼낼 때, 꺼낸 구슬이 파란색일 가능성을 말로 표현해 보세요.

( )

· 서술형 ·

13 일이 일어날 가능성이 가장 높은 말을 한 사람이 상품을 받습니다. 상품을 받을 수 있도록 빈칸을 채워 보세요.

· 동원: 내년에 제 번호는 홀수일 것입니다.
· 효린: 7월 한 달 내내 눈이 올 것입니다.
· 나: _____

14 일이 일어날 가능성이 가장 낮은 경우는 어느 것인가요? (   )

① 3월 달력에 날짜가 31 일까지 있을 가능성
② 동전을 던져 뒷면이 나올 가능성
③ 저녁에 해가 서쪽으로 질 가능성
④ 내년에 내 생일이 토요일일 가능성
⑤ 다음 달에 형이 태어날 가능성

[15~16] 현우네 모둠이 회전판 돌리기를 하고 있습니다. 물음에 답해 보세요.

가   나   다

15 화살이 빨간색에 멈추는 것이 불가능한 회전판은 어떤 것인지 기호를 써 보세요.

(   )

16 화살이 파란색에 멈출 가능성이 높은 회전판을 순서대로 기호를 써 보세요.

(   )

17 일이 일어날 가능성을 수로 표현해 보세요.

⑴ 내일 집에 공룡이 놀러 올 가능성   (   )
⑵ 내년에 봄이 올 가능성   (   )

[18~20] 진성이와 미현이가 주사위 놀이를 하고 있습니다. 주사위를 한 번 굴릴 때, 물음에 답해 보세요.

18 주사위의 눈의 수가 6 초과일 가능성을 말과 수로 표현해 보세요.

말 _____

수 _____

19 주사위의 눈의 수가 1 이상일 가능성을 말과 수로 표현해 보세요.

말 _____

수 _____

20 주사위의 눈의 수가 홀수일 가능성을 말과 수로 표현해 보세요.

말 _____

수 _____

[1~2] 학생들이 한 달 동안 읽은 책의 수를 조사했습니다. 물음에 답해 보세요.

학생들이 한 달 동안 읽은 책의 수

이름	읽은 책의 수(권)
강준	15
미현	14
장훈	20
지수	18
범준	21

1 15권 이하로 책을 읽은 학생을 모두 찾아 써 보세요.

(　　　　)

2 20권 이상으로 책을 읽은 학생은 모두 몇 명인가요?

(　　　　)

3 80 이상인 수에 ◯표, 70 이하인 수에 △표 하세요.

　65　71　80　75　70　83　79

4 수직선에 나타낸 수의 범위를 써 보세요.

```
+---+---+---+---+---◇---+---+---+---+
3   4   5   6   7   8   9  10  11
```

(　　　　)

5 체험 학습을 가기 위해 반별로 버스를 타려고 합니다. 버스 한 대에 버스 기사를 제외하고 35명 미만까지 탈 수 있을 때, 버스 한 대로 체험 학습을 갈 수 있는 반을 모두 써 보세요.

반별 학생 수

반	학생 수(명)	반	학생 수(명)
1반	33	4반	40
2반	37	5반	35
3반	30	6반	34

(　　　　)

6 □ 안에 알맞은 자연수를 구해 보세요.

□ 미만인 자연수는 3개입니다.

(　　　　)

서술형

7 어느 자전거 대여소의 자전거 대여 요금표입니다. 자전거를 1시간 20분 동안 대여했다면 대여 요금은 얼마인지 풀이 과정을 쓰고, 답을 구해 보세요.

• 1시간 이하 기본 요금은 7000원
• 1시간 초과 시 10분마다 900원씩 추가

_____

_____

(　　　　)

8 ㉮+㉯의 값을 구해 보세요.

> • 100 이상 110 이하인 자연수는 ㉮ 개입니다.
>
> • 111 초과 113 미만인 자연수는 ㉯ 입니다.

( )

[9~10] 보름이네 가족이 놀이공원에 갔습니다. 보름이네 가족의 나이와 놀이공원 입장료를 나타낸 표를 보고, 물음에 답해 보세요.

보름이네 가족의 나이

가족	아빠	엄마	보름	동생
나이(세)	46	44	14	8

놀이공원 입장료

구분	입장료(원)
어른(20세 이상 60세 미만)	15000
청소년(14세 이상 20세 미만)	10000
어린이(8세 이상 14세 미만)	7000
※ 8세 미만, 60세 이상은 무료 입장	

9 보름이와 동생의 입장료는 각각 얼마인가요?

보름 ( )
동생 ( )

10 보름이네 가족이 모두 놀이공원에 입장하려면 얼마를 내야 하는지 구해 보세요.

( )

11 ●보기●와 같이 소수를 올림하여 봅시다.

> ●보기●
>
> 1.225를 올림하여 소수 첫째 자리까지 나타내면 1.3입니다.
> 8.831을 올림하여 소수 둘째 자리까지 나타내면 8.84입니다.

⑴ 5.05를 올림하여 소수 첫째 자리까지 나타내면 얼마인지 써 보세요. ( )

⑵ 2.529를 올림하여 소수 둘째 자리까지 나타내면 얼마인지 써 보세요. ( )

12 다음 수를 올림하여 백의 자리까지 나타내면 9200 입니다. □ 안에 알맞은 숫자를 써넣으세요.

13 버림하여 백의 자리까지 나타낸 수가 서로 같은 두 수를 찾아 ○표 해 보세요.

> 1987 1899 1781 1955

14 버림하여 천의 자리까지 나타내었을 때, 15000이 되는 수 중 가장 큰 자연수를 구해 보세요.

( )

15 •조건•에 맞는 자연수를 모두 써 보세요.

•조건•
- 수를 반올림하여 십의 자리까지 나타내면 720이 됩니다.
- 일의 자리 숫자가 2 초과 6 미만입니다.

(   )

16 수 카드 4장을 한 번씩만 사용하여 가장 작은 네 자리 수를 만들고, 만든 네 자리 수를 반올림하여 백의 자리까지 나타내어 보세요.

| 4 | 1 | 7 | 6 |

(   )

⊙서술형⊙
17 반올림을 잘못한 친구의 이름을 쓰고, 잘못된 부분을 찾아 바르게 고쳐 보세요.

동욱: 5.45 kg짜리 수박의 무게를 반올림하여 소수 첫째 자리까지 나타내면 5.5 kg이야.

고은: 동물원 입장객 수 147583명을 반올림하여 천의 자리까지 나타내면 147000명이야.

(   )

_____

_____

[18~19] 지우개 511개를 상자에 모두 담으려고 합니다. 한 상자에 100개씩 담을 수 있을 때, 상자는 최소 몇 개가 필요한지 물음에 답해 보세요.

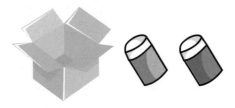

18 올림, 버림, 반올림 중에서 어떤 방법으로 어림해야 좋은가요?

(   )

19 지우개를 상자에 모두 담으려고 할 때, 상자는 최소 몇 개가 필요한가요?

(   )

⊙서술형⊙
20 구하려고 하는 값을 찾기 위한 어림하는 방법이 다른 하나를 찾고, 이유를 써 보세요.

㉠	대게 32마리를 10마리씩 묶음으로만 팔 때 최대로 팔 수 있는 대게 수
㉡	동전 7340원을 1000원짜리 지폐로만 바꿀 때 바꿀 수 있는 최대 금액
㉢	1 kg씩 파는 밀가루가 5.7 kg 필요할 때 사야 하는 밀가루 양

(   )

이유

_____

_____

1 그림을 보고 □ 안에 알맞은 수를 써넣으세요.

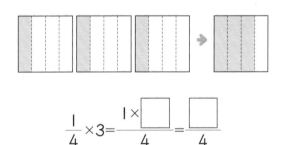

$$\frac{1}{4} \times 3 = \frac{1 \times \boxed{}}{4} = \frac{\boxed{}}{4}$$

2 빈칸에 알맞은 수를 써넣으세요.

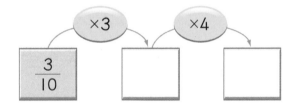

3 어떤 수는 $\frac{6}{7}$ 의 21배와 같습니다. $\frac{2}{9}$ 와 어떤 수의 곱을 구해 보세요.

(   )

4 선물 상자를 묶는 데 길이가 $2\frac{1}{2}$ m인 끈의 3배만큼 사용하였습니다. 사용한 끈의 길이는 모두 몇 m인가요?

(   )

5 계산 결과를 비교하여 ○ 안에 >, =, <를 알맞게 써넣으세요.

$$\boxed{1\frac{3}{8} \times 5} \bigcirc \boxed{6\frac{5}{8}}$$

6 계산 결과를 찾아 이어 보세요.

(1) $\boxed{15 \times \frac{5}{6}}$ •

(2) $\boxed{9 \times 1\frac{1}{15}}$ •

(3) $\boxed{6 \times 1\frac{13}{16}}$ •

• ㉠ $\boxed{12\frac{1}{2}}$

• ㉡ $\boxed{10\frac{7}{8}}$

• ㉢ $\boxed{9\frac{3}{5}}$

7 어느 식물원의 성인 입장료는 8000원이고, 청소년 입장료는 성인 입장료의 $\frac{11}{16}$ 입니다. 청소년 입장료는 얼마인가요?

식 _____

답 _____

8 ·보기·와 같은 방법으로 계산해 보세요.

·보기·

$$3 \times 1\frac{1}{6} = \overset{1}{3} \times \frac{7}{\underset{2}{6}} = \frac{7}{2} = 3\frac{1}{2}$$

$4 \times 3\frac{1}{6} =$ _____

9 계산 결과가 7보다 큰 곱셈에는 ○표, 7보다 작은 곱셈에는 △표 하세요.

$$7 \times \frac{5}{6} \qquad 7 \times \frac{4}{3}$$

$$7 \times 1 \qquad 7 \times 1\frac{2}{9}$$

10 떨어뜨린 높이의 $\frac{7}{10}$ 만큼 튀어 오르는 공이 있습니다. 이 공을 높이가 70 cm인 곳에서 바닥에 떨어뜨렸을 때, 공은 처음에 몇 cm 튀어 오를까요?

풀이 _____

답 _____

[11~12] 냉장고에 우유가 $\frac{17}{20}$ L 있었습니다. 이 우유의 $\frac{1}{5}$ 을 마셨습니다. 물음에 답해 보세요.

11 남은 우유는 냉장고에 있던 우유의 얼마인가요?

(_____)

12 남은 우유는 몇 L인가요?

풀이 _____

답 _____

서술형
13 다음은 두 개의 정사각형을 겹쳐 놓은 모양입니다. 큰 정사각형의 각 변의 중앙에 작은 정사각형의 네 꼭짓점이 닿습니다. 색칠한 부분의 넓이는 몇 m^2인지 풀이 과정을 쓰고, 답을 구해 보세요.

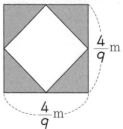
$\frac{4}{9}$ m
$\frac{4}{9}$ m

_____

_____

(_____)

14 계산해 보세요.

(1) $3\dfrac{3}{7} \times \dfrac{7}{8}$

(2) $\dfrac{3}{14} \times 4\dfrac{2}{3}$

15 가장 큰 수와 가장 작은 수의 곱을 구해 보세요.

$$1\dfrac{3}{8} \quad 1\dfrac{4}{7} \quad 2\dfrac{3}{4}$$

( )

16 우정이는 찰흙 $6\dfrac{3}{5}$ kg을 사용했고, 사랑이는 우정이가 사용한 찰흙의 $1\dfrac{2}{3}$ 배만큼 사용했습니다. 사랑이가 사용한 찰흙은 몇 kg인가요?

( )

17 □ 안에 들어갈 수 있는 자연수를 모두 구해 보세요.

$$3\dfrac{3}{4} \times 2\dfrac{1}{3} > 8\dfrac{\square}{4}$$

( )

[18~19] 주어진 수 카드를 사용하여 분수를 만들려고 합니다. 물음에 답해 보세요.

$$\boxed{8} \quad \boxed{5} \quad \boxed{4}$$

18 수 카드를 한 번씩만 사용하여 만든 가장 큰 대분수와 가장 작은 대분수를 써 보세요.

가장 큰 대분수 ( )

가장 작은 대분수 ( )

19 가장 큰 대분수와 가장 작은 대분수의 곱은 얼마인가요?

( )

20 그림과 식을 이용하여 문제를 해결해 보세요.

도서관에 있는 전체 책의 $\dfrac{4}{5}$ 는 아동 도서이고, 그중 $\dfrac{1}{2}$ 은 만화책입니다. 만화책은 도서관에 있는 전체 책의 얼마인가요?

그림 그리기	식 만들기

[1~2] 주어진 도형을 보고 물음에 답해 보세요.

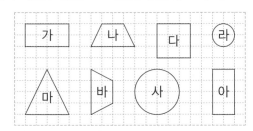

1 가와 서로 합동인 도형의 기호를 찾아 써 보세요.

(   )

2 서로 합동인 도형의 기호를 모두 찾아 써 보세요.

(와   ), (와   )

3 주어진 도형과 서로 합동인 도형을 그려 보세요.

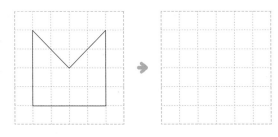

4 사각형을 대각선으로 잘라 두 개의 삼각형을 만들 때, 만들어지는 두 삼각형이 서로 합동이 되는 사각형을 찾아 기호를 써 보세요.

⊙ 사다리꼴   ⓒ 직사각형

(   )

[5~6] 두 사각형은 서로 합동입니다. 물음에 답해 보세요.

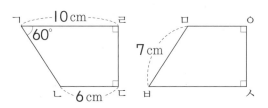

5 변 ㄱㄴ의 대응변을 찾고, 변 ㄱㄴ은 몇 cm인지 써 보세요.

대응변 (   ), 길이 (   )

6 각 ㅁㅂㅅ의 대응각을 찾고, 각 ㅁㅂㅅ은 몇 도인지 써 보세요.

대응각 (   ), 각 (   )

7 두 직사각형은 서로 합동입니다. 직사각형 ㅁㅂㅅㅇ의 넓이는 몇 cm^2 인지 구해 보세요.

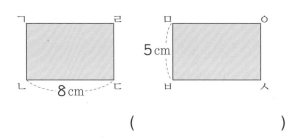

(   )

◆서술형◆

8 서로 합동인 두 도형에 대해 말한 것입니다. 옳게 말한 사람의 이름을 쓰고, 그 이유를 써 보세요.

> 주희: 서로 합동인 두 삼각형의 둘레는 서로 같아.
>
> 준기: 두 삼각형의 둘레가 서로 같다면 두 삼각형은 서로 합동이야.

(   )

이유 _____

_____

9 두 도형은 서로 합동입니다. 대응점, 대응변, 대응각이 각각 몇 쌍 있는지 써 보세요.

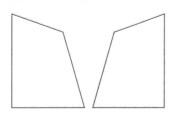

대응점	대응변	대응각

10 현우는 삼각형 3개로 오각형을 만들었습니다. 두 삼각형 ㄱㄴㄷ과 삼각형 ㄱㅁㄹ이 서로 합동일 때, 오각형 ㄱㄴㄷㄹㅁ의 둘레는 몇 cm인지 구해 보세요.

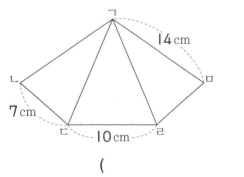

(   )

11 우리나라 지도에 쓰이는 기호입니다. 반으로 접었을 때, 완전히 겹치는 지도 기호의 이름을 모두 써 보세요.

(   )

12 직선 ㄱㄴ을 대칭축으로 하는 선대칭도형을 완성해 보세요.

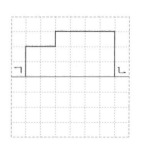

13 직선 ㅁㅂ을 대칭축으로 하는 선대칭도형입니다. 각 ㉮는 몇 도인가요?

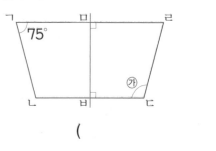

(   )

14 선대칭도형입니다. ☐ 안에 알맞은 수를 써넣으세요.

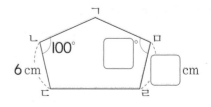

15 프랑스의 '에펠탑'은 왼쪽과 오른쪽이 대칭을 이루고 있는 건축물입니다. '에펠탑'은 선대칭도형인가요, 점대칭도형인가요?

(   )

[16~17] 다음 도형은 점대칭도형입니다. 물음에 답해 보세요.

16 점 ㄱ과 점 ㄴ의 대응점을 각각 찾아보세요.

점 ㄱ	
점 ㄴ	

서술형

17 변 ㄱㄴ의 대응변과 각 ㄹㄱㄴ의 대응각을 각각 찾고, 길이와 크기를 비교하여 알아낸 점대칭도형의 성질을 이야기해 보세요.

변 ㄱㄴ의 대응변		
각 ㄹㄱㄴ의 대응각		

성질 _____

_____

18 다음은 점대칭도형입니다. 대칭의 중심을 잘못 표시한 것을 찾아 기호를 써 보세요.

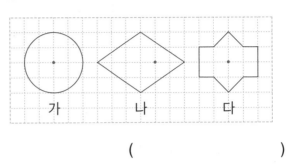

가   나   다

(   )

19 점대칭도형이 <u>아닌</u> 것은 어느 것인가요? (   )

① Z ② H ③ A ④ S ⑤ N

서술형

20 점 ㅇ을 대칭의 중심으로 하는 점대칭도형입니다. 이 도형의 둘레는 몇 cm인지 풀이 과정을 쓰고, 답을 구해 보세요.

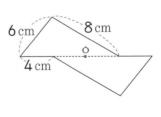

_____

_____

(   )

1 자연수의 곱셈을 이용하여 계산해 보세요.

$$4 \times 2 = \boxed{}$$
$$0.4 \times 2 = \boxed{}$$

$$7 \times 9 = \boxed{}$$
$$0.7 \times 9 = \boxed{}$$

2 한 시간에 물을 0.3 L씩 일정하게 사용하는 가습기가 있습니다. 이 가습기를 4시간 동안 작동했다면 가습기에 사용한 물의 양은 모두 몇 L인가요?

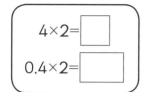 _____

답 _____

3 계산 결과가 큰 순서대로 기호를 써 보세요.

㉠ 0.55×7   ㉡ 0.45×8   ㉢ 0.63×6

( )

4 ☐ 안에 알맞은 수를 써넣으세요.

$$1.48 \times 4 = \frac{\boxed{}}{100} \times 4 = \frac{\boxed{} \times 4}{100}$$

$$= \frac{\boxed{}}{100} = \boxed{}$$

5 그림과 같이 3.11 m의 간격으로 나무 5그루를 심었습니다. 첫 번째 나무와 다섯 번째 나무 사이의 거리는 몇 m인가요?(단, 나무의 폭은 생각하지 않습니다.)

3.11 m

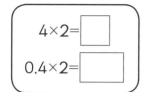 _____

답 _____

6 계산해 보세요.

⑴ 8×0.36

⑵ 40×2.25

7 19×1.5를 두 가지 방법으로 계산해 보세요.

⑴ 분수의 곱셈으로 나타내어 계산하기

⑵ 자연수의 곱셈을 이용하여 계산하기

8 고래의 무게는 27t이고, 하마의 무게는 고래의 무게의 0.08입니다. 하마의 무게는 몇 t인가요?

풀이 _____

답 _____

9 □ 안에 들어갈 수 있는 자연수를 구해 보세요.

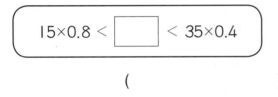

15×0.8 < □ < 35×0.4

( )

[10~11] 4장의 수 카드 중 3장을 골라 □ 안에 한 번씩만 넣어 계산 결과가 가장 큰 곱셈을 만들려고 합니다. 물음에 답해 보세요.

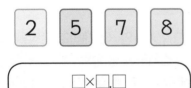

2 5 7 8

□×□.□

10 계산 결과가 가장 크게 되는 자연수와 소수를 각각 구해 보세요.

자연수 ( )
소수 ( )

11 계산 결과가 가장 클 때의 값은 얼마인지 구해 보세요.

( )

12 전체 크기가 1인 모눈종이를 보고 □ 안에 알맞은 수를 써넣으세요.

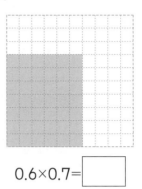

0.6×0.7=□

13 계산해 보세요.

(1) 0.2×0.9

(2)
```
    3.7
×  2.2 1
```
□

14 해솔이네 집에서 공원까지의 거리는 0.84 km이고, 공원에서 약국까지의 거리는 해솔이네 집에서 공원까지 거리의 1.2배입니다. 해솔이네 집에서 공원을 거쳐 약국까지 가는 거리는 몇 km인지 구해 보세요.

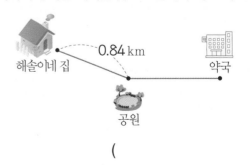

( )

15 가장 큰 수와 가장 작은 수의 곱을 구해 보세요.

> 3.3 2.8 3.8 5.2

(   )

16 ㉮와 ㉯를 동시에 만족하는 자연수를 모두 구해 보세요.

> ㉮ 6.15×3보다 큰 수입니다.
> ㉯ 19×1.25보다 작은 수입니다

(   )

서술형

17 일주일 전 해바라기의 키는 43.2 cm였고, 오늘 해바라기의 키는 일주일 전 키의 0.3배만큼 더 커졌습니다. 오늘 해바라기의 키에 대한 은비의 계산에서 잘못된 곳을 찾아 이유를 쓰고, 바르게 계산해 보세요.

은비의 계산	바른 계산
43.2×0.3 =12.96이므로 오늘 해바라기의 키는 12.96 cm 입니다.	

이유 _____

_____

18 한 개의 무게가 0.45 kg인 축구공이 있습니다. 축구공 10개, 100개, 1000개의 무게는 각각 몇 kg인지 구해 보세요.

축구공의 개수	축구공의 무게
1개	(0.45) kg
10개	( ) kg
100개	( ) kg
1000개	( ) kg

19 현진이는 계산기로 6.4×1.54를 계산하다가 두 수 중에서 한 수의 소수점을 잘못 눌렀더니 98.56이라는 결과가 나왔습니다. 현진이가 계산한 곱셈식을 써 보세요.

서술형

20 길이가 0.92 m인 색 테이프 8장을 그림과 같이 0.3 m씩 겹치도록 한 줄로 이어 붙였습니다. 이어 붙인 색 테이프의 전체 길이는 몇 m인지 풀이 과정을 쓰고, 답을 구해 보세요.

0.92m

0.3 m

_____

_____

_____

(   )

1 직육면체를 찾아 기호를 써 보세요.

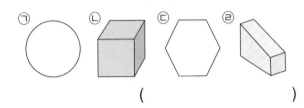

(   )

2 ☐ 안에 알맞은 말을 써넣으세요.

- 직사각형 6개로 둘러싸인 도형을 ☐
(이)라고 합니다.
- 정사각형 6개로 둘러싸인 도형을 ☐
(이)라고 합니다.

3 직육면체의 면이 될 수 있는 도형을 모두 찾아 기호를 써 보세요.

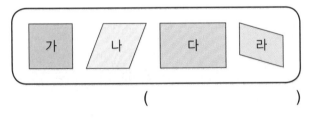

(   )

4 직육면체에서 면, 모서리, 꼭짓점의 수를 각각 써 보세요.

면의 수(개)	모서리의 수 (개)	꼭짓점의 수(개)

5 다음 직육면체 모양의 나무토막을 잘라 정육면체 모양을 만들려고 합니다. 만들 수 있는 가장 큰 정육면체의 한 모서리의 길이는 몇 cm인가요?

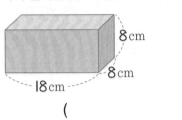

8 cm
8 cm
18 cm

(   )

6 직육면체 모양의 상자에 색종이를 붙여서 꾸미려고 합니다. 서로 수직인 면에는 다른 색깔의 색종이를 붙인다면 색종이는 적어도 몇 가지 색깔이 필요한가요?

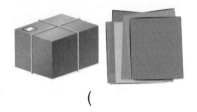

(   )

서술형

7 나희의 말이 옳은지 알아보고, 그렇게 생각한 이유를 써 보세요.

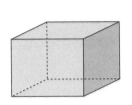

나희

직육면체는 정육면체라고 할 수 있어.

나희 생각 (옳다, 옳지 않다)

이유 _____

_____

_____

8 직육면체의 겨냥도를 바르게 그린 것을 찾아 기호를 써 보세요.

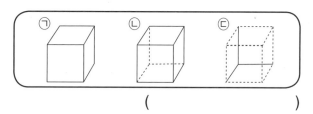

( )

[9~10] 직육면체를 보고 물음에 답해 보세요.

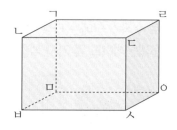

9 면 ㄷㅅㅇㄹ과 평행한 면을 찾아 써 보세요.

( )

10 면 ㄱㄴㄷㄹ과 수직인 면을 모두 찾아 써 보세요.

( )

11 직육면체의 겨냥도를 완성해 보세요.

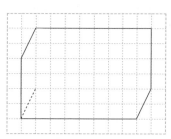

[12~13] 정육면체를 보고 물음에 답해 보세요.

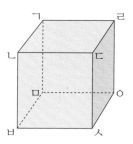

12 정육면체에서 보이지 않는 면을 모두 찾아 써 보세요.

( )

13 정육면체의 한 모서리의 길이가 11 cm라면 보이지 않는 면의 넓이의 합은 몇 cm^2인가요?

( )

14 직육면체를 보고 알맞은 것에 모두 ○표 하세요.

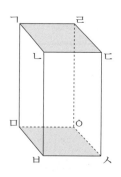

⑴ 직육면체에서 옆면과 밑면은 서로 (수직입니다 , 평행합니다).

⑵ 직육면체에서 한 쌍의 밑면에 대한 옆면은 모두 (3개 , 4개 , 5개)입니다.

⑶ 직육면체에서 면 ㅁㅂㅅㅇ이 한 밑면일 때, 옆면은 (면 ㄱㄴㄷㄹ , 면 ㄱㅁㅂㄴ , 면 ㄴㅂㅅㄷ , 면 ㄷㅅㅇㄹ , 면 ㄱㅁㅇㄹ)입니다.

15 전개도를 접어서 정육면체를 만들었을 때, 두 면 사이의 관계가 <u>다른</u> 하나를 찾아 기호를 써 보세요.

- ㉠ 면 가와 면 나
- ㉡ 면 다와 면 마
- ㉢ 면 라와 면 바
- ㉣ 면 나와 면 마

( )

16 아래와 같은 전개도를 접어서 만든 정육면체를 찾아 기호를 써 보세요.

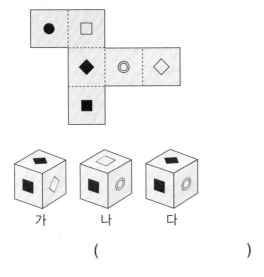

가   나   다

( )

17 정육면체의 겨냥도를 보고 전개도를 그려 보세요.

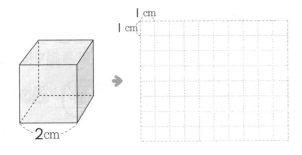

18 직육면체의 겨냥도를 보고 전개도를 그렸습니다. □ 안에 알맞은 기호를 써넣으세요.

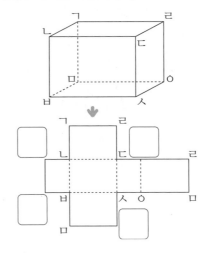

19 직육면체를 보고 전개도를 그려 보세요.

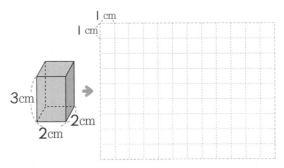

20 직육면체의 모양의 상자에 그림과 같이 테이프를 붙였습니다. 테이프가 지나간 자리를 전개도에 그려 보세요.

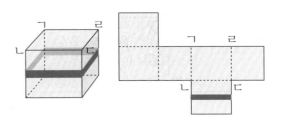

1 지선이네 모둠이 받은 칭찬 도장의 수를 나타낸 것입니다. 지선이네 모둠이 받은 칭찬 도장의 수를 대표하는 값을 몇 개로 정할 수 있나요?

지선이네 모둠이 받은 칭찬 도장의 수

이름	칭찬 도장의 수
지선	♥♥♥
광철	♥♥
소희	♥♥♥♥♥♥
강우	♥♥♥♥♥

(   )

[2~3] 기석이네 모둠과 선화네 모둠이 각각 공을 던져 골대에 넣은 공의 수를 나타낸 표입니다. 한 사람당 공을 10개씩 던졌을 때, 물음에 답해 보세요.

기석이네 모둠이 넣은 공의 수

이름	기석	설희	종범	한비
공의 수(개)	5	7	9	7

선화네 모둠이 넣은 공의 수

이름	선화	정호	연경	영석	송화
공의 수(개)	4	9	4	6	7

2 기석이네 모둠과 선화네 모둠은 각각 공을 모두 몇 개 넣었나요?

기석이네 모둠 (   )
선화네 모둠 (   )

서술형

3 어느 모둠이 더 잘했는지 알아보기 위해서 어떻게 비교하면 좋을지 써 보세요.

_____

_____

4 댄스 동아리 학생들의 나이를 나타낸 표입니다. 댄스 동아리 학생들의 평균 나이는 몇 살인가요?

댄스 동아리 학생들의 나이

이름	강우	혜정	승엽	우진	영빈
나이(살)	9	10	11	8	12

(   )

5 가 상자에 들어 있는 사과 10개의 무게의 평균은 370 g이고, 나 상자에 들어 있는 사과 15개의 무게의 평균은 300 g입니다. 두 상자에 들어 있는 사과 전체 무게의 평균을 구해 보세요.

(   )

[6~7] 승환이네 학교 5학년 학급별 학생 수를 나타낸 표입니다. 물음에 답해 보세요.

5학년 학급별 학생 수

학급	1반	2반	3반	4반
학생 수(명)	27	26	30	29

6 5학년 학생 수의 평균을 구해 보세요.

(   )

7 전체 학생 수의 평균보다 학생이 많은 학급을 모두 써 보세요.

(   )

[8~9] 어느 지역의 5월부터 9월까지 월별 강수량을 조사하여 나타낸 표입니다. 이 지역의 5월부터 9월까지 강수량의 평균은 270 mm입니다. 물음에 답해 보세요.

월별 강수량

월	5월	6월	7월	8월	9월
강수량(mm)	350	294	31		431

8 이 지역의 5월부터 9월까지 강수량의 합계를 구해 보세요.

( )

9 이 지역의 8월의 강수량을 구해 보세요.

( )

[10~11] 은하와 하늘이의 턱걸이 기록을 나타낸 표입니다. 물음에 답해 보세요.

은하의 턱걸이 기록

회	턱걸이 기록(번)
1회	11
2회	9
3회	13

하늘이의 턱걸이 기록

회	턱걸이 기록(번)
1회	10
2회	
3회	7
4회	15

10 은하의 턱걸이 기록의 평균을 구해 보세요.

( )

11 하늘이의 턱걸이 기록의 평균이 10번일 때, 2회 기록을 구해 보세요.

( )

12 □ 안에 알맞은 말을 써넣으세요.

일이 일어날 가능성은 [   ], ~아닐 것 같다, [   ], ~일 것 같다, [   ] 등으로 표현할 수 있습니다.

서술형

13 일이 일어날 가능성에 대하여 잘못된 문장을 찾아 기호를 쓰고, 바르게 고쳐 보세요.

㉠ 흰색 구슬만 3개 들어 있는 주머니에서 구슬 한 개를 꺼낼 때, 검은색 구슬이 나올 가능성은 '불가능하다'입니다.
㉡ 노란색 구슬 한 개와 주황색 구슬 한 개가 들어 있는 주머니에서 구슬 한 개를 꺼낼 때, 노란색 구슬이 나올 가능성은 '확실하다'입니다.

( )

_____

_____

_____

서술형

14 경호가 말한 일이 일어날 가능성을 말로 표현해 보고, 그렇게 생각한 이유를 써 보세요.

경호: 동전 2개를 동시에 던졌을 때, 모두 숫자 면이 나올 거야

( )

_____

_____

15 과일 바구니에서 과일 한 개를 꺼낼 때, 꺼낸 과일이 사과일 가능성이 더 큰 바구니에 ○표 하세요.

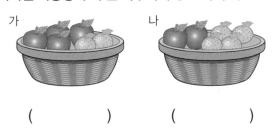

가　　　　　나

(　　　　　)　　(　　　　　)

[16~17] 빨간색, 파란색, 노란색을 사용하여 회전판을 만들었습니다. 물음에 답해 보세요.

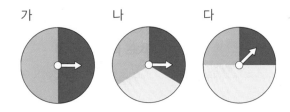

가　　　　나　　　　다

16 화살이 빨간색, 파란색, 노란색에 멈출 가능성이 모두 같은 회전판을 찾아 기호를 써 보세요.

(　　　　　)

17 화살이 노란색에 멈출 가능성이 가장 낮은 회전판을 찾아 기호를 써 보세요.

(　　　　　)

18 사탕이 들어 있는 봉지에서 사탕 한 개를 꺼낼 때, 각각의 일이 일어날 가능성에 ↓로 나타내어 보세요.

(1) 빨간색일 가능성:

0　　　$\dfrac{1}{2}$　　　1

(2) 파란색일 가능성:

0　　　$\dfrac{1}{2}$　　　1

[19~20] 하트 모양과 클로버 모양의 카드가 6장이 있습니다. 물음에 답해 보세요.

19 6장의 카드 중 한 장을 뽑을 때, 클로버 모양의 카드를 뽑을 가능성을 말과 수로 표현해 보세요.

말 _____　　　수 _____

서술형

20 6장의 카드 중 한 장을 뽑을 때, 뽑을 가능성이 '불가능하다'인 경우를 한 가지만 적어 보세요.

_____

_____

정답과 풀이

1회   1. 수의 범위와 어림하기
1~3쪽

1 풀이 참조 **2** 19 이하인 수 **3** 초과, 미만
4 미만 **5** 서울, 인천, 수원 **6** 37, 38, 39, 40,
41, 42 **7** 13권 이상 18권 이하 **8** ㉠, ㉣
9 130, 200, 720, 800 **10** 풀이 참조
11 (1) 3.91 (2) 12.2 **12** 3봉지 **13** >
14 ㉎ 반올림하여 백의 자리까지 나타내었을 때
400이 되는 수는 350 이상 449 이하인 수입니다.
가장 작은 수는 350이고 가장 큰 수는 449입니다.
따라서 350+449=799입니다. ; 799
15 ②, ③ **16** 풀이 참조 **17** 2000 **18** 220 cm
19 2600 cm² **20** ㉎ 179를 올림하여 백의 자
리까지 나타내면 200이 됩니다. / ㉎ 179를 반올림
하여 백의 자리까지 나타내면 200이 됩니다.

• 풀이

1 (1) 20 이상인 수는 20과 같거나 큰 수입니다.
(2) 4 이하인 수는 4와 같거나 작은 수입니다.

2 19와 같거나 작은 수이므로 19 이하인 수입니다.

3 100보다 큰 수는 100 초과인 수, 100보다 작은
수는 100 미만인 수입니다.

4 횟수가 20회보다 적은 학생은 줄넘기 시험을 통과
하지 못합니다. 따라서 횟수가 20회 미만인 학생은
줄넘기 시험을 통과하지 못합니다.

5 9℃ 초과 12℃ 이하인 기온은 9℃보다 높고 12℃
와 같거나 낮은 기온입니다. 따라서 12℃, 9.2℃,
11.5℃로 서울, 인천, 수원입니다.

6
```
 36  37  38  39  40  41  42  43  44
```
37 이상 43 미만인 수는 37과 같거나 크고 43보다
작은 수이므로 이 범위에 포함되는 자연수는 37,
38, 39, 40, 41, 42입니다.

7 책 13권부터 책장 3칸이 필요하고 책장 3칸에는 책
을 18권까지 넣을 수 있습니다. 따라서 정우가 가지
고 있는 책의 수는 13권 이상 18권 이하입니다.

8 ㉠ 14 초과 17 이하인 수는 15, 16, 17이므로 15
와 17을 동시에 포함합니다.
㉡ 13 이상 16 미만인 수는 13, 14, 15이므로 15
는 포함하지만 17은 포함하지 않습니다.
㉢ 16 초과 20 미만인 수는 17, 18, 19이므로 17
은 포함하지만 15는 포함하지 않습니다.

㉣ 15 이상 18 이하인 수는 15, 16, 17, 18이므
로 15와 17을 동시에 포함합니다.

9 121을 올림하여 십의 자리까지 나타내면 130이고,
121을 올림하여 백의 자리까지 나타내면 200입니다.
712를 올림하여 십의 자리까지 나타내면 720이고,
712를 올림하여 백의 자리까지 나타내면 800입니다.

10 각 수를 올림하여 천의 자리까지 나타내면 21430
은 22000, 20990은 21000, 20110은
21000, 22510은 23000이 됩니다. 따라서 올림
하여 천의 자리까지 나타내면 21000이 되는 수는
20990, 20110입니다.

11 (1) 3.912를 버림하여 소수 둘째 자리까지 나타내면
3.91입니다.
(2) 12.25를 버림하여 소수 첫째 자리까지 나타내면
12.2입니다.

12 3900을 버림하여 천의 자리까지 나타내면 3000이
므로 과자를 최대 3봉지 살 수 있습니다.

13 62.5를 반올림하여 일의 자리까지 나타내면 소수
첫째 자리 숫자가 5이므로 올림하여 63입니다. 따
라서 왼쪽이 더 큽니다.

15 예슬이네 모둠 친구들의 발 길이를 반올림하여 십의
자리까지 나타내었을 때, 예슬이는 230 mm, 찬혁
이는 240 mm, 원우는 250 mm, 진아는
230 mm, 민서는 220 mm입니다. 따라서 옳게
짝지어진 것은 찬혁이와 원우입니다.

16 예슬이네 모둠 친구들의 발 길이를 올림하여 백의 자
리까지 나타내면 모든 모둠 친구들의 발 길이는
300 mm가 되어 같아집니다.

17 1999 초과 2500 미만인 수는 2000, 2001, …,
2498, 2499입니다. 따라서 반올림하여 천의 자리
까지 나타내면 2000이 됩니다.

18 (직사각형의 둘레의 길이)=(72+36)×2
=216(cm)
따라서 216을 반올림하여 십의 자리까지 나타내면
220입니다.

19 (직사각형의 넓이)=72×36=2592(cm²)
따라서 2592를 반올림하여 백의 자리까지 나타내
면 2600입니다.

20 179를 내림을 사용하여 200을 만들 수 있는 방법은
없습니다. 따라서 올림과 반올림의 방법을 사용하여
200을 만들 수 있습니다.

정답과 풀이 **37**

1회 2. 분수의 곱셈

4~6쪽

---

1 4, 8, 2, 2 / 3, 2, 9, 2, 4, 1, 2 **2** $6\frac{6}{7}$ $5\frac{9}{5}$

3 ㉢ **4** $6\frac{1}{4}$ **5** $\frac{4}{5}\times15=12$; 12 kg

6 2, 6 **7** (1) $4\frac{1}{5}$ (2) $13\frac{9}{11}$ **8** 2, 1, 3

9 $24\times\frac{1}{12}=2$; 2시간 **10** 대분수를 가분수로 나타낸 후 약분하여 계산합니다. **11** 3, 1, 3, 4, 2, 8 **12** (1) $\frac{1}{15}$ (2) $\frac{4}{33}$ **13** >

14 $\frac{1}{4}$ L **15** (1)㉢, (2)㉠, (3)㉡ **16** 풀이 참조

17 예 (성규가 걸은 거리)$=4\frac{6}{7}\times1\frac{2}{3}=\frac{34}{7}\times\frac{5}{3}$
$=\frac{170}{21}=8\frac{2}{21}$(km), (지수가 걸은 거리)=(성규가 걸은 거리)$\times1\frac{2}{5}=8\frac{2}{21}\times1\frac{2}{5}=\frac{170}{21}\times\frac{7}{5}=\frac{34}{3}$
$=11\frac{1}{3}$(km), (성규와 지수가 걸은 거리의 차)$=11\frac{1}{3}-8\frac{2}{21}=\frac{34}{3}-\frac{170}{21}=\frac{238}{21}-\frac{170}{21}$
$=\frac{68}{21}=3\frac{5}{21}$(km) ; $3\frac{5}{21}$ km

18 $1\frac{4}{11}$ cm **19** $1\frac{104}{121}$ cm²

20 풀이 참조

풀이

1 (1) $\frac{2}{3}\times4=\frac{2\times4}{3}=\frac{8}{3}=2\frac{2}{3}$

(2) $\frac{3}{4}\times\overset{3}{6}=\frac{3\times3}{2}=\frac{9}{2}=4\frac{1}{2}$

2 (1) $\frac{3}{7}\times2=\frac{3\times2}{7}=\frac{6}{7}$

(2) $\frac{5}{9}\times10=\frac{5\times10}{9}=\frac{50}{9}=5\frac{5}{9}$

---

3 $\frac{5}{17}+\frac{5}{17}+\frac{5}{17}=\frac{5}{17}\times3=\frac{5\times3}{17}=\frac{15}{17}$,
$\frac{5\times3}{17\times3}=\frac{5}{17}$이므로 계산 결과가 다른 하나는 ㉢입니다.

4 $\frac{5}{8}$의 10배인 수는 $\frac{5}{8}\times10$입니다.
$\frac{5}{8}\times\overset{5}{10}=\frac{5\times5}{4}=\frac{25}{4}=6\frac{1}{4}$

5 (전체 사과의 무게)=(사과 한 박스의 무게)×(사과 박스의 수)$=\frac{4}{5}\times\overset{3}{15}=4\times3=12$(kg)

6 $8\times\frac{1}{4}=2$이고, $8\times\frac{3}{4}$은 $8\times\frac{1}{4}\times3$과 같으므로 $8\times\frac{3}{4}=6$입니다.

7 (1) $3\times1\frac{2}{5}=3\times\frac{7}{5}=\frac{21}{5}=4\frac{1}{5}$

(2) $4\times3\frac{5}{11}=4\times\frac{38}{11}=\frac{152}{11}=13\frac{9}{11}$

8 $\overset{9}{18}\times\frac{5}{8}=\frac{9\times5}{4}=\frac{45}{4}=11\frac{1}{4}$
$\overset{3}{36}\times\frac{7}{24}=\frac{3\times7}{2}=\frac{21}{2}=10\frac{1}{2}$
$\overset{11}{55}\times\frac{6}{25}=\frac{11\times6}{5}=\frac{66}{5}=13\frac{1}{5}$
따라서 2, 1, 3입니다.

9 $\overset{2}{24}\times\frac{1}{12}=\frac{2\times1}{1}=2$(시간)

10 대분수를 가분수로 나타낸 후 약분하여 계산합니다.

11 (진분수)×(진분수)는 분자는 분자끼리 곱하고, 분모는 분모끼리 곱하면 됩니다.

12 (1) $\frac{1}{3}\times\frac{1}{5}=\frac{1}{3\times5}=\frac{1}{15}$

(2) $\frac{2}{11}\times\frac{2}{3}=\frac{2\times2}{11\times3}=\frac{4}{33}$

13 $\frac{\overset{2}{14}}{15}\times\frac{\overset{4}{20}}{21}=\frac{2\times4}{3\times3}=\frac{8}{9}$, $\frac{\overset{3}{15}}{16}\times\frac{\overset{1}{4}}{5}=\frac{3}{4}$
$\frac{8}{9}=\frac{32}{36}$, $\frac{3}{4}=\frac{27}{36}$이므로 왼쪽이 더 큽니다.

14 (혜정이가 마신 콜라의 양)

$$=\frac{3}{4}\times\frac{3}{5}=\frac{3\times3}{4\times5}=\frac{9}{20}(\text{L})$$

(대호가 마신 콜라의 양)

$$=(\text{혜정이가 마신 콜라의 양})\times\frac{5}{9}$$

$$=\overset{\scriptscriptstyle1}{\underset{\scriptscriptstyle4}{\frac{9}{20}}}\times\frac{5}{9}=\frac{1}{4}(\text{L})$$

15 (1) $\frac{2}{3}\times\frac{1}{\underset{2}{4}}=\frac{1}{3\times2}=\frac{1}{6}$

(2) $\frac{7}{8}\times\frac{\overset{2}{16}}{35}=\frac{2}{5}$

(3) $\frac{1}{5}\times\frac{5}{9}=\frac{1}{9}$

㉠ $\frac{\overset{2}{14}}{15}\times\frac{3}{7}=\frac{2}{5}$

㉡ $\frac{13}{45}\times\frac{5}{13}=\frac{1}{9}$

㉢ $\frac{1}{2}\times\frac{1}{3}=\frac{1}{6}$ 이므로

(1)=㉢, (2)=㉠, (3)=㉡입니다.

16 $2\frac{1}{4}\times3\frac{2}{5}=\frac{9}{4}\times\frac{17}{5}=\frac{153}{20}=7\frac{13}{20}$,

$2\frac{1}{4}\times1\frac{5}{7}=\frac{9}{4}\times\frac{12}{7}=\frac{9\times3}{7}=\frac{27}{7}=3\frac{6}{7}$

18 (삼각형의 높이)=(밑변의 길이)$\times\frac{1}{2}=2\frac{8}{11}\times\frac{1}{2}$

$$=\frac{\overset{15}{30}}{11}\times\frac{1}{2}=\frac{15}{11}=1\frac{4}{11}(\text{cm})$$

19 (정사각형의 넓이)=(한 변의 길이)$\times$(한 변의 길이)

$$=1\frac{4}{11}\times1\frac{4}{11}=\frac{15}{11}\times\frac{15}{11}=\frac{15\times15}{11\times11}=\frac{255}{121}$$

$$=1\frac{104}{121}(\text{cm}^2)$$

20 (직사각형의 넓이)=(가로)$\times$(세로)$=3\frac{1}{2}\times5\frac{1}{3}$

$$=\frac{7}{2}\times\frac{\overset{8}{16}}{3}=\frac{7\times8}{3}=\frac{56}{3}=18\frac{2}{3}(\text{cm}^2)$$

---

1 합동   **2** 가와 사, 다와 자, 마와 차
3 ㉠ ○, ㉢ ○   **4** (1) 같습니다 (2) 같습니다
5 2쌍   **6** 풀이 참조   **7** (1) 대응점   (2) ㅁㅂ   (3)
대응각   **8** 12 cm, 10 cm   **9** 120°, 60°
10 76 cm   **11** 선대칭도형, 대칭축   **12** 풀이 참
조   **13** 풀이 참조   **14** 점 ㄷ   **15** 나, 2개   **16**
가, 다, 라   **17** 풀이 참조   **18** 풀이 참조   **19** 점
ㅂ, 변 ㅅㅇ, 각 ㅅㅇㄱ   **20** 80°

• 풀이 •

1 두 사각형은 포개었을 때 완전히 겹치므로 서로 합동입니다.

2 모양과 크기가 같아서 포개었을 때 완전히 겹치는 두 도형을 찾습니다. 따라서 가와 사, 다와 자, 마와 차입니다.

3 점선을 따라 잘랐을 때 모양과 크기가 같아서 포개었을 때 완전히 겹치게 되는 도형을 찾아봅니다.

4 도형이 서로 합동일 때 대응변의 길이, 대응각의 크기가 서로 같습니다.

5 따라서 서로 합동인 삼각형은 모두 2쌍입니다.

6 모양과 크기가 같아서 포개었을 때 완전히 겹치는 두 도형을 서로 합동이라고 합니다. 주어진 두 도형은 모양은 같지만 크기는 다르므로 서로 합동이 아닙니다.

7 (1) 서로 합동인 두 도형을 포개었을 때 완전히 겹치는 점을 대응점이라고 합니다. 따라서 점 ㄱ과 점 ㄹ은 서로 대응점입니다.
(2) 서로 합동인 두 형을 포개었을 때 겹치는 변을 대응변이라고 합니다. 따라서 변 ㄴㄷ과 변 ㅁㅂ은 서로 대응변입니다.
(3) 서로 합동인 두 도형을 포개었을 때 겹치는 각을 대응각이라고 합니다. 따라서 각 ㄱㄷㄴ과 각 ㄹㅂㅁ은 서로 대응각입니다.

8 변 ㄱㄴ의 대응변은 변 ㅇㅅ이므로 변 ㄱㄴ의 길이는 12 cm입니다. 또한 변 ㅂㅅ의 대응변은 변 ㄷㄴ이므로 변 ㅂㅅ의 길이는 10 cm입니다.

9 각 ㅁㅂㅅ의 대응각은 각 ㄹㄷㄴ이므로 각 ㅁㅂㅅ의 크기는 120°입니다. 또한 각 ㄱㄹㄷ의 대응각은 각 ㅇㅁㅂ이므로 각 ㄱㄹㄷ의 크기는 60°입니다.

10

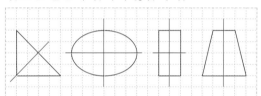

(바람개비의 둘레)
$=(8+6+5)\times4=19\times4=76(cm)$

11 한 직선을 따라 접었을 때 완전히 겹치는 도형을 선대칭도형이라 하고, 이때 그 직선을 대칭축이라고 합니다.

12 **3** **8** 한 직선을 따라 접었을 때 완전히 겹치는 숫자를 찾습니다.

13 대칭축을 따라 선대칭도형을 접으면 완전히 겹칩니다. 정사각형이 아닌 직사각형의 경우 대각선을 따라 접으면 완전히 겹치지 않습니다.

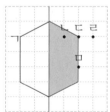

14 점 ㄱ은 대칭축으로부터 2칸 떨어져 있습니다. 대칭축에서 2칸 떨어져 있는 점은 점 ㄷ과 점 ㅁ입니다. 이때 점 ㄱ과 점 ㄷ을 이은 선분은 대칭축과 수직이고, 점 ㄱ과 점 ㅁ을 이은 선분은 대칭축과 수직이 아닙니다. 따라서 점 ㄱ의 대응점은 점 ㄷ입니다.

15 정사각형의 대칭축은 4개, 정육각형의 대칭축은 6개이므로 나의 대칭축이 $6-4=2$(개) 더 많습니다.

가 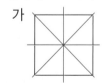 나

16 한 도형을 어떤 점을 중심으로 180° 돌렸을 때 처음 도형과 완전히 겹치는 도형은 가, 다, 라입니다.

17 점대칭도형에서 대응변의 길이와 대응각의 크기는 서로 같습니다. 또한 대칭의 중심은 대응점끼리 이은 선분을 둘로 똑같이 나누고, 개수는 항상 1개입니다.

18 대칭의 중심에서 같은 거리만큼 떨어져 있는 대응점을 찾아 각각 표시한 후 각 대응점을 차례로 이어 점대칭도형을 완성합니다.

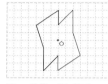

19 한 점을 중심으로 180° 돌렸을 때 점 ㄴ과 겹치는 꼭짓점은 점 ㅂ, 변 ㄷㄹ과 겹치는 변은 변 ㅅㅇ, 각 ㄷㄹㅁ과 겹치는 각은 각 ㅅㅇㄱ입니다.

20 점대칭도형에서 대응각의 크기는 서로 같으므로 (각 ㄱㅂㅁ)=(각 ㄹㄷㄴ)=120°입니다. 사각형의 네 각의 크기의 합은 360°이므로 (각 ㅁㄴㄷ)=360° $-120°-100°-60°=80°$입니다. 따라서 (각 ㅁㄴㄷ)=(각 ㅂㅁㄷ)=80° 입니다.

1회 **4. 소수의 곱셈**
10~12쪽

1 $0.7+0.7+0.7=2.1$ **2** 0.9
3 $0.55\times6=3.3$, 3.3 m **4** ( ) ( ) (○)
5 18.8 cm **6** 풀이 참조 **7** (1) < (2) >
8 풀이 참조 **9** $16\times2.5=40$, 40 km
10 6개 **11** 민수, 예 6과 65의 곱은 약 400이니까 6과 0.65의 곱은 4정도가 돼. **12** (1) 0.48
(2) 풀이 참조 **13** ㉣ **14** 예 0.7은 7의 $\frac{1}{10}$배
이고, 0.83은 83의 $\frac{1}{100}$배이므로 0.7×0.83은
7×83의 값인 581의 $\frac{1}{1000}$배이어야 합니다.
581의 $\frac{1}{1000}$배인 수는 곱의 소수점이 왼쪽으로
세 자리 이동하므로 0.581입니다. **15** 27
16 5.95 cm² **17** 예 등산을 100분 동안 했을 때 소모되는 열량은 $5.61\times100=561$(킬로칼로리)이고, 수영을 10분 동안 했을 때 소모되는 열량은 $6.2\times10=62$(킬로칼로리)입니다. 따라서 소모된 열량은 모두 $561+62=623$(킬로칼로리)입니다. ; 623 킬로칼로리
18 (1) 12.88 (2) 1.288 (3) 0.1288
19 7.5192 m² **20** 6.93

풀이

1 0.7×3은 0.7을 3번 더한 것과 같습니다.

2 0.1×9는 0.1을 9번 더한 것과 같습니다.
따라서 0.1×9=0.9입니다.

3 (선물을 6개 포장하는 데 필요한 끈의 길이)
=(선물 한 개를 포장하는 데 필요한 끈의 길이)
×(선물의 수)=0.55×6=3.3(m)

4 4.99를 5로 어림하여 계산하면 4.99×2는 약 10
입니다. 4.99는 5보다 작으므로 4.99×2의 계산
결과는 10보다 작습니다.
2.48을 2.5로 어림하여 계산하면 2.48×4는 약
10입니다. 2.48은 2.5보다 작으므로 2.48×4의
계산 결과는 10보다 작습니다.
5.1을 5로 어림하여 계산하면 5.1×2는 약 10입니
다. 5.1은 5보다 크므로 5.1×2의 계산 결과는 10
보다 큽니다.

5 (정사각형의 둘레)=(한 변의 길이)×(변의 수)
=4.7×4=18.8(cm)

6 • $7×1.4=7×\dfrac{14}{10}=\dfrac{98}{10}=9.8$

• $9.8×50=9.8×10×5=98×5=490$

7 (1) 8×0.75=6, 20×0.62=12.4이므로
8×0.75<20×0.62입니다.

(2) 7×0.09=0.63, 3×0.2=0.6이므로
7×0.09>3×0.2입니다.

8 (1)
$$\begin{array}{r} 5 \\ \times\ 0.47 \\ \hline 2.35 \end{array}$$
(2)
$$\begin{array}{r} 7 \\ \times\ 3.83 \\ \hline 26.81 \end{array}$$

9 2시간 30분=2.5시간이므로 철우가 2시간 30분
동안 자전거를 탄 거리는 16×2.5=40(km)입니
다.

10 5×1.73=8.65이므로 8.65>8. □에서 □ 안에
들어갈 수 있는 수는 1, 2, 3, 4, 5, 6으로 모두 6
개입니다.

11 6×0.65를 어림하여 계산하면 6과 65의 곱은 약
400이므로 6과 0.65의 곱은 4 정도입니다.

12 (1) $0.6×0.8=\dfrac{6}{10}×\dfrac{8}{10}=\dfrac{48}{100}=0.48$

(2) $2.2×3.03=\dfrac{22}{10}×\dfrac{303}{100}=\dfrac{6666}{1000}=6.666$

13 $0.26×0.89=\dfrac{26}{100}×\dfrac{89}{100}=\dfrac{2314}{10000}=0.2314$

14 제시된 이유 이외에도 수학적으로 타당한 경우 정답
으로 인정합니다.

15 ㉠ 1.8×0.6=1.08 ㉡ 3.6×7.2=25.92
따라서 ㉠과 ㉡의 합은 1.08+25.92=27입니다.

16 (직사각형의 넓이)
=(가로)×(세로)=3.5×1.7=5.95(cm²)

18 (1) 2.3은 소수 한 자리 수, 5.6은 소수 한 자리 수이
므로 두 수의 곱은 소수 두 자리 수입니다.

(2) 0.23은 소수 두 자리 수, 5.6은 소수 한 자리 수
이므로 두 수의 곱은 소수 세 자리 수입니다.

(3) 0.23은 소수 두 자리 수, 0.56은 소수 두 자리
수이므로 두 수의 곱은 소수 네 자리 수입니다.

19 241 cm=2.41 m, 312 cm=3.12 m이므로
평행사변형의 넓이는 2.41×3.12=7.5192(m²)
입니다.

20 어떤 소수를 ★이라고 하면 ★+4.5=6.04에서
★=6.04−4.5=1.54입니다.
따라서 바르게 계산하면 1.54×4.5=6.93입니다.

1회   **5. 직육면체**
13~15쪽

1 직육면체   **2** ④   **3** 예 직육면체는 직사각형 6
개로 둘러싸인 도형인데 주어진 도형은 직사각형 3
개와 삼각형 2개로 둘러싸여 있습니다.   **4** 라
5 가, 라, 마   **6** ㉠, ㉢   **7** 108 cm   **8** 평행, 밑
면   **9** 3쌍   **10** 58 cm   **11** 겨냥도
12 12   **13** 모서리 ㄷㅅ, 모서리 ㅁㅇ
14 24 cm   **15** (1) 전개도 (2) 실선, 점선
16 점 ㅊ   **17** 선분 ㄱㅎ   **18** 면 ㅅㅇㅈㅊ
19 예 평행한 면이 서로 합동이 아닌 것이 있습니
다.   **20** 풀이 참조

풀이

1 직사각형 6개로 둘러싸인 도형을 직육면체라고 합니다.

2 ④ 직육면체는 직사각형 6개로 둘러싸여 있지만 면
의 크기가 모두 같지는 않습니다.

3 직육면체는 직사각형 6개로 둘러싸인 도형입니다.
직육면체의 면의 수는 6개, 모서리의 수는 12개, 꼭
짓점의 수는 8개입니다.

4 정사각형 6개로 둘러싸인 도형이 정육면체이므로 라입니다.

5 직육면체는 직사각형 6개로 둘러싸인 도형이므로 가, 라, 마입니다.

6 정육면체에서 정사각형 모양의 면은 모두 6개입니다.

7 (정육면체 모양의 주사위의 모든 모서리의 길이의 합)=(한 모서리의 길이)×(모서리의 수)
=9×12=108(cm)

8 직육면체의 두 밑면은 서로 평행합니다.

9 직육면체에서 서로 평행한 면은 모두 3쌍 있습니다.

10 직육면체에서 서로 평행한 면은 서로 마주 보는 면이므로 색칠한 면과 평행한 면의 네 모서리의 길이는 20 cm, 9 cm, 20 cm, 9 cm입니다.
(평행한 면의 모서리 길이의 합)
=20+9+20+9=58(cm)

11 직육면체의 모양을 잘 알 수 있도록 나타낸 그림을 직육면체의 겨냥도라고 합니다.

12 직육면체의 겨냥도에서 보이지 않는 면의 수는 3개, 직육면체의 겨냥도에서 보이는 모서리의 수는 9개입니다.
따라서 3+9=12(개)입니다.

13 모서리 ㄷㅅ은 보이는 모서리이므로 실선으로 그려야 하고, 모서리 ㅁㅇ은 보이지 않는 모서리이므로 점선으로 그려야 합니다.

14 정육면체는 모서리가 모두 12개이므로 한 모서리의 길이는 96÷12=8(cm)입니다. 따라서 겨냥도에서 보이지 않는 모서리는 3개이므로 보이지 않는 모서리의 길이의 합은 8×3=24(cm)입니다.

15 ⑴ 정육면체의 모서리를 잘라서 평면 위에 펼친 그림을 정육면체의 전개도라고 합니다.
⑵ 정육면체의 전개도에서 잘린 모서리는 실선으로, 잘리지 않은 모서리는 점선으로 그립니다.

16 전개도를 접었을 때, 점 ㄹ과 겹치는 점은 점 ㅊ입니다.

17 전개도를 접었을 때 점 ㅋ과 겹치는 점은 점 ㄱ, ㄷ이고, 점 ㅌ과 겹치는 점은 점 ㅎ입니다. 따라서 선분 ㅋㅌ과 겹치는 선분은 선분 ㄱㅎ입니다.

18 전개도를 접었을 때 면 ㄱㄴㅍㅎ과 서로 마주 보는 면을 찾습니다.

19 직육면체의 전개도에서 평행한 면은 서로 합동입니다. 평행한 면이 서로 합동이 되도록 올바르게 그려 직육면체의 전개도를 완성합니다.

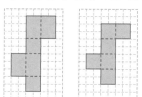

20 전개도를 그릴 때, 직육면체의 한 모서리를 잘라서 생기는 두 선분의 길이는 서로 같습니다.

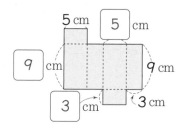

1회　　6. 평균과 가능성

16~18쪽

1 채연　**2** 평균　**3** 46회　**4** 예 (쪽지시험 점수의 평균)=(쪽지시험 점수의 합)÷(과목의 수)=(92+86+96+90+81)÷5=445÷5=89(점) ; 89점
5 30분　**6** 예 민철이는 다섯째 날에 게임을 많아야 29분 할 수 있습니다.　**7** 9회　**8** 모둠 2
9 16번　**10** 20번, 22번　**11** 풀이 참조
12 ~일 것 같다　**13** 예 내일은 해가 동쪽에서 뜰 것입니다.　**14** ⑤　**15** 가　**16** 가, 다, 나
17 ⑴ 0　⑵ 1　**18** 불가능하다. 0
19 확실하다. 1　**20** 반반이다. $\dfrac{1}{2}$

● 풀이 ●

1 노래 연습을 한 횟수를 고르게 하여 구하면 4회이므로 하루에 노래 연습을 4회 정도 했다고 할 수 있습니다. 따라서 가장 적절하게 말한 친구는 채연입니다.

2 (평균)=(자료의 값을 모두 더한 수)÷(자료의 수)

3 동원이네 모둠의 줄넘기 기록 44, 46, 48, 46을 고르게 하면 46, 46, 46, 46이 되므로 줄넘기 기록을 대표하는 값을 46회라고 말할 수 있습니다.

5 (민철이가 4일 동안 게임한 시간의 평균)
=(40+20+25+35)÷4=120÷4=30(분)

6 민철이가 5일 동안 게임을 한 시간의 평균이 앞의 4일 동안 게임을 한 시간의 평균보다 낮으려면 다섯째 날에는 게임을 많아야 29분 할 수 있습니다. 30분 미만인 시간으로 예상한 경우 정답으로 인정합니다.

7 모둠 1: 48÷4=12(회), 모둠 2: 52÷4=13(회),
모둠 3: 45÷5=9(회), 모둠 4: 55÷5=11(회)
따라서 모둠 3의 기록의 평균이 9회로 가장 낮습니다.

8 팔굽혀펴기 기록의 평균이 가장 높은 모둠 2가 승기네 반의 대표가 되어야 합니다.

9 재영이의 제기차기 기록의 평균은 (27+16+14)÷3=19(번)입니다. 재영이와 윤정이의 제기차기 기록의 평균이 같으므로 윤정이의 제기차기 기록의 합은 19×4=76(번)이고 윤정이의 3회 기록은 76-(20+18+22)=16(번)입니다.

10 윤정이의 제기차기 기록의 평균은 19번이므로 평균보다 높은 기록은 20번, 22번입니다.

11 • 우리나라의 12월은 겨울이고, 8월은 여름이므로 낮 평균 기온은 12월이 더 낮습니다. 따라서 일이 일어날 가능성은 '확실하다'입니다.
• 항상 8월 다음에 9월이 오고 9월 다음에 10월이 오므로 일이 일어날 가능성은 '불가능하다'입니다.

12 파란색 구슬이 빨간색 구슬보다 더 많이 들어 있는 주머니에서 꺼낸 구슬이 파란색일 가능성은 '~일 것 같다'입니다.

13 동원이가 말한 일이 일어날 가능성은 '반반이다'이고, 효린이가 말한 일이 일어날 가능성은 '불가능하다'입니다.
따라서 가능성이 '확실하다'인 말을 하면 상품을 받을 수 있습니다.

14 ⑤ 일이 일어날 가능성이 가장 낮은 것은 '불가능하다'입니다. 다음 달에 형이 태어날 가능성은 '불가능하다'이므로 가장 가능성이 낮습니다.

15 가 회전판은 전체가 파란색으로 색칠되어 있으므로 화살이 빨간색에 멈출 가능성은 '불가능하다'입니다. 따라서 가입니다.

16 화살이 파란색에 멈출 가능성은 가 회전판은 전체가 파란색으로 색칠되어 있으므로 '확실하다'이고, 나 회전판은 파란색보다 빨간색이 더 많이 색칠되어 있으므로 '반반이다'보다 낮기 때문에 '~아닐 것 같다'

이고, 다 회전판은 파란색이 빨간색보다 더 많이 색칠되어 있으므로 '반반이다'보다 높기 때문에 '~일 것 같다'입니다.

17 ⑴ 내일 집에 공룡이 놀러 올 가능성은 '불가능하다'이므로 수로 표현하면 0입니다.
⑵ 내년에 봄이 올 가능성은 '확실하다'이므로 수로 표현하면 1입니다.

18 주사위를 한 번 굴릴 때 나올 수 있는 주사위 눈의 수는 1, 2, 3, 4, 5, 6으로 6가지이고 이 중에서 6 초과인 수는 나올 수 없습니다. 따라서 주사위를 한 번 굴릴 때, 주사위 눈의 수가 6 초과일 가능성은 '불가능하다'이고, 수로 표현하면 0입니다.

19 주사위를 한 번 굴릴 때 나올 수 있는 주사위 눈의 수는 1, 2, 3, 4, 5, 6으로 6가지이고 이 중에서 1 이상인 수는 1, 2, 3, 4, 5, 6으로 6가지입니다. 따라서 주사위를 한 번 굴릴 때, 주사위 눈의 수가 1 이상일 가능성은 '확실하다'이고, 수로 표현하면 1입니다.

20 주사위를 한 번 굴릴 때 나올 수 있는 주사위 눈의 수는 1, 2, 3, 4, 5, 6으로 6가지이고 이 중에서 홀수는 1, 3, 5로 3가지입니다. 따라서 주사위를 한 번 굴릴 때, 주사위 눈의 수가 홀수일 가능성은 '반반이다'이고, 수로 표현하면 $\frac{1}{2}$입니다.

2회   **1. 수의 범위와 어림하기**   19~21쪽

1 강준, 미현   **2** 2명   **3** 풀이 참조   **4** 7 초과인 수   **5** 1반, 3반, 6반   **6** 4   **7** ⑩ 1시간 20분은 1시간+10분+10분이므로 대여 요금은 7000+900+900=8800(원)입니다. ; 8800원
8 123   **9** 10000원, 7000원   **10** 47000원
11 ⑴ 5.1   ⑵ 2.53   **12** 9, 1   **13** 풀이 참조
14 15999   **15** 715, 723, 724   **16** 1500
17 고은 ; ⑩ 동물원 입장객 수 147583명을 반올림하여 천의 자리까지 나타내면 148000명이야.
18 올림   **19** 6개   **20** ⓒ ; ⑩ ㉠, ㉡은 버림을 이용하여, ⓒ은 올림을 이용하여 구할 수 있습니다.

풀이

1 15와 같거나 작은 수는 14, 15입니다.

정답과 풀이

2 20과 같거나 큰 수는 20, 21입니다.

3 80과 같거나 큰 수는 80, 83이고, 70과 같거나 작은 수는 65, 70입니다.

4 7보다 큰 수이므로 7 초과인 수입니다.

5 버스에 35명 미만까지 탈 수 있으므로 학생 수가 35명보다 적은 반을 찾으면 I반, 3반, 6반입니다.

6 □ 미만인 자연수는 I, 2, 3의 3개이므로 □ 안에 알맞은 자연수는 4입니다.

7 I시간 대여 요금에 I시간을 초과한 시간의 대여 요금을 더하여 구합니다.

8 100 이상 110 이하인 자연수는 100, 101,···, 109, 110의 II개이므로 ㉮에 들어갈 수는 II입니다.
III 초과 113 미만인 자연수는 II2이므로 ㉯에 들어갈 수는 II2입니다.
따라서 ㉮+㉯=II+II2=I23입니다.

9 보름이는 I4세이므로 I4세 이상 20세 미만인 청소년이고, 동생은 8세이므로 8세 이상 I4세 미만인 어린이입니다. 따라서 보름이의 입장료는 10000원, 동생의 입장료는 7000원입니다.

10 보름이네 가족이 모두 놀이공원에 입장하려면 15000×2+10000+7000=47000(원)을 내야 합니다.

11 (1) 5.05를 올림하여 소수 첫째 자리까지 나타내면 5.1입니다.
(2) 2.529를 올림하여 소수 둘째 자리까지 나타내면 2.53입니다.

12 올림하여 백의 자리까지 나타낸 수가 9200이고 십의 자리 숫자가 7, 일의 자리 숫자가 8이므로 올림하기 전의 천의 자리 숫자는 9, 백의 자리 숫자는 I입니다.

13 각 수를 버림하여 백의 자리까지 나타내면 1987은 1900, 1899는 1800, 1781은 1700, 1955는 1900입니다. 따라서 버림하여 백의 자리까지 나타낸 수가 서로 같은 두 수는 1987, 1955입니다.

14 버림하여 천의 자리까지 나타내었을 때, 15000이 될 수 있는 수는 15000 이상 16000 미만인 수이고, 이 중 가장 큰 자연수는 15999입니다.

15 수를 반올림하여 십의 자리까지 나타낼 때 720이 되는 자연수는 715, 716,···, 723, 724입니다. 2 초과 6 미만인 자연수는 3, 4, 5입니다.

따라서 일의 자리 숫자가 3, 4, 5인 수를 찾으면 조건에 맞는 수는 715, 723, 724입니다.

16 주어진 수 카드 4장으로 만들 수 있는 가장 작은 네 자리 수는 1467입니다. 1467을 반올림하여 백의 자리까지 나타내면 십의 자리 숫자가 6이므로 올림하여 1500입니다.

17 147583을 반올림하여 천의 자리까지 나타내면 백의 자리 숫자가 5이므로 올림하면 148000입니다.

18 상자에 지우개를 모두 담을 수 있어야 하므로 511을 600으로 올림해야 합니다.

19 511을 올림하여 백의 자리까지 나타내면 600이므로 상자는 최소 6개가 필요합니다.

20 ㉠ 최대로 팔 수 있는 대게는 30마리입니다.
㉡ 바꿀 수 있는 최대 금액은 7000원입니다.
㉢ 사야 하는 밀가루는 6 kg입니다.

2회 **2. 분수의 곱셈** 22~24쪽

1 3, 3 **2** $\dfrac{9}{10}$, $3\dfrac{3}{5}$ **3** 4 **4** $7\dfrac{1}{2}$ m

5 > **6** (1)=㉠, (2)=㉢, (3)=㉡

7 $8000×\dfrac{11}{16}=5500$; 5500원

8 $4×3\dfrac{1}{6}=\overset{2}{4}×\dfrac{19}{\underset{3}{6}}=\dfrac{38}{3}=12\dfrac{2}{3}$ **9** 풀이 참조

10 $70×\dfrac{7}{10}=49$, 49 cm **11** $\dfrac{4}{5}$

12 $\dfrac{17}{20}×\dfrac{4}{5}=\dfrac{17}{25}$; $\dfrac{17}{25}$ L

13 예 한 변의 길이가 $\dfrac{4}{9}$ m인 정사각형의 넓이의 $\dfrac{1}{2}$을 구하면 $\dfrac{4}{9}×\dfrac{4}{9}×\dfrac{1}{2}=\dfrac{4×\overset{2}{4}×1}{9×9×\underset{1}{2}}=\dfrac{8}{81}$ (m²)입니다. ; $\dfrac{8}{81}$ m² **14** (1) 3 (2) I **15** $3\dfrac{25}{32}$

16 II kg **17** I, 2 **18** $8\dfrac{4}{5}$, $4\dfrac{5}{8}$

19 $40\dfrac{7}{10}$ **20** 풀이 참조

1 분수의 분모는 그대로 두고 분수의 분자와 자연수를 곱합니다.

2 $\dfrac{3}{10}\times3=\dfrac{3\times3}{10}=\dfrac{9}{10}$

$\dfrac{9}{10}\times4=\dfrac{9\times4}{10}=\dfrac{36}{10}=\dfrac{18}{5}=3\dfrac{3}{5}$

3 어떤 수를 ♥라고 하면 ♥$=\dfrac{6}{7}\times\overset{3}{\cancel{21}}=6\times3=18$입니다.

따라서 $\dfrac{2}{\cancel{9}}\times\overset{2}{\cancel{18}}=2\times2=4$입니다.

4 (사용한 끈의 길이)$=2\dfrac{1}{2}\times3=\dfrac{5}{2}\times3$

$=\dfrac{15}{2}=7\dfrac{1}{2}$(m)

5 $1\dfrac{3}{8}\times5=\dfrac{11}{8}\times5=\dfrac{55}{8}=6\dfrac{7}{8}$이므로

$1\dfrac{3}{8}\times5>6\dfrac{5}{8}$

6 (1) $\overset{5}{\cancel{15}}\times\dfrac{5}{\cancel{6}}=\dfrac{25}{2}=12\dfrac{1}{2}=$㉠,

(2) $9\times1\dfrac{1}{15}=\overset{3}{\cancel{9}}\times\dfrac{16}{\underset{5}{\cancel{15}}}=\dfrac{48}{5}=9\dfrac{3}{5}=$㉢

(3) $6\times1\dfrac{13}{16}=\overset{3}{\cancel{6}}\times\dfrac{29}{\underset{8}{\cancel{16}}}=\dfrac{87}{8}=10\dfrac{7}{8}=$㉡

7 (청소년 입장료)

$=$(성인 입장료)$\times\dfrac{11}{16}=\overset{500}{\cancel{8000}}\times\dfrac{11}{\cancel{16}}=5500$(원)

8 보기는 대분수를 가분수로 바꾸고 자연수와 가분수의 분모를 약분하여 계산하였습니다.

9 $7\times\dfrac{5}{6}=\dfrac{7\times5}{6}=\dfrac{35}{6}=5\dfrac{5}{6}<7$

$7\times\dfrac{4}{3}=\dfrac{7\times4}{3}=\dfrac{28}{3}=9\dfrac{1}{3}>7,\ 7\times1=7$

$7\times1\dfrac{2}{9}=7\times\dfrac{11}{9}=\dfrac{77}{9}=8\dfrac{5}{9}>7$

10 (공이 처음에 튀어 오른 높이)$=$(떨어뜨린 높이)$\times\dfrac{7}{10}$

$=\overset{7}{\cancel{70}}\times\dfrac{7}{\cancel{10}}=7\times7=49$(cm)

11 냉장고에 있던 우유의 $\dfrac{1}{5}$을 마셨으므로 남은 우유는 $1-\dfrac{1}{5}=\dfrac{4}{5}$입니다.

12 (남은 우유의 양)

$=$(냉장고에 있던 우유의 양)$\times$(남은 우유의 양)

$=\dfrac{17}{\underset{5}{\cancel{20}}}\times\dfrac{\cancel{4}}{5}=\dfrac{17\times1}{5\times5}=\dfrac{17}{25}$(L)

13 작은 정사각형의 마주보는 두 꼭짓점을 연결하는 선분을 각각 긋습니다.

색칠한 부분의 넓이는 큰 정사각형의 넓이를 8로 똑같이 나눈 것 중 4만큼이므로 한 변의 길이가 $\dfrac{4}{9}$ m인 정사각형의 넓이의 $\dfrac{1}{2}$입니다.

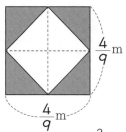

14 (1) $3\dfrac{3}{7}\times\dfrac{7}{8}=\dfrac{\overset{3}{\cancel{24}}}{\cancel{7}}\times\dfrac{\cancel{7}}{\cancel{8}}=3$

(2) $\dfrac{3}{14}\times4\dfrac{2}{3}=\dfrac{\cancel{3}}{\cancel{14}}\times\dfrac{\overset{1}{\cancel{14}}}{\cancel{3}}=1$

15 가장 큰 수는 $2\dfrac{3}{4}$, 가장 작은 수는 $1\dfrac{3}{8}$입니다.

$2\dfrac{3}{4}\times1\dfrac{3}{8}=\dfrac{11}{4}\times\dfrac{11}{8}=\dfrac{121}{32}=3\dfrac{25}{32}$

16 (사랑이가 사용한 찰흙의 무게)

$=$(우정이가 사용한 찰흙의 무게)$\times1\dfrac{2}{3}$

$=6\dfrac{3}{5}\times1\dfrac{2}{3}=\dfrac{\overset{11}{\cancel{33}}}{\cancel{5}}\times\dfrac{\cancel{5}}{\cancel{3}}=11$(kg)

17 $3\dfrac{3}{4}\times2\dfrac{1}{3}=\dfrac{15}{4}\times\dfrac{7}{\cancel{3}}=\dfrac{35}{4}=8\dfrac{3}{4}$

$8\dfrac{3}{4}>8\dfrac{\square}{4}$이므로 $\square$ 안에 들어갈 수 있는 자연수는 1, 2입니다.

18 가장 큰 대분수를 만들기 위해서는 자연수 부분에 8, 분수는 $\frac{4}{5}$이므로 만들 수 있는 가장 큰 대분수는 $8\frac{4}{5}$이고, 가장 작은 대분수는 자연수 부분에 4, 분수는 $\frac{5}{8}$이므로 만들 수 있는 가장 작은 대분수는 $4\frac{5}{8}$입니다.

19 $8\frac{4}{5} \times 4\frac{5}{8} = \frac{44}{5} \times \frac{37}{8} = \frac{11 \times 37}{5 \times 2} = \frac{407}{10}$
$=40\frac{7}{10}$

20 전체 책의 $\frac{4}{5}$를 그림으로 표현하면 ▨이고, 그 중 $\frac{1}{2}$을 그림으로 표현하면 ▨입니다. 따라서 만화책은 도서관에 있는 전체 책의 $\frac{4}{5} \times \frac{1}{2} = \frac{2}{5}$입니다.

2회 **3. 합동과 대칭**

1 아 **2** 가와 아, 나와 바 **3** 풀이 참조
4 ㉡ **5** 변 ㅂㅁ, 7 cm **6** 각 ㄴㄱㄹ, 60°
7 40 cm² **8** 주희 ; ⑩ 서로 합동인 두 삼각형에서 대응변의 길이는 서로 같기 때문에 둘레도 서로 같습니다. **9** 풀이 참조 **10** 52 cm **11** 교회, 공항 **12** 풀이 참조 **13** 105° **14** 풀이 참조 **15** 선대칭도형 **16** 점 ㄷ, 점 ㄹ **17** 변 ㄷㄹ, 11 cm, 각 ㄴㄷㄹ, 120° ; ⑩ 점대칭도형은 대응변의 길이와 대응각의 크기가 각각 서로 같습니다. **18** 나 **19** ③ **20** ⑩ 점대칭도형은 대응변의 길이가 서로 같습니다. (점대칭도형의 둘레)= $(4+6+8) \times 2 = 36$(cm) ; 36 cm

•풀이•

1 가와 서로 합동인 도형은 아입니다.

2 서로 합동인 도형은 가와 아, 나와 바입니다.

3 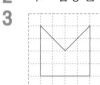 주어진 도형과 서로 합동인 도형을 그릴 때에는 주어진 도형의 꼭짓점과 같은 위치에 점을 찍고, 점들을 모두 선으로 이어 도형을 그립니다.

4 대각선으로 잘라 만든 두 삼각형을 포개었을 때 완전히 겹치는 사각형은 직사각형입니다.

5 변 ㄱㄴ의 대응변은 변 ㅂㅁ입니다. 또한 대응변은 길이가 같으므로 7 cm입니다.

6 각 ㅁㅂㅅ의 대응각은 각 ㄴㄱㄹ입니다. 또한 대응각의 크기는 서로 같으므로 60°입니다.

7 변 ㅂㅅ의 대응변은 변 ㄴㄷ이므로 변 ㅂㅅ의 길이는 8 cm입니다. 따라서 직사각형 ㅁㅂㅅㅇ의 넓이는 $8 \times 5 = 40$(cm²)입니다.

8 두 삼각형의 둘레가 서로 같아도 두 삼각형의 변의 길이와 각의 크기는 다를 수 있습니다.

9 두 도형은 서로 합동인 사각형이므로 대응점, 대응변, 대응각이 각각 4쌍 있습니다.

10 변 ㄹㅁ의 대응변은 변 ㄷㄴ이므로 변 ㄹㅁ의 길이는 7 cm이고, 변 ㄱㄴ의 대응변은 변 ㄱㅁ이므로 변 ㄱㄴ의 길이는 14 cm입니다.
따라서 오각형 ㄱㄴㄷㄹㅁ의 둘레는 $14+7+10+7+14=52$(cm)입니다.

11 기호 중에서 광산, 절은 반으로 접어서 완전히 겹치지 않습니다.

12 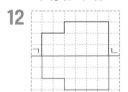 대응점을 찾아 표시한 후 차례로 이어 선대칭도형을 완성합니다.

13 각 ㅁㄱㄷ의 대응각은 각 ㅁㄱㄴ이므로 각 ㅁㄱㄷ은 75°입니다. 사각형 ㅁㅂㄷㄹ의 네 각의 크기의 합은 360°이므로 각 ㉮는 $360° - (75° + 90° + 90°) = 105°$입니다.

14 각 ㄱㅁㄹ의 대응각은 각 ㄱㄴㄷ이므로 각 ㄱㅁㄹ은 100°입니다. 변 ㅁㄹ의 대응변은 변 ㄴㄷ이므로 변 ㅁㄹ은 6 cm입니다.

15 에펠탑은 한 직선을 중심으로 왼쪽과 오른쪽이 서로 똑같습니다. 따라서 에펠 탑은 선대칭도형입니다.

수학 5-2

16 한 도형을 어떤 점을 중심으로 180° 돌렸을 때 점 ㄱ과 겹치는 점은 점 ㄷ이고 점 ㄴ과 겹치는 점은 점 ㄹ입니다.

17 점 ㅇ을 중심으로 180° 돌렸을 때 변 ㄱㄴ과 겹치는 변은 변 ㄷㄹ이고 각 ㄹㄱㄴ과 겹치는 각은 각 ㄴㄷㄹ입니다.
따라서 변 ㄱㄴ의 길이는 11 cm, 각 ㄹㄱㄴ의 크기는 120°입니다. 점대칭도형은 대응변의 길이와 대응각의 크기가 각각 서로 같습니다.

18

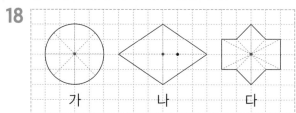

가   나   다

각각의 대응점을 연결하였을 때 선분끼리 만나는 점이 대칭의 중심입니다. 따라서 대칭의 중심을 잘못 표시한 것은 나입니다.

19 한 도형을 어떤 점을 중심으로 180° 돌렸을 때 처음 도형과 완전히 겹치지 않는 도형을 찾으면 ③입니다.

20 점대칭도형은 대응변의 길이가 서로 같습니다.
따라서 점대칭도형의 둘레는 주어진 세 변의 길이의 합에 2배를 하면 됩니다.

---

4. 소수의 곱셈

1 8, 0.8 / 63, 6.3   **2** 0.3×4=1.2 / 1.2 L
3 ㉠, ㉢, ㉡   **4** 148, 592, 5.92
5 3.11×4=12.44 ; 12.44 m
6 (1) 2.88 (2) 90   **7** 풀이 참조
8 27×0.08=2.16 / 2.16 t   **9** 13
10 8, 7.5   **11** 60   **12** 0.42
13 (1) 0.18 (2) 풀이 참조   **14** 1.848 km
15 14.56   **16** 19, 20, 21, 22, 23
17 43.2×1.3=56.16이므로 오늘 해바라기의 키는 56.16 cm입니다. ; 예 일주일 전보다 0.3배만큼 더 커졌으므로 1.3을 곱해야 합니다.
18 4.5, 45, 450   **19** 6.4×15.4=98.56 또는 64×1.54=98.56   **20** 예 (색 테이프 8장의 길이)=0.92×8=7.36(m), 겹쳐진 부분은 7군데이므로 (겹쳐진 부분의 길이)=0.3×7=2.1(m)입니다. (이어 붙인 색 테이프의 전체 길이)=7.36−2.1= 5.26(m) ; 5.26 m

•풀이•

1 곱해지는 수가 $\frac{1}{10}$배가 되면 계산 결과는 $\frac{1}{10}$배가 됩니다.

2 (가습기에 4시간 동안 사용한 물의 양)
=(한 시간에 사용하는 물의 양)×(가습기를 작동한 시간)=0.3×4=1.2(L)

3 ㉠ $0.55×7=\frac{55}{100}×7=\frac{385}{100}=3.85$

㉡ $0.45×8=\frac{45}{100}×8=\frac{360}{100}=3.6$

㉢ $0.63×6=\frac{63}{100}×6=\frac{378}{100}=3.78$

따라서 ㉠ 3.85>㉢ 3.78>㉡ 3.6입니다.

4 $1.48×4=\frac{148}{100}×4=\frac{148×4}{100}=\frac{592}{100}=5.92$

5 (나무 사이의 간격)×(나무를 심은 간격 수)
=3.11×4=12.44(m)

6 (1) $8×0.36=8×\frac{36}{100}=\frac{36×8}{100}=\frac{288}{100}=2.88$

정답과 풀이 **47**

(2) $40 \times 2.25 = 40 \times \dfrac{225}{100} = \dfrac{40 \times 225}{100} = \dfrac{9000}{100}$
$= 90$

7 (1) 소수를 분수로 나타내어 계산합니다.
  (2) $19 \times 15 = 285$임을 이용하여 계산합니다.

8 (하마의 무게)
  $=$(고래의 무게)$\times 0.08 = 27 \times 0.08 = 2.16$(t)

9 $15 \times 0.8 = 12$이고 $35 \times 0.4 = 14$이므로
  $12 < \square < 14$입니다.
  따라서 $\square$ 안에 들어갈 수 있는 자연수는 13입니다.

10 곱셈 $\square \times \square . \square$의 계산 결과가 가장 크게 되려면 곱해지는 수에 가장 큰 수를 넣고 남은 세 수 중에서 가장 큰 수와 두 번째로 큰 수로 가장 큰 소수 한 자리 수를 만들면 됩니다.
  $8 > 7 > 5 > 2$이므로 계산 결과가 가장 크게 되는 자연수는 8이고, 소수는 7.5입니다.

11 계산 결과가 가장 큰 곱셈을 만들면 8×7.5입니다.
  따라서 계산 결과가 가장 클 때의 값은 $8 \times 7.5 = 60$입니다.

12 모눈 한 칸의 크기는 0.01이고, 모눈 42칸이 색칠되어 있으므로 $0.6 \times 0.7 = 0.42$입니다.

13 (1) $0.2 \times 0.9 = \dfrac{2}{10} \times \dfrac{9}{10} = \dfrac{18}{100} = 0.18$
  (2) $3.7 \times 2.21 = \dfrac{37}{10} \times \dfrac{221}{100} = \dfrac{8177}{1000} = 8.177$

14 (해솔이네 집에서 약국까지의 거리)
  $=$(해솔이네 집에서 공원까지의 거리)
  $+$(공원에서 약국까지의 거리)
  $= 0.84 + (0.84 \times 1.2) = 0.84 + 1.008$
  $= 1.848$(km)

15 가장 큰 수는 5.2이고, 가장 작은 수는 2.8이므로 두 수의 곱은 $5.2 \times 2.8 = 14.56$입니다.

16 $6.15 \times 3 = 18.45$, $19 \times 1.25 = 23.75$이므로 18.45보다 크고 23.75보다 작은 자연수는 19, 20, 21, 22, 23입니다.

17 오늘 해바라기의 키는 $43.2\,cm$의 1.3배이므로 $43.2 \times 1.3 = 56.16$(cm)입니다.

18 (소수)$\times$(자연수)에서 곱하는 수의 0이 하나씩 늘어날 때마다 곱의 소수점이 오른쪽으로 한 자리씩 옮겨집니다.

19 $64 \times 154 = 9856$에서 $6.4 \times \square = 98.56$이면 $\square$는 15.4이고, $\square \times 1.54 = 98.56$이면 $\square$는 64입니다.

2회 **5. 직육면체**
31~33쪽

1 ㉡ **2** 직육면체, 정육면체 **3** 가, 다
4 6, 12, 8 **5** 8 cm **6** 3가지
7 옳지 않다 ; ⑩ 정사각형은 직사각형이라고 할 수 있지만 직사각형은 정사각형이라고 할 수 없습니다. 따라서 직육면체는 정육면체라고 할 수 없습니다.
8 ㉡ **9** 면 ㄴㅂㅁㄱ
10 면 ㄴㅂㅁㄱ, 면 ㄴㅂㅅㄷ, 면 ㄷㅅㅇㄹ, 면 ㄱㅁㅇㄹ **11** 풀이 참조 **12** 면 ㄴㅂㅁㄱ, 면 ㅁㅂㅅㅇ, 면 ㄱㅁㅇㄹ **13** $363\,cm^2$
14 (1) 수직입니다 (2) 4개 (3) 면 ㄱㅁㅂㄴ, 면 ㄴㅂㅅㄷ, 면 ㄷㅅㅇㄹ, 면 ㄱㅁㅇㄹ **15** ㉡
16 다 **17** 풀이 참조 **18** 풀이 참조 **19** 풀이 참조 **20** 풀이 참조

풀이

1 ㉠과 ㉢은 평면도형이고, ㉣은 직사각형으로 둘러 싸여 있지 않으므로 직육면체가 아닙니다.

2 ・직사각형 6개로 둘러싸인 도형을 직육면체라고 합니다.
  ・정사각형 6개로 둘러싸인 도형을 정육면체라고 합니다.

3 직육면체의 면이 될 수 있는 도형은 직사각형인 가, 다입니다.

4 직육면체는 면이 6개, 모서리가 12개, 꼭짓점이 8개입니다.

5 만들 수 있는 가장 큰 정육면체의 한 모서리의 길이는 직육면체의 가장 짧은 모서리의 길이인 $8\,cm$입니다.

6 직육면체의 밑면에 같은 색깔의 색종이를 붙이고, 4개의 옆면 중 서로 마주 보고 있는 2개의 면에 각각 같은 색깔의 색종이를 붙이면 서로 수직인 면에는 다른 색깔의 색종이를 붙일 수 있습니다. 따라서 색종이는 적어도 3가지 색깔이 필요합니다.

7 직사각형과 정사각형의 관계를 이용하여 직육면체와 정육면체의 관계를 찾습니다.

8 보이는 모서리는 실선으로, 보이지 않는 모서리는 점선으로 그린 것을 찾으면 ㉡입니다.

9 면 ㄷㅅㅇㄹ을 계속 늘여도 만나지 않는 면은 면 ㄴㅂㅁㄱ입니다.

10 면 ㄱㄴㄷㄹ과 평행한 면을 제외한 면을 찾으면 면 ㄴㅂㅁㄱ, 면 ㄴㅂㅅㄷ, 면 ㄷㅅㅇㄹ, 면 ㄱㅁㅇㄹ입니다.

11
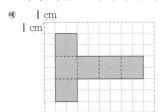
보이는 모서리는 실선으로, 보이지 않는 모서리는 점선으로 그려 넣어 겨냥도를 완성합니다.

12 정육면체의 겨냥도에서 보이지 않는 면은 면 ㄴㅂㅁㄱ, 면 ㅁㅂㅅㅇ, 면 ㄱㅁㅇㄹ입니다.

13 정육면체의 겨냥도에서 보이지 않는 면은 3개입니다.
(보이지 않는 면의 넓이의 합)
=(한 면의 넓이)×(보이지 않는 면의 수)
=11×11×3=363(cm²)

14 직육면체에서 옆면과 밑면은 서로 수직이고, 한 밑면에 대한 옆면은 모두 4개입니다.

15 면 가와 면 나, 면 라와 면 바, 면 나와 면 마는 각각 서로 수직으로 만나는 면입니다. ⓒ 면 다와 면 마는 서로 평행합니다.

16 전개도를 접을 때 평행한 면을 찾아봅니다. ●와 ◎, ◆와 ◇, ■와 □가 있는 면은 각각 서로 평행하므로 동시에 볼 수 없습니다.

17 모든 면의 모양과 크기가 같고 서로 겹치는 면이 없으며 겹치는 모서리의 길이가 같도록 그립니다.

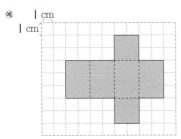

18
직육면체를 펼쳤을 때, □ 안에 알맞은 기호는 그림과 같습니다.

19 직육면체의 전개도에서 잘린 모서리는 실선으로, 잘리지 않은 모서리는 점선으로 나타냅니다.

예 　┃ cm
┃ cm

20 면 ㄱㄴㄷㄹ과 수직인 면에 모두 테이프가 지나갑니다. 전개도를 접었을 때, 테이프가 지나간 자리를 연결할 수 있도록 그립니다.

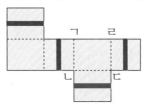

2회　**6. 평균과 가능성**　34~36쪽

1 4개　**2** 28개, 30개　**3** 예 두 모둠이 골대에 넣은 공의 수의 평균을 구하여 비교합니다.
4 10살　**5** 328 g　**6** 28명　**7** 3반, 4반
8 1350 mm　**9** 244 mm　**10** 11번
11 8번　**12** 불가능하다, 반반이다, 확실하다
13 ⓒ ; 예 노란색 구슬 한 개와 주황색 구슬 한 개가 들어 있는 주머니에서 구슬 한 개를 꺼낼 때, 노란색 구슬이 나올 가능성은 '반반이다'입니다.　**14** ~아닐 것 같다 ; 예 동전 한 개에 각각 그림 면, 숫자 면이 있으므로 동전 2개를 동시에 던졌을 때, 모두 숫자 면이 나올 가능성은 낮으므로 '~아닐 것 같다'입니다.　**15** (○)( )　**16** 나　**17** 가

18 풀이 참조　**19** 반반이다, $\frac{1}{2}$　**20** 예 6장의 카드 중 한 장을 뽑을 때, 별 모양의 카드를 뽑을 가능성

풀이

1 칭찬 도장을 옮겨 칭찬 도장의 수를 고르게 나타내면 지선이네 모둠이 받은 칭찬 도장의 수를 대표하는 값을 4개로 정할 수 있습니다.

2 기석이네 모둠: 5+7+9+7=28(개)
선화네 모둠: 4+9+4+6+7=30(개)

3 기석이네 모둠이 던진 공은 10×4=40(개)이고, 연화네 모둠이 던진 공은 10×5=50(개)입니다. 두 모둠이 던진 공의 수가 다르므로 어느 모둠이 더 잘했는지 알아보려면 골대에 넣은 공의 수의 평균을 구하여 비교해야 합니다.

4 (댄스 동아리 학생들의 평균 나이)
= (나이의 합) ÷ (학생 수)
= $(9+10+11+8+12) ÷ 5 = 50 ÷ 5 = 10$(살)

5 (가 상자에 들어 있는 사과 무게의 합)
= $370 × 10 = 3700$(g)
(나 상자에 들어 있는 사과 무게의 합)
= $300 × 15 = 4500$(g)
(두 상자에 들어 있는 사과 전체 무게의 평균)
= (가와 나 상자에 들어 있는 사과 무게의 합)
÷ (가와 나 상자에 들어 있는 사과 전체의 개수)
= $(3700+4500) ÷ (10+15)$
= $8200 ÷ 25 = 328$(g)

6 (학생 수의 평균) = (전체 학생 수) ÷ (학급 수)
= $(27+26+30+29) ÷ 4 = 112 ÷ 4 = 28$(명)

7 전체 학생 수의 평균인 28명보다 학생 수가 많은 학급은 3반과 4반입니다.

8 (5월부터 9월까지 강수량의 합계)
= (5월부터 9월까지 강수량의 평균) × (월의 수)
= $270 × 5 = 1350$(mm)

9 (이 지역의 8월의 강수량) = (5월부터 9월까지 강수량의 합계) − (5, 6, 7, 9월의 강수량의 합계)
= $1350 − (350+294+31+431)$
= $1350 − 1106 = 244$(mm)

10 은하의 턱걸이 기록의 평균은 $(11+9+13) ÷ 3$
= 11(번)입니다.

11 하늘이의 턱걸이 기록의 평균이 10번일 때, 하늘이의 턱걸이 기록의 합계는 $10 × 4 = 40$(번)입니다.
2회를 제외한 1, 3, 4회의 턱걸이 기록의 합은 $10+7+15 = 32$(번)입니다. 따라서 2회 기록은 $40 − 32 = 8$(번)입니다.

12 일이 일어날 가능성은 불가능하다, ~아닐 것 같다, 반반이다, ~일 것 같다, 확실하다 등으로 표현할 수 있습니다.

13 노란색 구슬 한 개와 주황색 구슬 한 개가 들어 있는 주머니에서 구슬 한 개를 꺼낼 때, 노란색 구슬 아니면 주황색 구슬이므로 구슬 한 개를 꺼낼 때, 노란색 구슬이 나올 가능성은 '반반이다'입니다.

14 동전 2개를 동시에 던졌을 때, 나오는 면은 (그림 면, 그림 면), (그림 면, 숫자 면), (숫자 면, 그림 면), (숫자 면, 숫자 면)이므로 모두 숫자 면이 나올 가능성은 '~아닐 것 같다'입니다.

15 가 과일 바구니에서 꺼낸 과일이 사과일 가능성은 '~일 것 같다'이고, 나 과일 바구니에서 꺼낸 과일이 사과일 가능성은 '~아닐 것 같다'입니다. 따라서 과일 바구니에서 과일 한 개를 꺼낼 때, 꺼낸 과일이 사과일 가능성이 더 큰 바구니는 가 바구니입니다.

16 화살이 빨간색, 파란색, 노란색에 멈출 가능성이 모두 같은 회전판은 빨간색, 파란색, 노란색으로 색칠된 부분이 모두 같은 나입니다.

17 가 회전판은 노란색 부분이 없으므로 화살이 노란색에 멈출 가능성은 '불가능하다'입니다. 따라서 화살이 노란색에 멈출 가능성이 가장 낮은 회전판은 가입니다.

18 (1) 빨간색 사탕이 파란색 사탕보다 적으므로 꺼낸 사탕이 빨간색일 가능성은 '~아닐 것 같다'이고, 이것은 0과 $\frac{1}{2}$ 사이에 ↓로 나타내면 됩니다.
(2) 파란색 사탕이 빨간색 사탕보다 많으므로 꺼낸 사탕이 파란색일 가능성은 '~일 것 같다'이고 이것은 $\frac{1}{2}$과 1 사이에 ↓로 나타내면 됩니다.

19 카드를 한 장 뽑을 때, 클로버 모양의 카드를 뽑을 가능성은 6장 중 3장이므로 클로버모양의 카드를 뽑을 가능성은 '반반이다'이고, 수로 표현하면 $\frac{1}{2}$입니다.

20 6장의 카드 중 하트 모양, 클로버 모양을 뽑을 가능성을 제외한 모양을 적으면 정답으로 인정합니다.

메모 Memo

선생님이 **강력 추천하는**

개념 PLUS +

단원평가

수학

정답과 풀이

5·2

5~6학년군

교육의 길잡이·학생의 동반자
(주)교학사

정답과 풀이

1 수의 범위와 어림하기

수학 익힘 풀기   9쪽

1 (1) 7, 7.6, 8 (2) 6, 6.1, 7 **2** (1) 풀이 참조
(2) 풀이 참조 **3** (1) 35, 36.1 (2) 17.7, 18 **4**
풀이 참조 **5** (1) 수민, 애영 (2) 성욱, 민선 **6**
(위에서부터) 방콕 ; 하노이, 마닐라 ; 도쿄, 타이베
이 **7** 풀이 참조

풀이

1 (1) 7 이상인 수는 7과 같거나 큰 수입니다.
   (2) 7 이하인 수는 7과 같거나 작은 수입니다.

2 (1) ┣━┿━┿━┿━●━┿━┿━┿━┿━┿━┫
         10   20   30
   15 이상인 수는 15와 같거나 큰 수입니다.
   (2) ┣━┿━┿━┿━┿━┿━┿━●━┿━┿━┫
         10   20   30
   22 이하인 수는 22와 같거나 작은 수입니다.

3 (1) 27.5보다 큰 수는 35, 36.1입니다.
   (2) 27.5보다 작은 수는 17.7, 18입니다.

4 ┣━┿━┿━┿━┿━┿━┿━○━┿━┿━┫
      10   20   30
   22 초과인 수는 22에 점 ○을 표시하고 오른쪽
   으로 선을 긋습니다.

5 (1) 70점 초과인 점수는 85점과 90점입니다.
   (2) 70점 미만인 점수는 50점과 65점입니다.

7 ┣━┿━┿━┿━○━┿━┿━┿━●━┿━┫
      10   20   30
   16 초과인 수는 16에 점 ○을, 24 이하인 수는
   24에 점 ●을 이용하여 나타냅니다.

수학 익힘 풀기   11쪽

1 (1) 350 (2) 400 **2** 풀이 참조 **3** (1) 25.3
(2) 25.46 **4** ③ **5** 풀이 참조 **6** (1) 2160
(2) 2100 **7** ① **8** (1) 22.5 (2) 22.58

풀이

1 (1) 34̲2 ➡ 350
      └ 10으로 보고 올림합니다.
   (2) 31̲9 ➡ 400
      └ 100으로 보고 올림합니다.

2

수	십의 자리	백의 자리
3578	3580	3600
52468	52470	52500
95236	95240	95300

3578̲ ➡ 3580, 357̲8 ➡ 3600
  └ 올림   └ 올림
52468̲ ➡ 52470, 524̲68 ➡ 52500
   └ 올림   └ 올림
95236̲ ➡ 95240, 952̲36 ➡ 95300
   └ 올림   └ 올림

3 (1) 25.2̲6 ➡ 25.3   (2) 25.45̲7 ➡ 25.46
       └ 올림   └ 올림

4 ① 3500   ② 3500   ③ 3400
   ④ 3500   ⑤ 3500

5

수	십의 자리	백의 자리
2589	2580	2500
13258	13250	13200
68725	68720	68700

2589̲ ➡ 2580, 258̲9 ➡ 2500
  └ 버림   └ 버림
13258̲ ➡ 13250, 132̲58 ➡ 13200
   └ 버림   └ 버림
68725̲ ➡ 68720, 687̲25 ➡ 68700
   └ 버림   └ 버림

6 (1) 216̲8 ➡ 2160   (2) 21̲68 ➡ 2100
       └ 버림   └ 버림

7 ① 3450   ② 3490   ③ 3400
   ④ 3400   ⑤ 3490

8 (1) 22.58̲7 ➡ 22.5   (2) 22.587̲ ➡ 22.58
       └ 버림   └ 버림

정답과 풀이

수학 익힘 풀기

1 (1) 3.7 (2) 4 **2** 2580 **3** (위에서부터)
2000, 1900, 1950, 1947, 1947.3, 1947.27
4 풀이 참조 **5** (1) 26000원 (2) 30000원
6 (1) 350개 (2) 35봉지 **7** 210 cm

풀이

1 머리핀의 길이는 3 cm 7 mm입니다. 따라서
3.7 cm입니다. 3.7을 반올림하여 일의 자리까
지 나타내면 4가 됩니다.

2 가장 작은 네 자리 수는 2578입니다. 2578을 반
올림하여 십의 자리까지 나타내면 2580입니다.

4
```
  +++++++++●+++++++++○+++++++++
5500        5600        5700
```
5550 이상 5650 미만인 경우, 반올림하여 백
의 자리까지 나타내면 5600이 됩니다.

5 (1) 올림하여 천의 자리까지 나타냅니다.
   (2) 올림하여 만의 자리까지 나타냅니다.

6 (1) 356을 버림하여 십의 자리까지 나타내면
   350이므로 팔 수 있는 호두과자는 350개입
   니다.
   (2) 350÷10=35(봉지)

7 209.6 ➡ 210
   └ 5보다 크므로 올립니다.

1회 단원 평가 〔연습〕

1 ○: 12, 14, 15 ; △: 21, 25 **2** 광수, 연경,
지호 **3** 4명 **4** 4개 **5** (1) 풀이 참조 (2) 풀이
참조 **6** (1) 26 이상 29 미만인 수 (2) 43 초과
47 이하인 수 **7** (위에서부터) 4530, 4600,
5000 **8** 풀이 참조 **9** (1) 3900 (2) 4300 (3)
1000 (4) 2600 **10** ㉠, ㉢ **11** 460000명
12 5500, >, 5420 **13** ㉲ 15 이상 20 미만
인 자연수는 15, 16, 17, 18, 19입니다.
➡ 15+16+17+18+19=85 ; 85 **14** ④

---

15 320개 **16** 3899 **17** 5, 6, 7, 8, 9 **18**
500 cm **19** 14 m **20** ㉲ 학생 수가 가장 적
을 때는 버스 4대에 모두 타고 나머지 1대에 1명
이 더 탄 경우로 45×4+1=181(명)입니다. 학
생 수가 가장 많을 때는 버스 5대에 모두 45명씩
탄 경우로 45×5=225(명)입니다. 따라서 5학년
학생 수의 범위는 181명 이상 225명 이하입니
다. ; 181명 이상 225명 이하

풀이

1 15 이하인 수는 15와 같거나 작은 수이고, 20
초과인 수는 20보다 큰 수입니다.

2 키가 148 cm와 같거나 큰 학생은 광수(152 cm),
연경(148 cm), 지호(160 cm)입니다.

3 90점과 같거나 낮은 점수를 받은 학생은 지훈
(90점), 영준(87점), 미소(76점), 병인(83점)
으로 모두 4명입니다.

4 18보다 작은 수는 16, 15, $12\frac{4}{7}$, 17.8로 4개
입니다.

5 (1)
```
  +++++++○++++++++++++++
10 11 12 13 14 15 16 17 18
```
14 미만인 수는 점 ○을 이용하여 나타냅니다.
   (2)
```
  +++++○+++++++++●++++++
27 28 29 30 31 32 33 34 35
```
30 초과인 수는 점 ○을 이용하여 나타내고,
33 이하인 수는 점 ●을 이용하여 나타냅니다.

6 (1) 26과 같거나 크고 29보다 작은 수이므로 26
   이상 29 미만인 수입니다.
   (2) 43보다 크고 47과 같거나 작은 수이므로 43
   초과 47 이하인 수입니다.

7 십의 자리까지 나타내기: 45<u>2</u>8 ➡ 4530
백의 자리까지 나타내기: 4<u>5</u>28 ➡ 4600
천의 자리까지 나타내기: <u>4</u>528 ➡ 5000

8

수	백의 자리	천의 자리
5469	5400	5000
2792	2700	2000
6895	6800	6000

9 (1) 십의 자리 수가 7이므로 올림하면 3872
⇒ 3900

(2) 십의 자리 수가 4이므로 버림하면 4345
⇒ 4300

(3) 십의 자리 수가 0이므로 버림하면 1003
⇒ 1000

(4) 십의 자리 수가 5이므로 올림하면 2550
⇒ 2600

10 43명보다 많은 사람들이 타고 있는 버스는 ㉠ 46명, ㉢ 44명입니다.

11 462573 ⇒ 460000
└ 5보다 작으므로 버립니다.

12 5429를 올림하여 백의 자리까지 나타내면
5429 ⇒ 5500
5429를 버림하여 십의 자리까지 나타내면
5429 ⇒ 5420

14 (올림, 버림)으로 나타내면 다음과 같습니다.
① (14000, 13000)
② (26000, 25000)
③ (71000, 70000)
④ (43000, 43000)
⑤ (39000, 38000)

15 10개씩 담아 팔려고 하므로 버림하여 십의 자리까지 나타내야 합니다. 324를 버림하여 십의 자리까지 나타내면 320이므로 달걀은 최대 320개까지 팔 수 있습니다.

16 버림하여 백의 자리까지 나타내면 3800이 되는 자연수는 3800부터 3899까지입니다. 이 중에서 가장 큰 수는 3899입니다.

17 천의 자리 숫자가 5로 바뀌었으므로 □ 안에는 5, 6, 7, 8, 9가 들어갈 수 있습니다.

18 선물 3개를 포장하는 데 필요한 끈의 길이는 165×3=495 (cm)이고 끈은 100 cm 단위로만 판매하므로 올림하여 백의 자리까지 나타낸 495 ⇒ 500입니다. 따라서 500 cm를 사야 합니다.

19 (꽃밭의 둘레)=(480+230)×2=1420 (cm)
1420 cm=14.2 m이므로 14.2 m를 반올림하여 일의 자리까지 나타내면 14 m입니다.

---

1 17, 20.32, 19.8   **2** (1) 16 초과인 수 (2) 42 초과 48 이하인 수   **3** 풀이 참조   **4** 풀이 참조
5 4명   **6** 2급   **7** ⑤   **8** ③, ⑤   **9** 2501, 3182   **10** 예 24 초과 37 미만인 수는 24보다 크고 37보다 작은 수이므로 25, 26, 27, 28, 29, 30, 31, 32, 33, 34, 35, 36으로 모두 12개입니다. ; 12개   **11** 4대   **12** 5.23   **13** 5 cm   **14** 예 37256을 반올림하여 천의 자리까지 나타내면 37000이고, 올림하여 백의 자리까지 나타내면 37300입니다. 따라서 두 수의 차는 37300-37000=300입니다. ; 300   **15** 8700개   **16** 560 kg   **17** 2256   **18** 33   **19** 예 만들 수 있는 두 자리 수는 35, 38, 53, 58, 83, 85입니다. 이 중에서 38과 같거나 크고 83보다 작은 수는 38, 53, 58로 모두 3개입니다. ; 3개   **20** 9

풀이

1 17 이상인 수는 17과 같거나 큰 수이므로 17, 20.32, 19.8입니다.

2 (2) 42보다 크고 48과 같거나 작은 수이므로 42 초과 48 이하인 수입니다.

3

수	올림	버림	반올림
6173	6200	6100	6200

올림: 6173 ⇒ 6200
버림: 6173 ⇒ 6100
반올림: 6173 ⇒ 6200

4

32 33 34 35 36 37 38 39 40

34 초과인 수는 점 ○을 이용하여 나타내고, 38 이하인 수는 점 ●을 이용하여 나타냅니다.

5 8살 이하이므로 8살이거나 8살보다 나이가 적은 어린이입니다. 따라서 지유, 은호, 지민, 호준으로 모두 4명입니다.

6 현진이는 줄넘기를 154번 했으므로 150번 이상 199번 이하에 속합니다.
따라서 2급입니다.

정답과 풀이

7 44보다 크고 47과 같거나 작은 수가 아닌 것은
⑤ 47.2입니다.

8 수를 버림하여 백의 자리까지 나타내면
① 4300
② 4500
③ 4600
④ 4400
⑤ 4600

9 반올림하여 천의 자리까지 나타내면
2489 ➡ 2000,
2501 ➡ 3000,
3182 ➡ 3000,
3526 ➡ 4000

11 10명씩 3대에 타면 4명이 남으므로 나머지 4명도 타려면 승합차는 최소 4대가 필요합니다.

12 소수 셋째 자리 수가 6이므로 버림하면 5.236 ➡ 5.23이 됩니다.

13 크레파스의 실제 길이는 4.6 cm입니다. 4.6을 반올림하여 일의 자리까지 나타내면 소수 첫째 자리 숫자가 6이므로 크레파스의 길이는 올림하여 5 cm가 됩니다.

15 100개가 안 되는 사과는 포장할 수 없으므로 포장할 수 있는 사과는 8730개를 버림하여 백의 자리까지 나타내면 8700개입니다.

16 10 kg씩 담아 팔려고 하므로 버림하여 십의 자리까지 나타내야 합니다.
564를 버림하여 십의 자리까지 나타내면 560이므로 감자는 최대 560 kg까지 팔 수 있습니다.

17 □□56을 올림하여 백의 자리까지 나타낸 수가 2300이라고 했으므로 올림하기 전의 수는 22■■입니다. 따라서 사물함 비밀번호는 2256입니다.

18 26 이상 □ 미만인 수이므로 26은 포함되고 □는 포함되지 않습니다.
26 이상인 자연수 7개를 차례로 쓰면 26, 27, 28, 29, 30, 31, 32입니다. 따라서 □ 안에 알맞은 자연수는 33입니다.

20 버림하여 십의 자리까지 나타낸 수가 70이므로 버림하기 전의 자연수는 70부터 79까지 수 중 하나입니다.
9×8=72이므로 어떤 자연수는 9입니다.

3회 단원 평가 기출 20~22쪽

1 16.5, 18.7 **2** 3개 **3** 36 초과 40 이하인 수 **4** (1) 1300 (2) 7000 **5** (위에서부터) 4720, 4700, 5000 **6** 풀이 참조 **7** ⑤ **8** 2503, 2497 **9** 23000명 **10** 4856, 3490 **11** 성은, 경식 **12** ⑩ 수학 점수가 85점 이상인 학생은 영미(91점), 혜영(89점)으로 2명입니다. 따라서 공책은 모두 3×2=6(권) 필요합니다. ; 6권 **13** ㉠, ㉣ **14** 750 **15** 7000원 **16** 180장 **17** 6개 **18** 2501 **19** ⑩ 자연수 부분이 될 수 있는 수는 5, 6, 7이고 소수 첫째 자리 숫자가 될 수 있는 수는 7, 8입니다. 따라서 만들 수 있는 소수 한 자리 수는 5.7, 5.8, 6.7, 6.8, 7.7, 7.8로 모두 6개입니다. ; 6개 **20** ⑩ 주어진 수의 십의 자리 숫자가 4인데 반올림하여 십의 자리까지 나타낸 수는 8240으로 십의 자리 숫자가 그대로 4이므로 일의 자리에서 버림한 것을 알 수 있습니다. 즉, 일의 자리에서 반올림했는데 버림한 것과 결과가 같으려면 일의 자리 숫자가 0, 1, 2, 3, 4 중 하나입니다. ; 0, 1, 2, 3, 4

풀이

1 19 이하인 수는 19와 같거나 작은 수이므로 16.5, 18.7입니다.

2 6 초과인 수는 6보다 큰 수이므로 6.2, 7.7, 8.92로 모두 3개입니다.

3 36보다 크고 40과 같거나 작은 수이므로 36 초과 40 이하인 수입니다.

4 (1) 1265의 백의 자리 아래 수인 65를 100으로 보고 올림하면 1300이 됩니다.
(2) 6001의 천의 자리 아래 수인 1을 1000으로 보고 올림하면 7000이 됩니다.

5 십의 자리까지 나타내기: 4723 ➡ 4720
백의 자리까지 나타내기: 4723 ➡ 4700
천의 자리까지 나타내기: 4723 ➡ 5000

6
40 이상인 수는 점 ●을 이용하여 나타내고, 100 미만인 수는 점 ○을 이용하여 나타냅니다.

7 수를 버림하여 십의 자리까지 나타내면
① 2130 ② 2130
③ 2130 ④ 2130
⑤ 2140

8 반올림하여 백의 자리까지 나타내면
2503 ➡ 2500,
2577 ➡ 2600,
2497 ➡ 2500,
2449 ➡ 2400

9 23486 ➡ 23000

10 (올림, 반올림)으로 나타내면
5527 ➡ (5600, 5500),
5938 ➡ (6000, 5900),
4856 ➡ (4900, 4900),
3490 ➡ (3500, 3500)이므로
4856과 3490입니다.

11 65점이거나 65점보다 점수가 낮은 학생은 성은(63점), 경식(65점)입니다.

13 ⓒ 20 이상 25 미만인 수에는 25가 포함되지 않습니다.
ⓒ 25 초과 30 미만인 수에는 25가 포함되지 않습니다.

14 6241을 올림하여 천의 자리까지 나타낸 수는 7000이고, 올림하여 십의 자리까지 나타낸 수는 6250입니다. 따라서 두 수의 차는 7000−6250=750입니다.

15 1000원이 안 되는 980원은 바꿀 수 없으므로 버림하여 천의 자리까지 나타내면 최대 7000원까지 바꿀 수 있습니다.

16 색종이를 10장씩 묶음으로 판매하므로 올림하여 십의 자리까지 나타내면 최소 180장을 사야 합니다.

17 수의 범위가 30 이상 60 미만이므로 5로 나누어떨어지는 수는 30, 35, 40, 45, 50, 55로 모두 6개입니다.

18 올림하여 백의 자리까지 나타내면 2600이 되는 수는 2501부터 2600까지의 수입니다. 따라서 가장 작은 수는 2501입니다.

20 구하려는 자리 바로 아래 자리의 숫자가 0, 1, 2, 3, 4이면 버리고, 5, 6, 7, 8, 9이면 올려서 나타내는 방법을 반올림이라고 합니다.

4회 단원 평가 ｜실전｜   23~25쪽

1 수진, 정아, 정선, 소연   **2** 3명   **3** ⑴ 풀이 참조 ⑵ 풀이 참조   **4** 12, 13, 14, 15   **5** (위에서부터) 용사급, 청장급, 용장급   **6** 140000, 160000, 130000   **7** 6296, 6300   **8** 330권   **9** 400권   **10** 300   **11** 900   **12** ⑩ 수직선에 나타낸 수의 범위에 포함된 자연수는 17, 18, 19, 20이므로 모두 더하면 17+18+19+20=74입니다. ; 74   **13** 만 6세 이상 만 65세 미만   **14** 126명 이상 150명 이하   **15** ⊙
16 ⑩ 자연수 부분이 될 수 있는 수는 5, 6, 7이고, 소수 첫째 자리 숫자가 될 수 있는 수는 4, 5입니다. 따라서 만들 수 있는 소수 한 자리 수는 5.4, 5.5, 6.4, 6.5, 7.4, 7.5로 모두 6개입니다. ; 6개   **17** ⑩ 10원짜리 동전 638개는 6380원입니다. 6380원을 1000원짜리 지폐로 바꾸면 1000원이 안 되는 380원은 버림해야 하므로 최대 6000원까지 바꿀 수 있습니다. ; 6000원
18 풀이 참조   **19** 188000원   **20** ⑩ 만들 수 있는 가장 큰 다섯 자리 수는 87651입니다. 따라서 87651을 반올림하여 백의 자리까지 나타내면 87700입니다. ; 87700

풀이

1 키가 146 cm와 같거나 큰 학생을 찾아봅니다.

2 키가 147 cm보다 작은 학생은 지희, 연주, 정아로 모두 3명입니다.

3
⑴
⑵
이상과 이하는 점 ●을, 초과와 미만은 점 ○을 이용하여 나타냅니다.

4 11보다 크고 15$\frac{3}{4}$보다 작은 자연수는 12, 13, 14, 15입니다.

5 진수: 60 kg은 55 kg 초과 60 kg 이하에 포함되므로 용사급입니다.
세진: 48 kg은 45 kg 초과 50 kg 이하에 포함되므로 청장급입니다.

정답과 풀이   **5**

정답과 풀이

민성: 55 kg은 50 kg 초과 55 kg 이하에 포함
되므로 용장급입니다.

6 가 도시: 1**38**052 ➡ 140000
   나 도시: 1**63**870 ➡ 160000
   다 도시: 1**27**640 ➡ 130000

7 올림하여 십의 자리까지 나타내면
   62**9**0 ➡ 6290, 629**6** ➡ 6300,
   63**0**0 ➡ 6300,
   632**8** ➡ 6330,
   619**8** ➡ 6200

8 도매상에서는 10권씩 묶음으로 살 수 있으므로
   326을 올림하여 십의 자리까지 나타내면 최소
   330권을 사야 합니다.

9 공장에서는 100권씩 묶음으로 살 수 있으므로
   326을 올림하여 백의 자리까지 나타내면 최소
   400권을 사야 합니다.

10 버림하여 백의 자리까지 나타내면
   62**3**0 ➡ 6200, 65**9**0 ➡ 6500
   따라서 두 수의 차는 6500−6200=300입니다.

11 4058을 올림하여 천의 자리까지 나타내면
   5000이고, 백의 자리까지 나타내면 4100입
   니다.
   따라서 두 수의 차는 5000−4100=900입니다.

13 지하철 요금을 내고 타야 하는 사람의 나이는 만
   6세와 같거나 많고 만 65세보다 적습니다.

14 학생 수가 가장 적을 때는 25인승 버스 5대에
   모두 타고 나머지 1대에 1명이 더 탄 경우로
   25×5+1=126(명)입니다.
   학생 수가 가장 많을 때는 25인승 버스 6대에
   모두 25명씩 탄 경우로 25×6=150(명)입니
   다. 따라서 5학년 학생 수의 범위는 126명 이상
   150명 이하입니다.

15 ㉠ 385**4**321 ➡ 3855000
   ㉡ 382**8**516 ➡ 3829000

18
   ┼┼┼┼┼●┼┼┼┼┼┼┼┼┼○┼┼┼┼┼┼┼
   330   340   350

19 473자루를 버림하여 십의 자리까지 나타내면
   470자루이므로 연필은 최대 47묶음까지 팔았
   습니다. 따라서 연필을 팔아 번 돈은 4000×
   47=188000(원)입니다.

1 **1단계** 23 이상 27 미만인 수
   2단계 23, 24, 25, 26   **3단계** 49

1-1 예 수직선에 나타낸 수의 범위는 78 초과
84 이하인 수입니다. 수의 범위에 포함되는 자연
수는 79, 80, 81, 82, 83, 84이므로 가장 큰 수
는 84, 가장 작은 수는 79입니다. 따라서 두 수의
차는 84−79=5입니다. ; 5

2 **1단계** 3, 4   **2단계** 5, 6
   3단계 3.5, 3.6, 4.5, 4.6

2-1 예 자연수 부분이 될 수 있는 수는 3, 4이고,
소수 첫째 자리 숫자가 될 수 있는 수는 6, 7, 8입
니다. 따라서 만들 수 있는 소수 한 자리 수는
3.6, 3.7, 3.8, 4.6, 4.7, 4.8입니다. ; 3.6, 3.7,
3.8, 4.6, 4.7, 4.8

3 **1단계** 14679   **2단계** 15000

3-1 예 만들 수 있는 가장 큰 다섯 자리 수는
98643입니다. 98643을 반올림하여 백의 자리
까지 나타내면 십의 자리 숫자가 4이므로 버림하
여 98600이 됩니다. ; 98600

4 예 수 카드를 한 번씩 사용하여 만들 수 있는
두 자리 수는 35, 38, 53, 58, 83, 85입니다. 이
중에서 38 초과 83 이하인 수는 53, 58, 83으
로 모두 3개입니다. ; 3개

5 예 올림하여 십의 자리까지 나타내었을 때
1260이 되는 수: 1251, 1252……1260
버림하여 십의 자리까지 나타내었을 때 1250이
되는 수: 1250, 1251……1259
반올림하여 십의 자리까지 나타내었을 때 1260
이 되는 수: 1255, 1256……1264
따라서 세 조건을 모두 만족하는 자연수는 1255,
1256, 1257, 1258, 1259로 모두 5개입니다.
; 5개

풀이

1 **3단계** 가장 큰 자연수는 26, 가장 작은 자연수는
   23이므로 두 수의 합은 26+23=49입니다.

2 **1단계** 3 이상 4 이하인 자연수는 3, 4입니다.
   2단계 5 이상 6 이하인 자연수는 5, 6입니다.

1 풀이 참조 ; 4, 4, $\dfrac{2}{3}$ **2** (1) $1\dfrac{1}{2}$ (2) $1\dfrac{3}{5}$ **3** 식:

$\dfrac{2}{5} \times 3 = 1\dfrac{1}{5}$ 답: $1\dfrac{1}{5}$ L **4** (1) $\dfrac{9}{4} \times 5 = \dfrac{45}{4}$

$= 11\dfrac{1}{4}$ (2) $\dfrac{46}{5} \times 2 = \dfrac{92}{5} = 18\dfrac{2}{5}$ **5** $\dfrac{9}{\overset{}{8}_{2}} \times \dfrac{1}{4}$

$\dfrac{9}{2} = 4\dfrac{1}{2}$ **6** (1) $(2 \times 4) + \left(\dfrac{1}{5} \times 4\right) = 8 + \dfrac{4}{5} =$

$8\dfrac{4}{5}$ (2) $(3 \times 5) + \left(\dfrac{2}{7} \times 5\right) = 15 + \dfrac{10}{7} =$

$15 + 1\dfrac{3}{7} = 16\dfrac{3}{7}$ **7** 식: $7\dfrac{1}{5} \times 4 = 28\dfrac{4}{5}$ 답:

$28\dfrac{4}{5}$ cm

풀이

1 (예)

$\dfrac{1}{6} \times 4$는 $\dfrac{1}{6} + \dfrac{1}{6} + \dfrac{1}{6} + \dfrac{1}{6}$과 같으므로

$\dfrac{\overset{2}{\cancel{4}}}{\underset{3}{\cancel{6}}} = \dfrac{2}{3}$입니다.

2 (1) $\dfrac{3}{4} \times 2 = \dfrac{3 \times 2}{4} = \dfrac{\overset{3}{\cancel{6}}}{\underset{2}{\cancel{4}}} = \dfrac{3}{2} = 1\dfrac{1}{2}$

(2) $\dfrac{2}{5} \times 4 = \dfrac{2 \times 4}{5} = \dfrac{8}{5} = 1\dfrac{3}{5}$

4 대분수를 가분수로 바꾼 후에 분수의 분모는 그대로 두고 분수의 분자와 자연수를 곱하여 계산합니다.

5 대분수의 곱셈을 할 때에는 먼저 대분수를 가분수로 고친 후 약분합니다.

6 대분수를 자연수와 진분수의 합으로 보고 계산합니다.

7 $7\dfrac{1}{5} \times 4 = \dfrac{36 \times 4}{5} = \dfrac{144}{5} = 28\dfrac{4}{5}$ (cm)

1 풀이 참조 ; 3, 3 **2** (1) $2\dfrac{1}{3}$ (2) $2\dfrac{3}{5}$ **3** 태영

4 (1) $8\dfrac{4}{7}$ (2) $7\dfrac{1}{3}$ **5** (1) $(3 \times 1) + \left(3 \times \dfrac{1}{5}\right) =$

$3 + \dfrac{3}{5} = 3\dfrac{3}{5}$ (2) $(4 \times 2) + \left(4 \times \dfrac{1}{7}\right) = 8 + \dfrac{4}{7} =$

$8\dfrac{4}{7}$ **6** 4, $\dfrac{3}{2}$, 3, $\dfrac{4}{2}$ **7** (1) $>$ (2) $=$ (3) $<$

풀이

1 (예)

0 ─── 1 ─── 2 ─── 3

3을 4등분한 것 중에 1만큼에 해당하는 것은 $\dfrac{3}{4}$입니다.

단위분수는 분자가 1인 분수를 말합니다.

(자연수)×(단위분수)의 계산을 할 때에는 자연수와 분수의 분자를 곱하여 계산합니다.

2 (1) $\overset{1}{\cancel{5}} \times \dfrac{7}{\underset{3}{\cancel{15}}} = \dfrac{7}{3} = 2\dfrac{1}{3}$

(2) $\overset{1}{\cancel{3}} \times \dfrac{13}{\underset{5}{\cancel{15}}} = \dfrac{13}{5} = 2\dfrac{3}{5}$

3 $3 \times \dfrac{5}{9} = \dfrac{5}{9} \times 3 = \dfrac{5 \times 3}{9} = \dfrac{15}{9} = 1\dfrac{\overset{2}{\cancel{6}}}{\underset{3}{\cancel{9}}} = 1\dfrac{2}{3}$

4 (1) $5 \times 1\dfrac{5}{7} = 5 \times \dfrac{12}{7} = \dfrac{60}{7} = 8\dfrac{4}{7}$

(2) $4 \times 1\dfrac{5}{6} = 4 \times \dfrac{11}{6} = \dfrac{44}{6}$

$= 7\dfrac{\overset{1}{\cancel{2}}}{\underset{3}{\cancel{6}}} = 7\dfrac{1}{3}$

5 대분수를 자연수와 진분수의 합으로 보고 계산합니다.

7 (1) 곱하는 수가 1보다 더 작으면 ➡ 값이 작아집니다.

(2) 곱하는 수가 1과 같으면 ➡ 값이 변하지 않습니다.

(3) 곱하는 수가 1보다 더 크면 ➡ 값이 커집니다.

1 3, 5, 15   **2** (1) $\dfrac{7}{25}$ (2) $\dfrac{3}{10}$ **3** 선영   **4** (1)

1, (위) 7, (아래) 1, $\dfrac{21}{5}$, $4\dfrac{1}{5}$ (2) 8, 7, 56, 14,

$2\dfrac{4}{5}$ **5** (1) ㉠ (2) ㉢ (3) ㉡   **6** >

풀이

1 (단위분수)×(단위분수)의 계산은 분자는 분자
끼리, 분모는 분모끼리 곱합니다.

2 (1) $\dfrac{7}{5} \times \dfrac{1}{5} = \dfrac{7 \times 1}{5 \times 5} = \dfrac{7}{25}$

(2) $\dfrac{6}{5} \times \dfrac{1}{4} = \dfrac{6 \times 1}{5 \times 4} = \dfrac{\overset{3}{\cancel{6}}}{\underset{10}{\cancel{20}}} = \dfrac{3}{10}$

3 선영: $\dfrac{1}{3} \times \dfrac{3}{4} = \dfrac{1 \times \cancel{3}}{\cancel{3} \times 4} = \dfrac{1}{4} = \dfrac{5}{20}$

선식: $\dfrac{1}{3} \times \dfrac{3}{4} \times \dfrac{3}{5} = \dfrac{1 \times \cancel{3} \times 3}{\cancel{3} \times 4 \times 5} = \dfrac{3}{20}$

[다른 풀이] 공통인 $\dfrac{1}{3} \times \dfrac{3}{4}$에 1보다 작은 수인

$\dfrac{3}{5}$을 곱하면 값이 작아지므로 선영

의 계산 결과가 더 큽니다.

4 (1) 7을 $\dfrac{7}{1}$로 나타낼 수 있습니다.

$\dfrac{3}{5} \times 7 = \dfrac{3}{5} \times \dfrac{7}{1} = \dfrac{3 \times 7}{5 \times 1} = \dfrac{21}{5} = 4\dfrac{1}{5}$

(2) 대분수를 가분수로 바꾼 다음 분자는 분자끼
리 분모는 분모끼리 곱합니다.

5 (1) $2\dfrac{3}{4} \times 1\dfrac{2}{3} = \dfrac{11}{4} \times \dfrac{5}{3} = \dfrac{55}{12} = 4\dfrac{7}{12}$

(2) $2\dfrac{4}{5} \times 1\dfrac{1}{7} = \dfrac{\overset{2}{\cancel{14}}}{5} \times \dfrac{8}{\cancel{7}} = \dfrac{16}{5} = 3\dfrac{1}{5}$

(3) $1\dfrac{7}{11} \times 4\dfrac{2}{5} = \dfrac{18}{\cancel{11}} \times \dfrac{\overset{2}{\cancel{22}}}{5} = \dfrac{36}{5} = 7\dfrac{1}{5}$

6 $1\dfrac{3}{4}$에 1보다 작은 수를 곱하면 값이 작아집니다.

1 풀이 참조   **2** 5, 5, 3, 15   **3** 7, 7, 14, 2,

$14\dfrac{1}{2}$ **4** (1) $\dfrac{1}{18}$ (2) $\dfrac{3}{10}$ **5** 12, 7, 21, $4\dfrac{1}{5}$

6 (위에서부터) $2\dfrac{1}{2}$, $1\dfrac{1}{3}$ **7** ㉠, ㉢   **8** (1) ㉡

(2) ㉠   **9** ㉠   **10** $1\dfrac{11}{16}$ **11** 24   **12** ㉡

13 예 ㉠ $3\dfrac{1}{2} \times 1\dfrac{1}{3} = \dfrac{7}{2} \times \dfrac{\overset{2}{\cancel{4}}}{3} = \dfrac{14}{3} = 4\dfrac{2}{3}$

㉡ $2\dfrac{2}{5} \times 2\dfrac{1}{3} = \dfrac{\overset{4}{\cancel{12}}}{5} \times \dfrac{7}{\cancel{3}} = \dfrac{28}{5} = 5\dfrac{3}{5}$

㉢ $1\dfrac{1}{2} \times 1\dfrac{1}{3} = \dfrac{3}{\cancel{2}} \times \dfrac{\overset{2}{\cancel{4}}}{3} = 2$ 따라서 계산한 값이

자연수가 되는 것은 ㉢입니다. ; ㉢   **14** >   **15**

$7\dfrac{1}{2}$ kg   **16** 예 (직사각형의 넓이)=(가로)×(세

로)입니다. 따라서 직사각형의 넓이는 $8\dfrac{7}{9} \times 6 =$

$\dfrac{79}{\underset{3}{\cancel{9}}} \times \overset{2}{\cancel{6}} = \dfrac{158}{3} = 52\dfrac{2}{3}$ (cm²)입니다. ; $52\dfrac{2}{3}$ cm²

17 84점   **18** $5\dfrac{1}{10}$ **19** 31   **20** $31\dfrac{1}{3}$ kg

풀이

1 (1) $\dfrac{3}{5} \times 10 = \dfrac{3 \times \boxed{10}}{5} = \dfrac{\boxed{30}}{5} = \boxed{6}$

(2) $\dfrac{3}{5} \times 10 = \dfrac{3 \times \overset{\boxed{2}}{\cancel{10}}}{\underset{\boxed{1}}{\cancel{5}}} = \boxed{6}$

(3) $\dfrac{3}{\underset{\boxed{1}}{\cancel{5}}} \times \overset{\boxed{2}}{\cancel{10}} = \boxed{6}$

2 $25 \times \dfrac{3}{5}$은 $\left(25 \times \dfrac{1}{5}\right) \times 3$과 같습니다.

$25 \times \dfrac{3}{5} = \left(\overset{5}{\cancel{25}} \times \dfrac{1}{\cancel{5}}\right) \times 3 = 5 \times 3 = 15$입니다.

3 $2\frac{1}{14}=2+\frac{1}{14}$ 이므로 $7\times2\frac{1}{14}=(7\times2)+$

$\left(7\times\frac{1}{14}\right)$로 계산할 수 있습니다.

4 (1) $\frac{1}{6}\times\frac{1}{3}=\frac{1\times1}{6\times3}=\frac{1}{18}$

(2) $\frac{\overset{1}{2}}{5}\times\frac{3}{\underset{2}{4}}=\frac{1\times3}{5\times2}=\frac{3}{10}$

6 $\frac{5}{\underset{2}{6}}\times\overset{1}{3}=\frac{5}{2}=2\frac{1}{2}$, $\frac{4}{\underset{3}{21}}\times\overset{1}{7}=\frac{4}{3}=1\frac{1}{3}$

7 $1\frac{3}{5}\times2=\frac{8}{5}\times2=\frac{16}{5}=3\frac{1}{5}$

8 (1) $6\times1\frac{3}{4}=\overset{3}{6}\times\frac{7}{\underset{2}{4}}=\frac{21}{2}=10\frac{1}{2}$

(2) $4\times2\frac{1}{2}=\overset{2}{4}\times\frac{5}{\underset{1}{2}}=10$

9 ㉠ $\frac{7}{\underset{2}{8}}\times\frac{\overset{1}{4}}{\underset{3}{21}}=\frac{1}{6}$

10 $1\frac{5}{8}\times1\frac{1}{26}=\frac{13}{8}\times\frac{27}{\underset{2}{26}}=\frac{27}{16}=1\frac{11}{16}$

11 $2\frac{2}{5}\times1\frac{1}{5}\times8\frac{1}{3}=\frac{12}{\underset{1}{5}}\times\frac{\overset{2}{6}}{\underset{1}{5}}\times\frac{\overset{5}{25}}{\underset{1}{3}}=24$

12 어떤 수에 1보다 작은 수를 곱하면 곱한 결과는 어떤 수보다 작고, 1보다 큰 수를 곱하면 계산 결과는 어떤 수보다 큽니다.

14 $1\frac{1}{2}\times4=\frac{3}{\underset{1}{2}}\times\overset{2}{4}=6$,

$2\frac{2}{3}\times2=\frac{8}{3}\times2=\frac{16}{3}=5\frac{1}{3}$

15 $\frac{3}{8}$ kg씩 20명에게 주려면

$\frac{3}{\underset{2}{8}}\times\overset{5}{20}=\frac{15}{2}=7\frac{1}{2}$ (kg)이 필요합니다.

17 (국어 점수)=(수학 점수)$\times\frac{7}{8}=\overset{12}{96}\times\frac{7}{\underset{1}{8}}=84$(점)

18 가장 큰 수는 $3\frac{2}{5}$, 가장 작은 수는 $1\frac{1}{2}$이므로

$3\frac{2}{5}\times1\frac{1}{2}=\frac{17}{5}\times\frac{3}{2}=\frac{51}{10}=5\frac{1}{10}$입니다.

19 $1\frac{14}{17}\times\frac{17}{\square}=\frac{31}{\underset{1}{17}}\times\frac{\overset{1}{17}}{\square}=\frac{31}{\square}=1$ 이므로 $\square$
=31 입니다.

20 (감자의 무게)$=8\times2\frac{11}{12}=\overset{2}{8}\times\frac{35}{\underset{3}{12}}=\frac{70}{3}$

$=23\frac{1}{3}$ (kg)

(양파와 감자의 무게의 합)$=8+23\frac{1}{3}$

$=31\frac{1}{3}$ (kg)

---

2 회 단원 평가 도전   39~41쪽

1 2, 2, 2, 8, $1\frac{3}{5}$ **2** 풀이 참조   **3** ㉠, ㉡   **4** $7\frac{5}{7}$ **5** 27, 63   **6** $(1\times2)+\left(\frac{5}{7}\times2\right)=2+\frac{10}{7}=2+1\frac{3}{7}=3\frac{3}{7}$ **7** (1) ㉡ (2) ㉢ (3) ㉠   **8** $2\frac{2}{3}$ **9** $\frac{5}{12}$ **10** 예 1시간은 60분입니다.

(60분 동안 달린 거리)=(10분 동안 달린 거리)$\times6=\frac{5}{\underset{1}{6}}\times\overset{1}{6}=5$ (km) ; 5 km   **11** $<$ **12** ㉠, ㉡, ㉣   **13** 12   **14** ㉢   **15** $\frac{3}{20}$ **16** 27개, 42개   **17** 예 ▲$=3\frac{3}{4}\times\frac{2}{5}=\frac{\overset{3}{15}}{\underset{2}{4}}\times\frac{\overset{1}{2}}{5}=\frac{3}{2}$, ▲$\times2\frac{1}{3}=\frac{3}{2}\times\frac{7}{3}=\frac{7}{2}=3\frac{1}{2}$; $3\frac{1}{2}$ **18** 15 L   **19** 예 만들 수 있는 가장 큰 대분수는 $5\frac{2}{3}$이고, 가장 작은 대분수는 $2\frac{3}{5}$입니다. 따라서 두 수의 곱은 $5\frac{2}{3}\times2\frac{3}{5}=\frac{17}{3}\times\frac{13}{5}=\frac{221}{15}=14\frac{11}{15}$입니다. ; $14\frac{11}{15}$ **20** 360 cm²

풀이

2 (1) $8 \times \dfrac{5}{6} = \dfrac{8 \times 5}{6} = \dfrac{40}{6} = \dfrac{\boxed{20}}{\boxed{3}} = \boxed{6\dfrac{2}{3}}$

(2) $8 \times \dfrac{5}{6} = \dfrac{\overset{4}{8} \times 5}{\underset{3}{6}} = \dfrac{\boxed{20}}{\boxed{3}} = \boxed{6\dfrac{2}{3}}$

(3) $\overset{4}{8} \times \dfrac{5}{\underset{3}{6}} = \dfrac{\boxed{20}}{\boxed{3}} = \boxed{6\dfrac{2}{3}}$

3 ㉢ $8 \times \dfrac{3}{4}$ 은 6으로 8보다 작습니다.

4 $2\dfrac{1}{7} \times 3\dfrac{3}{5} = \dfrac{15}{7} \times \dfrac{\overset{3}{18}}{\underset{1}{5}} = \dfrac{54}{7} = 7\dfrac{5}{7}$

5 $1\dfrac{4}{5} \times 15 = \dfrac{9}{\underset{1}{5}} \times \overset{3}{15} = 27$

$1\dfrac{4}{5} \times 35 = \dfrac{9}{\underset{1}{5}} \times \overset{7}{35} = 63$

6 보기의 계산은 대분수를 자연수와 진분수로 나누어 각각 자연수를 곱하여 계산한 것입니다.

7 (1) $3 \times \dfrac{4}{7} = \dfrac{12}{7} = 1\dfrac{5}{7}$, (2) $4 \times \dfrac{2}{7} = \dfrac{8}{7} = 1\dfrac{1}{7}$,

(3) $2 \times \dfrac{5}{7} = \dfrac{10}{7} = 1\dfrac{3}{7}$

8 $1\dfrac{3}{4} \times 1\dfrac{11}{21} = \dfrac{7}{\underset{1}{4}} \times \dfrac{\overset{8}{32}}{\underset{3}{21}} = \dfrac{8}{3} = 2\dfrac{2}{3}$

9 $\dfrac{1}{3} \times \dfrac{15}{16} \times 1\dfrac{1}{3} = \dfrac{1}{\underset{1}{3}} \times \dfrac{\overset{5}{15}}{\underset{4}{16}} \times \dfrac{4}{3} = \dfrac{5}{12}$

11 $\overset{4}{8} \times \dfrac{7}{\underset{5}{10}} = \dfrac{28}{5} = 5\dfrac{3}{5}$, $\overset{5}{10} \times \dfrac{17}{\underset{12}{24}} = \dfrac{85}{12} = 7\dfrac{1}{12}$

12 ㉠ $\dfrac{1}{2} \times \dfrac{1}{4} = \dfrac{1}{8}$, ㉡ $\dfrac{1}{5} \times \dfrac{1}{6} = \dfrac{1}{30}$,

㉢ $\dfrac{1}{3} \times \dfrac{1}{7} = \dfrac{1}{21}$

단위분수의 크기는 분모가 작을수록 크므로
㉠ > ㉢ > ㉡입니다.

13 $5 \times 1\dfrac{1}{3} = 5 \times \dfrac{4}{3} = \dfrac{20}{3} = 6\dfrac{2}{3}$

$3 \times 1\dfrac{7}{9} = 3 \times \dfrac{16}{\underset{3}{9}} = \dfrac{16}{3} = 5\dfrac{1}{3}$

➡ $6\dfrac{2}{3} + 5\dfrac{1}{3} = 12$

14 ㉠ $\dfrac{3}{4} \times 1\dfrac{2}{3} = \dfrac{3}{4} \times \dfrac{5}{\underset{1}{3}} = \dfrac{5}{4} = 1\dfrac{1}{4}$

㉡ $3\dfrac{2}{3} \times \dfrac{5}{11} = \dfrac{\overset{1}{11}}{3} \times \dfrac{5}{\underset{1}{11}} = \dfrac{5}{3} = 1\dfrac{2}{3}$

㉢ $1\dfrac{2}{5} \times 1\dfrac{2}{3} = \dfrac{7}{5} \times \dfrac{\overset{1}{5}}{3} = \dfrac{7}{3} = 2\dfrac{1}{3}$

15 어제 읽고 난 나머지는 전체의 $1 - \dfrac{2}{5} = \dfrac{3}{5}$이므로

오늘 읽은 양은 전체의 $\dfrac{3}{5} \times \dfrac{1}{4} = \dfrac{3}{20}$입니다.

16 동환: 주영이의 $\dfrac{3}{5}$ ➡ $\overset{9}{45} \times \dfrac{3}{\underset{1}{5}} = 27$(개)

현경: 동환이의 $1\dfrac{5}{9}$

➡ $27 \times 1\dfrac{5}{9} = \overset{3}{27} \times \dfrac{14}{\underset{1}{9}} = 42$(개)

18 3분 45초 $= 3\dfrac{45}{60}$분 $= 3\dfrac{3}{4}$분이므로 3분 45초

동안 받은 물은 모두 $4 \times 3\dfrac{3}{4} = \overset{1}{4} \times \dfrac{15}{\underset{1}{4}} = 15$ (L)

입니다.

20 $\overset{170}{\overset{10}{850}} \times \dfrac{4}{5} \times \dfrac{9}{17} = 360$ (cm²)

3회 단원 평가 기출
42~44쪽

1 (위) 2, (아래) 3 ; $\dfrac{4}{15}$ **2** (위에서부터) 7, 7,

$\dfrac{49}{12}$, $4\dfrac{1}{12}$ **3** (1) $4\dfrac{1}{5}$ (2) $4\dfrac{1}{2}$ **4** $\dfrac{10}{21}$

5 $\dfrac{3}{5} \times \dfrac{8}{\underset{3}{9}} \times \dfrac{7}{\underset{5}{10}} = \dfrac{1 \times 4 \times 7}{5 \times 3 \times 5} = \dfrac{28}{75}$ **6** (1) $>$ (2)

$=$ **7** 예 $\dfrac{1}{6} \times \dfrac{1}{8} = \dfrac{1}{48}$, $\dfrac{1}{\Box} \times \dfrac{1}{12} = \dfrac{1}{\Box \times 12}$

➡ $\dfrac{1}{\Box \times 12} = \dfrac{1}{48}$이므로 $\Box \times 12 = 48$, $\Box = 4$;

4 8 ㉢, ㉣ **9** $11\frac{1}{2}$ **10** 예 정사각형은 네 변의 길이가 같으므로 정사각형의 둘레는 (한 변의 길이)×4입니다. 따라서 정사각형의 둘레는 $\frac{5}{\overset{3}{6}}\times\overset{2}{4}=\frac{10}{3}=3\frac{1}{3}$ (m)입니다. ; $3\frac{1}{3}$ m **11** ④

12 예 6, 7 **13** $2\frac{2}{5}$ m **14** 11개 **15** $9\frac{23}{48}$ km

16 $\frac{3}{10}$ **17** $106\frac{2}{3}$ cm² **18** $33\frac{3}{5}$ cm²

19 36살 **20** 예 저축: $\overset{2250}{9000}\times\frac{3}{\underset{1}{4}}=6750$(원),

선물: $\overset{1800}{9000}\times\frac{1}{\underset{1}{5}}=1800$(원), 남은 돈: $9000-$

$6750-1800=450$(원) ; 450원

풀이

2 대분수를 가분수로 고쳐서 계산합니다.

3 (1) $\frac{7}{\underset{5}{15}}\times\overset{3}{9}=\frac{21}{5}=4\frac{1}{5}$

(2) $\overset{3}{12}\times\frac{3}{\underset{2}{8}}=\frac{9}{2}=4\frac{1}{2}$

4 $\frac{5}{\underset{3}{9}}\times\frac{\overset{2}{6}}{7}=\frac{10}{21}$

5 세 분수의 곱셈은 분자는 분자끼리, 분모는 분모끼리 곱합니다.

6 (1) 곱해지는 수가 같고 곱하는 수가 $\frac{1}{3}>\frac{1}{5}$이

므로 $\frac{4}{7}\times\frac{1}{3}>\frac{4}{7}\times\frac{1}{5}$입니다.

(2) 곱하는 두 수의 순서를 바꾸어 곱해도 계산 결과는 같습니다.

8 5에 진분수를 곱하면 곱한 결과는 5보다 작고, 5에 가분수나 대분수를 곱하면 곱한 결과는 5보다 큽니다.

9 ㉠ $\overset{3}{18}\times\frac{5}{\underset{2}{12}}=\frac{15}{2}=7\frac{1}{2}$

㉡ $1\frac{2}{3}\times2\frac{2}{5}=\frac{5}{\underset{1}{3}}\times\frac{\overset{4}{12}}{5}=4$

➡ $7\frac{1}{2}+4=11\frac{1}{2}$

11 ① $\frac{9}{5}\times7=\frac{63}{5}=12\frac{3}{5}$

② $\frac{7}{\underset{1}{3}}\times\overset{3}{9}=21$

③ $\frac{15}{4}\times5=\frac{75}{4}=18\frac{3}{4}$

④ $\frac{23}{\underset{1}{8}}\times\overset{1}{8}=23$ ⑤ $\frac{17}{\underset{1}{4}}\times\overset{1}{4}=17$

12 $\frac{1}{\square}\times\frac{1}{\square}$ 에서 분모에 큰 수가 들어갈수록 계산 결과가 작아집니다. 따라서 두 장의 카드를 사용하여 계산 결과가 가장 작은 식을 만들려면 수 카드 6과 7을 사용해야 합니다.

13 $4\times\frac{3}{5}=\frac{12}{5}=2\frac{2}{5}$ (m)

14 $\frac{1}{8}\times\frac{1}{3}=\frac{1}{24}$, $\frac{1}{3}\times\frac{1}{4}=\frac{1}{12}$입니다. 따라서 □ 안에 알맞은 자연수는 12보다 크고 24보다 작은 수이므로 모두 11개입니다.

15 2시간 10분=$2\frac{1}{6}$시간

$4\frac{3}{8}\times2\frac{1}{6}=\frac{35}{8}\times\frac{13}{6}=\frac{455}{48}=9\frac{23}{48}$ (km)

16 (감자를 심은 밭의 넓이)

$=\left(1-\frac{1}{4}\right)\times\frac{2}{5}=\frac{3}{\underset{2}{4}}\times\frac{\overset{1}{2}}{5}=\frac{3}{10}$

17 $\overset{40}{200}\times\frac{2}{3}\times\frac{4}{5}=\frac{320}{3}=106\frac{2}{3}$ (cm²)

18 $8\frac{2}{5}\times5-4\frac{1}{5}\times2=\frac{42}{\underset{1}{5}}\times\overset{1}{5}-\frac{21}{5}\times2$

$=42-\frac{42}{5}$

$=42-8\frac{2}{5}=33\frac{3}{5}$ (cm²)

19 (삼촌의 나이)=$12\times1\frac{1}{4}\times2\frac{2}{5}$

$=\overset{3}{12}\times\frac{5}{\underset{1}{4}}\times\frac{12}{\underset{1}{5}}=36$(살)

정답과 풀이

4회 단원 평가 실전

45~47쪽

1 4, 12, $2\frac{2}{5}$ **2** 풀이 참조 **3** (1) $2\frac{2}{5}$ (2) $\frac{10}{81}$

4 (위에서부터) $8\frac{3}{4}$, $40\frac{1}{2}$, $10\frac{1}{2}$, $33\frac{3}{4}$ **5**

$\frac{8}{\overset{5}{\cancel{15}}} \times \overset{4}{\cancel{12}} = \frac{32}{5} = 6\frac{2}{5}$; 예 분모와 자연수를 약분해야 하는데 분자와 자연수를 약분하였습니다.

6 (1) ㉡ (2) ㉠ (3) ㉢ **7** $3\frac{3}{7}$ **8** $\frac{2}{7}$ **9** ③

10 15 L **11** 예 일주일은 7일이므로 오리 20마리가 7일 동안 먹는 사료는 $1\frac{1}{5} \times 7 = \frac{6}{5} \times 7 =$

$\frac{42}{5} = 8\frac{2}{5}$ (kg)입니다. ; $8\frac{2}{5}$ kg **12** $76\frac{1}{2}$ kg

13 4, 5, 6, 7 **14** $\frac{1}{12}$ **15** 40 cm **16**

$8\frac{1}{2}$ cm² **17** $\frac{20}{27}$ km **18** 예 1시간 24분은

$1\frac{24}{60} = 1\frac{2}{5}$(시간)입니다. $3\frac{3}{14} \times 1\frac{2}{5} = \frac{\overset{9}{\cancel{45}}}{\cancel{14}}$

$\times \frac{\overset{1}{\cancel{7}}}{5} = \frac{9}{2} = 4\frac{1}{2}$ (km) ; $4\frac{1}{2}$ km **19** $4\frac{1}{32}$ m

20 예 오늘 읽은 양은 책 한 권의 $\left(1 - \frac{2}{5}\right) \times \frac{3}{4}$

$= \frac{3}{5} \times \frac{3}{4} = \frac{9}{20}$입니다. 따라서 오늘 읽은 양은

$\overset{10}{\cancel{200}} \times \frac{9}{\cancel{20}} = 90$(쪽)입니다. ; 90쪽

풀이

2 (1) $\overset{8}{\cancel{24}} \times \frac{2}{\underset{3}{\cancel{9}}} = \frac{\boxed{8} \times 2}{3} = \frac{\boxed{16}}{3} = \boxed{5\frac{1}{3}}$

(2) $26 \times 1\frac{4}{39} = 26 \times \frac{\boxed{2}}{\underset{3}{\cancel{39}}} = \frac{\boxed{43}}{3}$ $= \boxed{28\frac{2}{3}}$

4 $\frac{7}{\underset{4}{\cancel{12}}} \times \overset{5}{\cancel{15}} = \frac{35}{4} = 8\frac{3}{4}$

$18 \times 2\frac{1}{4} = \overset{9}{\cancel{18}} \times \frac{9}{\underset{2}{\cancel{4}}} = \frac{81}{2} = 40\frac{1}{2}$

$\frac{7}{\underset{2}{\cancel{12}}} \times \overset{3}{\cancel{18}} = \frac{21}{2} = 10\frac{1}{2}$

$15 \times 2\frac{1}{4} = 15 \times \frac{9}{4} = \frac{135}{4} = 33\frac{3}{4}$

6 (1) $\frac{7}{12} \times 8 = \frac{7 \times 8}{12}$, $\frac{8}{12} \times 7 = \frac{8 \times 7}{12}$

(2) $1\frac{3}{4} \times 5 = \frac{7}{4} \times 5$

(3) $2\frac{5}{6} \times 8 = \frac{17}{\underset{3}{\cancel{6}}} \times \overset{4}{\cancel{8}} = \frac{17}{3} \times 4$

7 $1\frac{3}{5} \times 2\frac{1}{7} = \frac{8}{5} \times \frac{\overset{3}{\cancel{15}}}{7} = \frac{24}{7} = 3\frac{3}{7}$

8 $\frac{5}{\underset{3}{\cancel{9}}} \times \frac{\overset{2}{\cancel{6}}}{7} \times \frac{3}{5} = \frac{1 \times 2 \times 1}{1 \times 7 \times 1} = \frac{2}{7}$

9 ① $\frac{1}{28}$ ② $\frac{1}{24}$ ③ $\frac{1}{18}$ ④ $\frac{1}{30}$ ⑤ $\frac{1}{27}$

단위분수의 크기는 분모가 작을수록 큰 것입니다.

10 $\frac{5}{8} \times \overset{3}{\cancel{24}} = 15$ (L)

12 $34 \times 2\frac{1}{4} = \overset{17}{\cancel{34}} \times \frac{9}{\underset{2}{\cancel{4}}} = \frac{153}{2} = 76\frac{1}{2}$ (kg)

13 $48 > 6 \times \square > 20$이므로 $\square = 4, 5, 6, 7$입니다.

15 1 m = 100 cm이므로 $\overset{20}{\cancel{100}} \times \frac{2}{5} = 40$ (cm)입니다.

16 색칠한 부분의 넓이는 전체 정사각형의 넓이의

$\frac{5}{9}$이므로

$15\frac{3}{10} \times \frac{5}{9} = \frac{\overset{17}{\cancel{153}}}{\underset{2}{\cancel{10}}} \times \frac{\overset{1}{\cancel{5}}}{\underset{1}{\cancel{9}}} = \frac{17}{2} = 8\frac{1}{2}$ (cm²)

입니다.

17 $\frac{8}{\underset{3}{\cancel{9}}} \times \frac{5}{\overset{4}{\cancel{6}}} = \frac{20}{27}$ (km)

19 $7\frac{1}{6} \times \frac{3}{4} \times \frac{3}{4} = \frac{\overset{43}{\cancel{43}}}{\underset{2}{\cancel{6}}} \times \frac{3}{4} \times \frac{3}{4}$

$= \frac{129}{32} = 4\frac{1}{32}$ (m)

1 **1단계** $\frac{7}{16}$ kg **2단계** $\frac{2}{3}$ kg **3단계** 진우

1-1 예 (주영이가 사용한 설탕의 양)$=2\times\frac{4}{5}=\frac{8}{5}$

$=1\frac{3}{5}$ (kg) / (윤재가 사용한 설탕의 양)$=5\times\frac{3}{8}$

$=\frac{15}{8}=1\frac{7}{8}$ (kg) / $1\frac{3}{5}$과 $1\frac{7}{8}$을 최소공배수인

40으로 통분하면 $1\frac{24}{40}$와 $1\frac{35}{40}$입니다. 따라서

$1\frac{3}{5}<1\frac{7}{8}$이므로 윤재가 설탕을 더 많이 사용했

습니다. ; 윤재

2 **1단계** $5\frac{1}{4}$ **2단계** $1\frac{4}{5}$ **3단계** $9\frac{9}{20}$

2-1 예 만들 수 있는 가장 큰 대분수는 $7\frac{2}{3}$이고,

가장 작은 대분수는 $2\frac{3}{7}$입니다. 따라서 두 수의

곱은 $7\frac{2}{3}\times2\frac{3}{7}=\frac{23}{3}\times\frac{17}{7}=\frac{391}{21}=18\frac{13}{21}$

입니다. ; $18\frac{13}{21}$

3 **1단계** $176\,\text{cm}^2$ **2단계** $44\,\text{cm}^2$

3단계 $132\,\text{cm}^2$

3-1 예 (도화지의 넓이)$=9\frac{1}{6}\times10\frac{4}{5}=\frac{\overset{11}{55}}{\underset{1}{6}}$

$\times\frac{\overset{9}{54}}{\underset{1}{5}}=99$ (cm^2) / (색칠한 부분의 넓이)$=$

$\overset{33}{99}\times\frac{2}{3}=66$ (cm^2) 따라서 색칠하지 않은 부분

의 넓이는 $99-66=33$ (cm^2)입니다. ; $33\,\text{cm}^2$

4 예 (진우네 반 남학생의 수)$=\overset{2}{30}\times\frac{8}{\underset{1}{15}}=16$(명)

/ (축구를 좋아하는 남학생의 수)$=\overset{4}{16}\times\frac{3}{\underset{1}{4}}=$

12(명) / (축구 선수인 남학생의 수)$=\overset{2}{12}\times\frac{1}{\underset{1}{6}}=$

2(명) ; 2 명

5 예 2시간 30분은 $2\frac{30}{60}$시간$=2\frac{1}{2}$시간입니다.

(진희가 2시간 30분 동안 걸은 거리)$=3\frac{4}{5}$

$\times2\frac{1}{2}=\frac{19}{5}\times\frac{5}{2}=\frac{19}{2}=9\frac{1}{2}$ (km) / (현우가 2

시간 30분 동안 걸은 거리)$=4\frac{1}{3}\times2\frac{1}{2}=\frac{13}{3}\times$

$\frac{5}{2}=\frac{65}{6}=10\frac{5}{6}$ (km) 따라서 두 사람이 2시간

30분 동안 걸은 거리의 차는 $10\frac{5}{6}-9\frac{1}{2}=10\frac{5}{6}$

$-9\frac{3}{6}=1\frac{2}{6}=1\frac{1}{3}$ (km)입니다. ; $1\frac{1}{3}$ km

풀이

1 **1단계** $\frac{5}{8}\times\frac{7}{10}=\frac{7}{16}$ (kg)

2단계 $\frac{\overset{1}{5}}{\underset{3}{6}}\times\frac{\overset{2}{4}}{5}=\frac{2}{3}$ (kg)

3단계 $\frac{7}{16}$과 $\frac{2}{3}$를 최소공배수인 48로 통분하

면 $\frac{21}{48}$과 $\frac{32}{48}$입니다. $\frac{7}{16}<\frac{2}{3}$이므로

진우가 밀가루를 더 많이 사용했습니다.

2 **1단계** 자연수 부분에 가장 큰 수를 놓고 나머지

로 진분수를 만듭니다.

2단계 자연수 부분에 가장 작은 수를 놓고 나머

지로 진분수를 만듭니다.

3단계 $5\frac{1}{4}\times1\frac{4}{5}=\frac{21}{4}\times\frac{9}{5}=\frac{189}{20}=9\frac{9}{20}$

3 **1단계** $10\frac{2}{3}\times16\frac{1}{2}=\frac{\overset{16}{32}}{\underset{1}{3}}\times\frac{\overset{11}{33}}{\underset{1}{2}}=176$ (cm^2)

2단계 $\overset{44}{176}\times\frac{1}{4}=44$ (cm^2)

3단계 $176-44=132$ (cm^2)

[다른 풀이] $\overset{44}{176}\times\frac{3}{4}=132$ (cm^2)

4 [다른 풀이] $\overset{2}{30}\times\frac{8}{\underset{1}{15}}\times\frac{3}{\underset{1}{4}}\times\frac{1}{\underset{2}{6}}=2$(명)

정답과 풀이

수학 익힘 풀기   53쪽

1 가, 다   **2** 풀이 참조   **3** 가와 바, 다와 마   **4**
(1) 점 ㅊ (2) 변 ㅇㅅ (3) 각 ㅊㅈㅇ   **5** (1) 65° (2)
32 mm   **6** 각 ㄹㄴㄷ

풀이

1 포개었을 때 완전히 겹치는 두 도형이 되는 것은 가와 다입니다. 도형 나는 정삼각형이 아닙니다.

2 **예**

주어진 도형과 포개었을 때 완전히 겹치도록 그립니다.

3 모양과 크기가 같아서 포개었을 때 완전히 겹치는 두 도형은 가와 바, 다와 마입니다.

5 (1) 각 ㅂㄹㅁ의 대응각은 ㄱㄴㄷ입니다.
    (2) 변 ㄹㅂ의 대응변은 변 ㄴㄱ입니다.

6 삼각형 ㄱㄴㄹ과 삼각형 ㄷㄹㄴ은 합동입니다.

수학 익힘 풀기   55쪽

1 나, 다   **2** 풀이 참조   **3** (1) 점 ㅅ (2) 변 ㅂㅁ (3)
각 ㅇㅅㅂ   **4** ㉠ 140° ㉡ 110°   **5** 풀이 참조

풀이

1 접었을 때 완전히 겹치는 도형을 찾습니다.

2 (1)   (2)

도형이 완전히 겹치도록 접을 수 있는 선을 찾습니다.

3 대칭축 ㅈㅊ을 중심으로 접었을 때 겹치는 부분을 찾습니다.

4 선대칭도형에서 대응각의 크기는 같습니다.

---

5 (1)   (2)
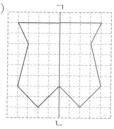 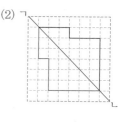

대응점을 찾아 표시한 후 차례로 이어 선대칭도형을 완성합니다.

수학 익힘 풀기   57쪽

1 나   **2** 풀이 참조   **3** (1) 점 ㅂ (2) 변 ㅅㅈ (3)
각 ㅅㅈㄱ   **4** 4 cm   **5** 길이가 서로 같습니다.
6 풀이 참조

풀이

1 어떤 점을 중심으로 180° 돌렸을 때 처음 도형과 완전히 겹치는 도형을 찾습니다.

2 (1)   (2)

대응점끼리 선분을 이어 보면 대칭의 중심이 생깁니다.

3 180° 돌려서 겹치는 점, 변, 각을 찾으면 대응점, 대응변, 대응각을 찾을 수 있습니다.

4 점대칭도형은 대응변의 길이가 같으므로 변 ㄱㄴ과 변 ㄹㅁ의 길이는 같습니다. 변 ㄱㄴ의 길이를 □라고 하면 3+3+5+ 5+□+□=24입니다. 따라서 □=4입니다.

5 대칭의 중심은 대응점끼리 이은 선분을 둘로 똑같이 나눕니다.

6 (1)   (2)
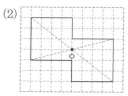

1 합동   **2** 다   **3** ④   **4** 점 ㄹ, 점 ㅂ, 점 ㅁ   **5** 6쌍   **6** ①, ③   **7** 5개   **8** 나, 다, 바   **9** ㉣   **10** 12 cm   **11** 15°   **12** ④   **13** (위에서부터) 80, 12   **14** ⑩ 삼각형 ㄱㄴㄷ과 삼각형 ㄱㄷㄹ은 서로 합동입니다. 합동인 도형에서 대응각의 크기는 같으므로 (각 ㄱㄷㄴ)=(각 ㄷㄱㄹ)=35°입니다. ; 35°   **15** 점 ㄹ, 점 ㅁ, 점 ㅂ   **16** 풀이 참조   **17** (왼쪽에서부터) 5, 2   **18** ⑩ (각 ㄷㄹㄴ)=(각 ㅂㅁㄴ)=180°−100°=80°, (각 ㅂㄷㄹ)=(각 ㄷㅂㅁ)이므로 사각형 ㄷㄹㅁㅂ에서 (각 ㅂㄷㄹ)을 □라고 하면 □+□+80+80=360, □+□=200, □=100 ; 100°   **19** 풀이 참조   **20** 34 cm

풀이

2 가와 모양과 크기가 같아서 포개었을 때 완전히 겹치는 도형은 다입니다.

3 나누어진 두 도형을 포개었을 때 완전히 겹치는 것은 ④입니다.

4 두 도형을 포개었을 때 겹치는 점을 찾아봅니다.

5 두 도형은 서로 합동인 육각형이므로 대응변은 6쌍 있습니다.

6 한 도형을 어떤 직선으로 접어서 완전히 겹치는 도형을 선대칭 도형이라고 합니다.

7 대칭축을 중심으로 접으면 완전히 겹쳐져야 합니다.

8 한 도형을 어떤 점을 중심으로 180° 돌렸을 때 처음 도형과 완전히 겹치는 도형을 점대칭도형이라고 합니다.

9 점대칭도형에서 대칭의 중심을 중심으로 180° 돌렸을 때 처음 도형과 완전히 겹칩니다.

10 합동인 도형에서 대응변의 길이는 같으므로 (변 ㄴㄷ)=(변 ㅁㄹ)=12 cm입니다.

11 합동인 도형에서 대응각의 크기는 같으므로 (변 ㅂㄹㅁ)=(변 ㄱㄷㄴ)=180°−130°−35° =15°입니다.

12 ① 2개   ② 4개   ③ 3개

④ 무수히 많습니다.   ⑤ 5개

15 점 ㅇ을 중심으로 180° 돌렸을 때 겹치는 점을 대응점이라고 합니다.

16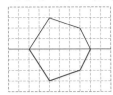

대칭축을 따라 접었을 때 완전히 겹치도록 그립니다.

17 선대칭도형에서 대응변의 길이는 같습니다.

19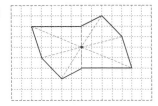

① 각 점에서 대칭의 중심을 지나는 직선을 긋습니다.

② 각 점에서 대칭의 중심까지의 길이가 같도록 대응점을 찾아 표시합니다.

③ 각 대응점을 이어 점대칭도형을 완성합니다.

20 (4+7+4+2)×2=17×2=34 (cm)

1 3쌍   **2** 나, 라, 마, 바   **3** 나, 다, 바   **4** 풀이 참조   **5** 점 ㅅ, 점 ㅁ   **6** 60°   **7** ㉡, ㉣   **8** 풀이 참조   **9** 70°   **10** ⑩ 변 ㄹㄷ의 대응변은 변 ㅁㅂ이므로 변 ㄹㄷ은 11 cm이고, 변 ㄴㄷ의 대응변은 변 ㅅㅂ이므로 변 ㄴㄷ은 12 cm입니다. 따라서 사각형 ㄱㄴㄷㄹ의 둘레는 8+5+12+11=36 (cm)입니다. ; 36 cm   **11** ㉡, ㉣   **12** ①, ⑤   **13** 풀이 참조   **14** (1) ㄷ (2) ㄷㄹ (3) ㄷㄹㄱ   **15** 100   **16** 24 cm   **17** ⑩ (변 ㄹㄷ) =(변 ㄱㄷ)=6 cm / (변 ㄱㄴ)=(변 ㄹㅁ)= 10 cm / (변 ㅁㄷ)=(변 ㄴㄷ)=(변 ㄴㄹ)+(변 ㄹㄷ) =2+6=8 (cm) / (도형의 둘레)=10+2+10 +8+6=36 (cm) ; 36 cm   **18** 46 cm   **19** ⑩ 점대칭도형에서 각각의 대응점에서 대칭의 중심까지의 거리는 같습니다. 따라서 선분 ㅇㄹ은 16÷2=8 (cm)입니다. ; 8 cm   **20** 64 cm

정답과 풀이

1 도형 가와 도형 사
도형 다와 도형 자 ➡ 3쌍
도형 마와 도형 차

2~3
가   나   다

라   마   바

4 예

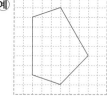

주어진 도형과 포개었을 때 완전히 겹치도록 그립니다.

6 서로 합동인 두 도형에서 대응각의 크기는 같으므로 (각 ㅁㅇㅅ)=(각 ㄷㄴㄱ)=60°

7 직선 ㉠과 ㉢을 따라 접으면 겹쳐지지 않습니다.

8

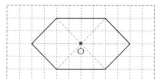

180° 돌렸을 때 처음 도형과 완전히 겹치게 하는 점을 찾습니다.

9 각 ㄱㄹㄷ의 대응각은 각 ㅇㅁㅂ이므로 각 ㄱㄹㄷ은 70°입니다.

11 선대칭도형: ㉡, ㉢, ㉣   점대칭도형: ㉠, ㉡, ㉣

12 항상 모양과 크기가 같은 도형을 찾으면 ①과 ⑤입니다.
③ 세 각의 크기가 같더라도 삼각형의 각 변의 길이가 다를 수 있습니다.

13

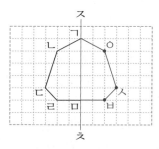

선대칭도형의 대응점을 연결하면 대칭축에 대해

수직이고, 같은 거리에 있습니다.

14 점대칭도형은 한 점을 중심으로 180° 돌렸을 때, 처음 도형과 완전히 겹쳐지므로 변 ㄱㄴ과 길이가 같은 변은 변 ㄷㄹ이고, 각 ㄱㄴㄷ과 크기가 같은 각은 각 ㄷㄹㄱ입니다.

15 각 ㄹㅁㅂ은 각 ㄴㄱㅂ의 대응각이므로
(각 ㄹㅁㅂ)=(각 ㄴㄱㅂ)=100°입니다.

16 (선분 ㄷㅊ)=12 cm
(선분 ㄷㅁ)=(선분 ㄷㅊ)+(선분 ㅊㅁ)
      =(선분 ㄷㅊ)+(선분 ㄷㅊ)
      =12+12=24 (cm)

18 선대칭도형에서 대응변의 길이는 같으므로
(선분 ㄴㅁ)=5 cm, (선분 ㄴㄷ)=12 cm,
(선분 ㄹㅂ)=6 cm
따라서 사각형 ㄱㄴㄷㄹ의 둘레는
5+5+12+6+6+12=46 (cm)입니다.

20 (선분 ㅁㅈ)=(선분 ㄷㅈ)=2 cm이므로
(선분 ㄷㅁ)=2+2=4 (cm)이고,
마름모의 네 변의 길이는 모두 같으므로
(도형의 둘레)=(9×4)×2−4×2=64 (cm)

3회 단원 평가 〔기출〕   64~66쪽

1 가와 다, 라와 바   **2** 다   **3** 풀이 참조   **4** ③, ④   **5** 3쌍, 3쌍, 3쌍   **6** 9 cm   **7** 51°   **8** ㅇ, ㅂ   **9** 변 ㄹㄱ   **10** 풀이 참조   **11** 풀이 참조   **12** 풀이 참조   **13** ②   **14** 예 (각 ㄹㄷㅂ)=180°−100°=80° 선대칭도형에서 대응각의 크기는 같습니다. 각 ㄱㄴㅂ의 대응각은 각 ㄹㄷㅂ이므로 각 ㄱㄴㅂ은 80°입니다. ; 80°   **15** 나   **16** 풀이 참조   **17** 예 두 삼각형은 서로 합동이므로 둘레가 같습니다. 변 ㅁㅂ의 대응변은 변 ㄱㄴ이므로 (변 ㅁㅂ)=(변 ㄱㄴ)=18−8−4=6 (cm)입니다. ; 6 cm   **18** 110°   **19** 30 cm   **20** 예 완성한 선대칭도형을 그리면 왼쪽 그림과 같습니다. 따라서 선대칭도형의 넓이는 (8+12)×5÷2=50 (cm²)입니다. ; 50 cm²

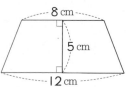

풀이

1 모양과 크기가 같아서 포개었을 때 완전히 겹치는 두 도형을 찾습니다.

2 다는 나머지 도형과 겹쳤을 때 완전히 겹치지 않습니다.

3 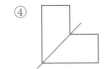 주어진 도형과 겹쳤을 때 완전히 겹치도록 그립니다.

4 ③ ④

한 직선을 따라 접었을 때 완전히 겹치는 도형을 선대칭도형이라고 합니다.

5 두 도형은 서로 합동인 삼각형이므로 대응점, 대응변, 대응각은 각각 3쌍 있습니다.

6 변 ㄹㅂ의 대응변은 변 ㄷㄴ이므로 변 ㄹㅂ은 9 cm입니다.

7 (각 ㄴㄱㄷ)=(각 ㅂㅁㄹ)=90°
(각 ㄱㄷㄴ)=180°-90°-39°=51°

8 180° 돌렸을 때 처음과 같은 모양인 숫자는 0과 8입니다.

9 변 ㄴㄷ의 대응변은 변 ㄹㄱ입니다.

10 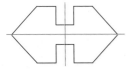 한 직선을 따라 접어서 완전히 겹쳐지도록 대칭축을 그립니다.

11 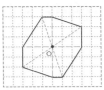 각각의 대응점을 연결하였을 때 선분끼리 만나는 점이 대칭의 중심입니다.

12 

정육각형의 중심을 지나도록 선을 3개 그어 모양과 크기가 같도록 나눕니다.

13 ②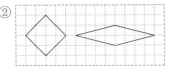

두 마름모는 넓이가 서로 같지만 모양은 다르므로 합동이 아닙니다.

15 가: 2개, 나: 8개, 다: 6개

16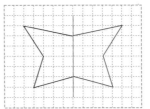

대칭축을 따라 접었을 때 완전히 겹쳐지도록 그립니다.

18 (각 ㄹㄷㄴ)=180°-30°-40°=110°
각 ㄴㄱㄹ의 대응각은 각 ㄹㄷㄴ이므로 각 ㄴㄱㄹ은 110°입니다.

19 선대칭도형에서 대응변의 길이는 각각 같으므로 둘레는 6+5+4+4+5+6=30 (cm)입니다.

4회 단원 평가 실전   67~69쪽

1 다 2 ⑤ 3 풀이 참조 4 각 ㅇㅁㅂ 5 나, 다, 라 6 가, 다, 바 7 7 cm 8 80° 9 12 cm 10 점 ㅂ 11 ③ 12 점 ㅁ, 변 ㄹㅁ, 각 ㅁㅂㄱ 13 ⑩ 삼각형 ㄱㄴㄷ에서 각 ㄴㄱㄷ은 180°-90°-25°=65°입니다. 합동인 도형에서 대응각의 크기는 같으므로 (각 ㄷㄹㄴ)=(각 ㄴㄱㄷ)=65°입니다. ; 65° 14 110 15 ⑩ 선대칭도형은 대응변의 길이가 같으므로 (선분 ㄱㄷ)=(선분 ㄱㄹ)=8 cm, (선분 ㄷㄴ)=(선분 ㄹㄴ)=4 cm입니다. 따라서 선대칭도형의 둘레는 8+4+4+8=24 (cm)입니다. ; 24 cm 16 ⑩ 합동인 도형에서 대응각의 크기는 같으므로 (각 ㄹㄷㄴ)=(각 ㄱㄴㄷ)=100°입니다. (각 ㄱㄷㄴ)=(각 ㄹㄴㄷ)=180°-60°-100°=20°이므로 (각 ㄹㄷㅁ)=100°-20°=80°입니다. ; 80° 17 풀이 참조 18 7 cm 19 풀이 참조 20 ⑩ 점대칭도형에서 각 대응점과 대칭의 중심 사이의 거리는 같으므로 (선분 ㅁㅇ)=(선분 ㄴㅇ)= 8 cm입니다. (선분 ㄱㄹ)=36-8×2=20 (cm)이므로 (선분 ㄹㅇ)=20÷2=10 (cm)입니다. ; 10 cm

풀이

1 왼쪽 도형과 모양과 크기가 같아서 겹쳤을 때 완전히 겹치는 도형은 다입니다.

2

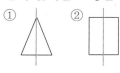

3 예

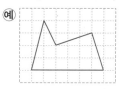

도형의 각 꼭짓점의 위치를 모눈종이에 표시하고 선으로 이어 합동인 도형을 그립니다.

4 두 사각형을 겹쳤을 때 겹치는 각을 찾아봅니다.

5~6

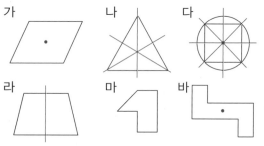

7 변 ㅁㅂ의 대응변은 변 ㄷㄱ이므로 변 ㅁㅂ은 7 cm입니다.

8 각 ㄹㄷㄴ의 대응각은 각 ㄱㄴㄷ이므로 각 ㄹㄷㄴ은 80°입니다.

9 변 ㄷㄹ의 대응변은 변 ㄴㄱ이므로 변 ㄷㄹ은 12 cm입니다.

10 한 점을 중심으로 180° 돌렸을 때 처음 도형과 완전히 겹쳐지게 하는 점을 찾습니다.

11 선대칭도형: ①, ②, ③, ⑤
점대칭도형: ③, ④

12 점 ㅇ을 중심으로 180° 돌렸을 때 완전히 겹치는 점, 변, 각을 찾습니다.

14 $360°-(90°+50°+110°)=110°$

17

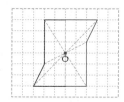

각 점에서 대칭의 중심을 지나는 직선을 긋습니다. ➡ 각 점에서 대칭의 중심까지의 길이가 같도록 대응점을 찾아 표시합니다. ➡ 각 대응점을 이어 점대칭도형을 완성합니다.

19

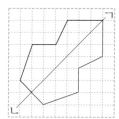

각 꼭짓점에서 대칭축에 대해 수직이고, 같은 거리에 있는 대응점을 찾아 찍고, 이 점들을 선분으로 연결하여 선대칭도형을 완성합니다.

탐구 서술형 평가   70~73쪽

1 **1단계** 30°   **2단계** 30°   **3단계** 120°

1-1 예 합동인 도형에서 대응각의 크기는 같으므로 (각 ㄱㄴㄷ)=(각 ㄹㄷㄴ)=80°입니다.
(각 ㅁㄴㄷ)=(각 ㅁㄷㄴ)=180°-80°-50°=50°,
삼각형 ㅁㄴㄷ에서 (각 ㄴㅁㄷ)=180°-50°-50°=80°, 일직선은 180°이므로 (각 ㄱㅁㄴ)=180°-80°=100°, (각 ㄱㅁㄹ)=180°-100°=80°입니다. ; 80°

2 **1단계** 4 cm   **2단계** 40 cm²

2-1 예 대응점을 이은 선분은 대칭축에 의해 똑같이 둘로 나누어지므로 (선분 ㄴㅁ)=(선분 ㄹㅁ)=10÷2=5 (cm)입니다.
(사각형 ㄱㄴㄷㄹ의 넓이)=
(삼각형 ㄱㄴㄷ의 넓이)+(삼각형 ㄱㄹㄷ의 넓이)
=12×5÷2+12×5÷2=60 (cm²) ; 60 cm²

3 **1단계** 5 cm   **2단계** 12 cm, 8 cm, 5 cm
  3단계 50 cm

3-1 예 (선분 ㄴㅇ)=(선분 ㅁㅇ)=6 cm이므로 (변 ㅁㅂ)=18-6-6=6 (cm)입니다.
점대칭도형에서 대응변의 길이는 같으므로
(변 ㄴㄷ)=(변 ㅁㅂ)=6 cm,
(변 ㄹㅁ)=(변 ㄱㄴ)=14 cm,

(변 ㄱㅂ)=(변 ㄹㄷ)=9 cm

따라서 점대칭도형의 둘레는 14+6+9+14+6+9=58 (cm)입니다. ; 58 cm

4 (예) 합동인 두 직각삼각형을 모으면 가로가 10 cm, 세로가 6 cm인 직사각형을 만들 수 있습니다. (두 직각삼각형의 넓이의 합)=10×6=60 (cm²) / (색칠한 부분의 넓이)=60+8=68 (cm²) ; 68 cm²

5 (예) 선대칭도형이므로 (각 ㄷㄱㄹ)=(각 ㄴㄱㄹ)=30°, (각 ㄴㄱㄷ)=30°+30°=60°입니다.
(각 ㄱㄴㄹ)+(각 ㄱㄹㄴ)=180°−60°=120°,
(각 ㄱㄴㄹ)=(각 ㄱㄹㄴ)=120°÷2=60°
따라서 주어진 삼각형은 정삼각형입니다.
선분 ㄴㄹ의 길이가 8 cm이므로 삼각형의 한 변의 길이는 16 cm이고 삼각형 ㄱㄴㄷ의 둘레는 16×3=48 (cm)입니다. ; 48 cm

풀이

1 **1단계** 합동인 도형에서 대응각의 크기는 같으므로 (각 ㄱㄴㄷ)=(각 ㄷㄹㄱ)=30°입니다.

2단계 삼각형 ㄱㄴㄷ에서
(각 ㄱㄷㄴ)=180°−120°−30°=30°

3단계 (각 ㄷㄱㄹ)=(각 ㄱㄷㄴ)=30°이므로 삼각형 ㄱㅁㄷ에서 (각 ㄱㅁㄷ)=180°−30°−30°=120°, 일직선은 180°이므로 (각 ㄱㅁㄴ)=180°−120°=60°, (각 ㄴㅁㄹ)=180°−60°=120°입니다.

2 **1단계** 대응점을 이은 선분은 대칭축에 의해 똑같이 둘로 나누어지므로 (선분 ㄴㅁ)=(선분 ㄹㅁ)=8÷2=4 (cm)입니다.

2단계 (사각형 ㄱㄴㄷㄹ의 넓이)=(삼각형 ㄱㄴㄷ의 넓이)+(삼각형 ㄱㄹㄷ의 넓이)
=10×4÷2+10×4÷2=40 (cm²)

3 **1단계** (선분 ㅇㄷ)=(선분 ㅇㅂ)=5 cm이므로 (변 ㄱㅂ)=15−5−5=5 (cm)입니다.

2단계 점대칭도형에서 대응변의 길이는 같습니다.

3단계 12+8+5+12+8+5=50 (cm)

수학 익힘 풀기 75쪽

1 0.6, 0.6, 0.6, 1.8 **2** 17, 17, 51, 0.51
3 9, 45, 45, 4.5 **4** (1) 4.8 (2) 2.38 **5** (1) 7.2+7.2+7.2=21.6 (2) 49.2+49.2+49.2+49.2=196.8 **6** (1) $\frac{117}{100} \times 9 = \frac{117 \times 9}{100}$ $= \frac{1053}{100} = 10.53$ (2) $\frac{19}{10} \times 2 = \frac{19 \times 2}{10} = \frac{38}{10}$ $=3.8$ **7** (1) 21.6 (2) 16.02 **8** (위에서부터) 21.6, 9.75

풀이

1 0.6×3은 0.6을 3번 더한 것과 같습니다.

2 분수를 소수로 나타낼 때에는 분모가 10, 100, 1000······인 분수로 나타낸 다음 소수로 고칩니다.

4 (1) $0.8 \times 6 = \frac{8}{10} \times 6 = \frac{48}{10} = 4.8$

(2) $0.34 \times 7 = \frac{34}{100} \times 7 = \frac{238}{100} = 2.38$

7 (1) $2.7 \times 8 = \frac{27}{10} \times 8 = \frac{216}{10} = 21.6$

(2) $5.34 \times 3 = \frac{534}{100} \times 3 = \frac{1602}{100} = 16.02$

8 $7.2 \times 3 = \frac{72}{10} \times 3 = \frac{216}{10} = 21.6$

$1.95 \times 5 = \frac{195}{100} \times 5 = \frac{975}{100} = 9.75$

수학 익힘 풀기 77쪽

1 (1) $4 \times \frac{7}{10} = \frac{4 \times 7}{10} = \frac{28}{10} = 2.8$ (2) $6 \times \frac{18}{100}$ $= \frac{6 \times 18}{100} = \frac{108}{100} = 1.08$ **2** (1) 6.4 (2) 4.3
3 (1) 6.3 (2) 3.6 **4** (1) > (2) = **5** 풀이 참조
6 390, 1.3, 39 **7** 49.8 kg

풀이

2 (1) 곱하는 수가 $\dfrac{1}{10}$배가 되면 곱의 결과도 $\dfrac{1}{10}$배가 됩니다.

(2) 곱하는 수가 $\dfrac{1}{100}$배가 되면 곱의 결과도 $\dfrac{1}{100}$배가 됩니다.

➡ 소수점 아래 마지막 0은 생략하여 나타낼 수 있으므로 4.30은 4.3으로 나타냅니다.

3 (1) $7 \times 0.9 = 7 \times \dfrac{9}{10} = \dfrac{63}{10} = 6.3$

(2) $5 \times 0.72 = 5 \times \dfrac{72}{100} = \dfrac{360}{100} = 3.6$

➡ 소수점 아래 마지막 0은 생략하여 나타낼 수 있으므로 3.60은 3.6으로 나타냅니다.

4 (1) $3 \times 0.3 = 0.9$, $4 \times 0.2 = 0.8$

(2) $4 \times 0.36 = 1.44$, $2 \times 0.72 = 1.44$

5

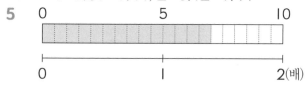

5의 1배는 5이고, 5의 0.4배는 2이므로 5의 1.4배는 7입니다. 그러므로 14칸을 색칠하면 됩니다.

6 소수점 아래 마지막 0은 생략하여 나타냅니다. 따라서 39.0은 39로 나타냅니다.

7 $6 \times 8.3 = 6 \times \dfrac{83}{10} = \dfrac{498}{10} = 49.8$ (kg)

수학 익힘 풀기 79쪽

1 (1) 0.35 (2) 0.168 **2** (1) $0.34 \times 0.7 =$ $\dfrac{34}{100} \times \dfrac{7}{10} = \dfrac{238}{1000} = 0.238$ (2) 풀이 참조

3 0.225 m² **4** (1) 10.14 (2) 9.656

5 식: $48.6 \times 1.2 = 58.32$ 답: 58.32 kg

6 (1) (위에서부터) 66.7, 667, 6670

(2) (위에서부터) 563, 56.3, 5.63

7 (1) 38.16 (2) 3.816

풀이

1 (1) $0.5 \times 0.7 = \dfrac{5}{10} \times \dfrac{7}{10} = \dfrac{35}{100} = 0.35$

(2) $0.56 \times 0.3 = \dfrac{56}{100} \times \dfrac{3}{10} = \dfrac{168}{1000} = 0.168$

2 (2)

34	×	7	=	238

$\dfrac{1}{100}$배 $\dfrac{1}{10}$배 $\dfrac{1}{1000}$배

0.34	×	0.7	=	0.238

3 $0.3 \times 0.75 = \dfrac{3}{10} \times \dfrac{75}{100} = \dfrac{225}{1000}$
$= 0.225$ (m²)

4 (1) $2.6 \times 3.9 = \dfrac{26}{10} \times \dfrac{39}{10} = \dfrac{1014}{100} = 10.14$

(2)
$$\begin{array}{r} 2.8\,4 \\ \times3.4 \\ \hline 1\,1\,3\,6 \\ 8\,5\,2 \\ \hline 9.6\,5\,6 \end{array}$$

5 [다른 풀이] 48.6의 0.2는 9.72이므로 $48.6 + 9.72 = 58.32$ (kg)이 됩니다.

6 (1) 10, 100, 1000의 0의 수만큼 소수점이 오른쪽으로 옮겨집니다.

(2) 0.1, 0.01, 0.001의 소수점 아래 자리 수만큼 소수점이 왼쪽으로 옮겨집니다.

7 곱하는 두 수의 소수점 아래 자리 수를 더한 것과 결괏값의 소수점 아래 자리 수는 같습니다.

1회 단원 평가 연습 80~82쪽

1 (1) 9, 9, 45, 4.5 (2) 21, 21, 147, 14.7

2 2.48 **3** (1) 16.5 (2) 6.64 **4** (위에서부터) 51.2, 5.12, 0.512 **5** (위에서부터) 0.84, 10.2, 5.1, 1.68 **6** 방법1 예) $7 \times 12 = 84$이고 1.2는 12의 $\dfrac{1}{10}$배이므로 7×1.2는 84의 $\dfrac{1}{10}$배인 8.4입니다. 방법2 예) $7 \times 1.2 = 7 \times \dfrac{12}{10} =$ $\dfrac{84}{10} = 8.4$ **7** ⑤ **8** 0.001 **9** 112.8 cm²

10 3 km **11** ㉠, ㉢ **12** 69.75 kg **13** 98.56 **14** ⑩ 2주일은 14일이고 공원의 둘레와 산책한 날수를 곱하면 되므로 1.2×14를 계산합니다. 따라서 (성민이가 2주일 동안 산책한 거리)=1.2×14=16.8 (km)입니다. ; 16.8 km **15** 10.4 km **16** ⑩ ㉠ 0.581×100=58.1 ㉢ 58.1×0.01=0.581, 따라서 58.1은 0.581의 100배이므로 ㉠은 ㉢의 100배입니다. ; 100배 **17** 201.96 **18** 8.75시간 **19** 10.67 **20** ⑩ 어떤 수를 □라 하면 잘못 계산한 식은 □+2.87=5.05이므로 □=5.05−2.87, □=2.18입니다. 따라서 바르게 계산한 값은 2.18×2.87=6.2566입니다. ; 6.2566

풀이

1 소수를 분수로 고쳐서 계산합니다.

2 곱하는 두 수의 소수점 아래 자리 수를 더한 것과 결괏값의 소수점 아래 자리 수는 같습니다.

3
(1)
$$\begin{array}{r} 1.5 \\ \times\ 1\ 1 \\ \hline 1\ 6.5 \end{array}$$
(2)
$$\begin{array}{r} 1.6\ 6 \\ \times\ \ \ \ 4 \\ \hline 6.6\ 4 \end{array}$$

5
$$\begin{array}{r} 3 \\ \times\ 0.2\ 8 \\ \hline 0.8\ 4 \end{array}$$
$$\begin{array}{r} 1.7 \\ \times\ \ \ 6 \\ \hline 1\ 0.2 \end{array}$$
$$\begin{array}{r} 3 \\ \times\ 1.7 \\ \hline 5.1 \end{array}$$
$$\begin{array}{r} 0.2\ 8 \\ \times\ \ \ \ 6 \\ \hline 1.6\ 8 \end{array}$$

7 ① 6.12 ② 61.2 ③ 6.12 ④ 0.612

8 소수점이 왼쪽으로 세 자리 옮겨졌으므로 0.001을 곱한 것입니다.

9 12×9.4=112.8 (cm²)

10
$$\begin{array}{r} 0.6 \\ \times\ \ \ 5 \\ \hline 3.0 \end{array}$$
➡ 승호가 5일 동안 뛴 거리는 3 km입니다.

11 ㉠ 5×0.62는 5×0.6인 3보다 큽니다.
㉢ 8×0.43은 8×0.4인 3.2보다 큽니다.
㉣ 3의 0.62는 3×0.62로 곱하는 수가 1보다 작으므로 곱은 3보다 작습니다.
㉣ 6의 0.48배는 6의 0.5배인 3보다 작습니다.

12 $75×0.93=75×\dfrac{93}{100}=\dfrac{6975}{100}=69.75$ (kg)

13 14.08＞12＞11.6＞7이므로 가장 큰 수는 14.08이고 가장 작은 수는 7입니다.
➡ 14.08×7=98.56

15 4×2.6=10.4 (km)

17 주어진 식의 ㉠ 대신에 28.74, ㉢ 대신에 16.5를 넣어 계산합니다.
➡ 28.74◆16.5=(28.74−16.5)×16.5
=12.24×16.5
=201.96

18 1시간 15분=$1\dfrac{15}{60}$시간=$1\dfrac{1}{4}$시간=1.25시간
일주일은 7일이므로 유진이는 일주일 동안 1.25×7=8.75(시간) 동안 수학 공부를 했습니다.

19 2.37×4.5=10.665, 26.7×0.4=10.68
➡ 10.665＜10.67＜10.68

2회 단원 평가 도전 83~85쪽

1 ㉢ **2** $8×\dfrac{61}{100}=\dfrac{8×61}{100}=\dfrac{488}{100}=4.88$

3 풀이 참조 **4** (1) 8.4 (2) 5.2 **5** ⑤ **6** (1) (위에서부터) 5.49, 54.9, 549 (2) (위에서부터) 273.5, 27.35, 2.735 **7** 50.4 cm² **8** 11.4 m² **9** ㉢, ㉣ **10** (1) 10 (2) 1000 **11** 3.12 m **12** ㉢ **13** ㉢ **14** ⑩ (어떤 수)÷1.33=48 ➡ (어떤 수)=48×1.33=63.84 ; 63.84 **15** 57.5 mm **16** ㉢ **17** 17 **18** 16 cm² **19** 8.2×7.5=61.5(또는 7.5×8.2=61.5) **20** ⑩ 3시간 30분=3.5시간 / 한 시간 후의 기차와 버스의 거리 차는 81.5−64.8=16.7 (km)입니다. 따라서 3시간 30분 후의 기차와 버스의 거리의 차는 16.7×3.5=58.45 (km)입니다. ; 58.45 km

풀이

1 $4.237 \times 100 = 423.7$

3 (1)
$$
\begin{array}{r}
1\ 6 \\
\times\ \ \ 0.9 \\
\hline
1\ 4.4
\end{array}
$$
(2)
$$
\begin{array}{r}
1\ 2 \\
\times\ \ \ 3.4 \\
\hline
4\ 8 \\
3\ 6\ \ \\
\hline
4\ 0.8
\end{array}
$$

4 (자연수)×(소수)에서 곱의 소수점의 위치는 곱하는 수의 소수점의 위치와 같습니다.

5 ⑤ $70 \times 0.09 = 6.3$

6 (1) 소수에 10, 100, 1000을 곱하면 소수점이 오른쪽으로 한 자리, 두 자리, 세 자리 옮겨집니다.

(2) 자연수에 0.1, 0.01, 0.001을 곱하면 소수점이 왼쪽으로 한 자리, 두 자리, 세 자리 옮겨집니다.

7 (평행사변형의 넓이)=(밑변의 길이)×(높이)
$$= 8.4 \times 6 = 50.4 \ (\text{cm}^2)$$

8 $3.8 \times 3 = 11.4 \ (\text{m}^2)$

9 어떤 수에 1보다 작은 수를 곱하면 처음 수보다 작아지고 1보다 큰 수를 곱하면 처음 수보다 커집니다.

10 (1) 소수점이 오른쪽으로 한 자리 옮겨졌으므로 10을 곱한 것입니다.

(2) 소수점이 오른쪽으로 세 자리 옮겨졌으므로 1000을 곱한 것입니다.

11 재환이가 가진 끈의 길이는 $1.2 \times 2.6 = 3.12 \ (\text{m})$입니다.

12 ㉠
$$
\begin{array}{r}
2 \\
\times\ \ 5.4 \\
\hline
1\ 0.8
\end{array}
$$
㉡
$$
\begin{array}{r}
3 \\
\times\ \ 3.6\ 6 \\
\hline
1\ 0.9\ 8
\end{array}
$$
㉢
$$
\begin{array}{r}
1\ 3 \\
\times\ \ \ \ 0.5 \\
\hline
6.5
\end{array}
$$
㉣
$$
\begin{array}{r}
7 \\
\times\ \ 1.0\ 8 \\
\hline
7.5\ 6
\end{array}
$$

13 ㉠ 100 ㉡ 0.01 ㉢ 1000

15 30초는 0.5분이므로 2분 30초는 2.5분입니다. 따라서 달팽이는 $23 \times 2.5 = 57.5 \ (\text{mm})$를 갈 수 있습니다.

16 ㉠ 4×1.8은 $4 \times 2 = 8$보다 작습니다.

㉡ 4의 2.1은 4의 2배인 8보다 큽니다.

㉢ 2의 3.9배는 2의 4배인 8배보다 작습니다.

17 $2.4 \times 6.8 = 16.32$

$16.32 < \square$이므로 $\square$ 안에 들어갈 수 있는 가장 작은 자연수는 17입니다.

18 (사다리꼴의 넓이)
$$=(5.2+8.6) \times 5 \times 0.5 = 34.5 \ (\text{cm}^2)$$
(마름모의 넓이)$= 7.4 \times 5 \times 0.5 = 18.5 \ (\text{cm}^2)$
(색칠한 부분의 넓이)
$$= 34.5 - 18.5 = 16 \ (\text{cm}^2)$$

19 $8 > 7 > 5 > 2$이므로 일의 자리에 8과 7을 놓으면 $8.5 \times 7.2 = 61.2$, $8.2 \times 7.5 = 61.5$입니다. 따라서 곱이 가장 큰 곱셈식은 $8.2 \times 7.5 = 61.5$입니다.

3회 단원 평가 기출 86~88쪽

1 (1) 46, 38, 1748, 17.48 (2) 100, 10, 1000, 13.675 **2** 4312, 4.312 **3** $\dfrac{1}{100}$, 15.7 **4** 8.7 **5** 5.112 **6** (위에서부터) 8.7, 87, 870 **7** $\dfrac{9}{100} \times 30 = \dfrac{9 \times 30}{100} = \dfrac{270}{100} = 2.7$ **8** $<$ **9** ⑤ **10** 40.53 g **11** ㉠, ㉢, ㉣, ㉡ **12** 예 36분$= \dfrac{36}{60}$시간$= \dfrac{6}{10}$시간$= 0.6$ 시간입니다. $0.92 \times 0.6 = 0.552 \ (\text{km})$; 0.552 km **13** ④ **14** 25.5 cm **15** 3개 **16** 66.56 **17** 33.6 **18** 예 어떤 수를 $\square$라 하고 잘못된 식을 세우면 $\square \div 5.13 = 6$에서 $\square = 6 \times 5.13$, $\square = 30.78$입니다. 따라서 바르게 계산한 값은 $30.78 \times 5.5 = 169.29$입니다. ; 169.29 **19** 4.56 L **20** 226.8 cm

풀이

2 곱하는 두 수의 소수점 아래 자리 수를 더한 것과 결괏값의 소수점 아래 자리 수는 같습니다.

4 2.9×3을 3×3으로 어림하면 9이므로 옳은 계산 결과는 9에 가까운 8.7입니다.

5 $1.42 \times 3.6 = 5.112$

6 곱하는 수의 0이 하나씩 늘어날 때마다 곱의 소

수점을 오른쪽으로 한 자리씩 옮깁니다.
0.87×10=8.7, 0.87×100=87
0.870×1000=870

7 소수 두 자리 수는 분모가 100인 분수로 바꿔서 계산합니다.

8 8.25×11=90.75
15×6.91=103.65

9 ① 6.12 ② 6.12 ③ 61.2 ④ 0.612

10 4.053×10=40.53 (g)

11 (소수)×(소수)의 계산 방법은 먼저 자연수의 곱으로 계산하고 두 소수의 소수점 아래 자리 수의 합만큼 소수점을 왼쪽으로 이동하여 찍습니다.
㉠ 4.3×2.8=12.04   ㉡ 0.7×0.3=0.21
㉢ 8.3×0.9=7.47   ㉣ 0.96×3.5=3.36
➡ $\underset{㉠}{12.04} > \underset{㉢}{7.47} > \underset{㉣}{3.36} > \underset{㉡}{0.21}$

13 ①, ②, ③, ⑤: 0.1
④ 곱의 소수점은 곱해지는 수의 소수점에서 오른쪽으로 한 자리 이동한 것이므로 □=10입니다.

14 정육각형의 모든 변의 길이는 같습니다.
(정육각형의 둘레)=4.25×6=25.5 (cm)

15 필요한 우유는 0.32×8=2.56 (L)입니다. 따라서 1 L짜리 우유를 적어도 3개 사야 합니다.

16 가 대신에 23을 넣고 나 대신에 2.6을 넣어 식을 만듭니다.
➡ 가⊙나=(23+2.6)×2.6
=25.6×2.6=66.56

17 곱이 가장 큰 □.□×□를 만들어야 하므로 자연수 부분에 큰 수를 놓아 만듭니다.
8>4>2이므로 4.2×8=33.6입니다. 따라서 가장 큰 곱은 33.6입니다.

19 (1분 동안 나오는 물의 양)
=3.1+1.7 =4.8 (L)
➡ (0.95분 동안 받을 수 있는 물의 양)
=4.8×0.95=4.56 (L)

20
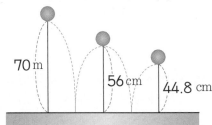

(첫 번째로 튀어 오른 공의 높이)
=70×0.8=56 (cm)
(두 번째로 튀어 오른 공의 높이)
=56×0.8=44.8 (cm)
(공이 움직인 거리)
=70+56+56+44.8=226.8 (cm)

4회 단원 평가 실전 89~91쪽

1 (1) 3.2 (2) 32, 32, 3.2 **2** (1) 4.32 (2) 2.4
3 (1) 43.2 (2) 0.7326 **4** (위에서부터) 0.48, 4.8, 48, 480 **5** (위에서부터) 2.4, 10.2, 1.8, 13.6 **6** (1) ㉡ (2) ㉠ **7** 예 3.85에서 3850으로 소수점이 오른쪽으로 세 자리 옮겨졌습니다. 따라서 1000을 곱한 것이므로 □ 안에 알맞은 수는 1000입니다. ; 1000 **8** ㉢, ㉡, ㉠, ㉣ **9** 5.695 g **10** 민지 **11** 6.552 kg **12** 예 0.94>0.9>0.8>0.5이므로 가장 큰 수는 0.94, 가장 작은 수는 0.5입니다. 따라서 두 수의 곱은 0.94×0.5=0.47입니다. ; 0.47 **13** ㉠, ㉢, ㉡ **14** 수성 **15** 도율, 442.5 g **16** 8.75시간 **17** 3.8×0.4(또는 0.38×4) **18** 101.4 cm² **19** 6개 **20** 예 (색 테이프 10장의 길이)=0.85×10=8.5 (m), 겹쳐진 부분은 9군데이므로 (겹쳐진 부분의 길이)=0.2×9=1.8 (m)입니다. ➡ (이어 붙인 색 테이프의 전체 길이)=8.5-1.8=6.7 (m) ; 6.7 m

풀이

2 (1) $0.72×6=\dfrac{72}{100}×6=\dfrac{72×6}{100}$
$=\dfrac{432}{100}=4.32$

(2) $1.5×1.6=\dfrac{15}{10}×\dfrac{16}{10}=\dfrac{240}{100}=2.4$

4 0.48×1=0.48
0.48×10=4.8
0.48×100=48

$0.48×1000=480$

5 $0.3×8=2.4$, $6×1.7=10.2$
$0.3×6=1.8$, $8×1.7=13.6$

6 ⑴ $0.4×0.9=0.36$, $4×0.09=0.36$
⑵ $40×0.09=3.6$, $0.4×9=3.6$

8 ㉠ 37.6　㉡ 3.76　㉢ 0.376　㉣ 376
➡ ㉢<㉡<㉠<㉣

9 $6.7×0.85=5.695$ (g)

10 민지가 잘못 말한 이유: 4와 53의 곱이 약 200이므로 4와 53의 0.01배인 0.53의 곱은 200의 0.01배이므로 2 정도입니다.

11 $3.64×1.8=6.552$ (kg)

13 ㉠ 0.001　㉡ 0.1　㉢ 0.01
➡ ㉠<㉢<㉡

14 (금성에서 잰 몸무게)$=45×0.91$
$=40.95$ (kg)
(수성에서 잰 몸무게)$=45×0.38$
$=17.1$ (kg)
[다른 풀이] $17.1÷45=0.38$이므로 수성에서 잰 몸무게입니다.

15 아린: $29.75×10=297.5$ (g)
도율: $7.4×100=740$ (g)
➡ 도율이가 주는 선물이 $740-297.5$
$=442.5$ (g) 더 무겁습니다.

16 15분$=\dfrac{15}{60}$시간$=\dfrac{1}{4}$시간$=0.25$시간
1시간 15분$=1.25$시간
➡ $1.25×7=8.75$(시간)

17 $0.38×0.4$는 0.152인데 잘못 눌러서 1.52가 나왔으므로 3.8과 0.4 또는 0.38과 4를 누른 것입니다.

18 (새로운 직사각형의 가로)$=10×1.3=13$ (cm)
(새로운 직사각형의 세로)$=6×1.3=7.8$ (cm)
➡ (새로운 직사각형의 넓이)
$=13×7.8=101.4$ (cm^2)

19 $6.41×6.2=39.742$이므로
$5.8×□<39.742$입니다.
$□=6$일 때 $5.8×6=34.8$, $□=7$일 때 $5.8×7$
$=40.6$입니다.
따라서 □ 안에 들어갈 수 있는 자연수는 1, 2, 3, 4, 5, 6으로 모두 6개입니다.

탐구 서술형 평가 92~95쪽

1 1단계 374.4　2단계 37.44　3단계 10배

1-1 예 ㉠을 계산하면 0.325입니다. ㉡을 계산하면 32.5입니다. 따라서 32.5는 0.325의 100배이므로 ㉡은 ㉠의 100배입니다. ; 100배

2 1단계 민희　2단계 예 $0.52×5$는 52와 5의 곱이 약 250이므로 결과는 2.5 정도가 됩니다.

2-1 예 300은 3의 100배이고 0.48은 48의 0.01배이므로 $300×0.48$은 3과 48을 곱한 144와 같습니다. ; 수민

3 1단계 6.7　2단계 $7.1×6.4$(또는 $6.4×7.1$)
3단계 45.44

3-1 예 곱이 가장 크게 되는 곱셈식을 만들려면 큰 숫자부터 높은 자리에 놓아야 하므로 소수 한 자리 수의 자연수 부분에는 8과 6을 놓아야 합니다. 곱이 가장 크게 되는 곱셈식은 $8.4×6.5$(또는 $6.5×8.4$)입니다. 따라서 곱셈식을 계산하면 $8.4×6.5=54.6$입니다. ; 54.6

4 예 공이 첫 번째로 튀어 오른 높이는 $9×0.7=6.3$ (m)입니다. 공이 두 번째로 튀어 오른 높이는 $6.3×0.7=4.41$ (m)입니다. 따라서 공이 두 번째로 튀어 오를 때까지 움직인 거리는 $9+6.3+6.3+4.41=26.01$ (m)입니다. ; 26.01 m

5 예 대청봉의 높이가 1700 m이므로 기온이 $0.7×17=11.9$(℃) 떨어지고 1초에 5 m의 바람이 불고 있으므로 사람이 느끼는 온도는 $1.6×5=8$(℃) 떨어집니다. 따라서 산의 높이가 1700 m인 설악산 대청봉에서 느끼는 사람의 온도는 $23-11.9-8=3.1$(℃)입니다. ; 3.1℃

풀이

1 3단계 374.4는 37.44의 10배이므로 ㉠은 ㉡의 10배입니다.

2 1단계 민희가 잘못 말했습니다. 52와 5의 곱이 약 250이므로 52의 0.01배인 0.52와 5의 곱은 250의 0.01배이므로 25 정도가 아니라 2.5 정도입니다.

3 1단계 곱이 가장 크게 되는 곱셈식을 만들려면 큰 숫자부터 높은 자리에 놓아야 합니다.
2단계 $7.1×6.4=45.44$, $7.4×6.1=45.14$

5 직육면체

1 ㉠ 면 ㉡ 모서리 ㉢ 꼭짓점   **2** (위에서부터) 6, 8, 12   **3** 6, 2, 4   **4** ③   **5** (1) 48 cm (2) 36 cm   **6** 정, 직

풀이

1 ㉠ 면: 직육면체에서 선분으로 둘러싸인 부분을 면이라고 합니다.

   ㉡ 모서리: 면과 면이 만나는 선분을 모서리라고 합니다.

   ㉢ 꼭짓점: 모서리와 모서리가 만나는 점을 꼭짓점이라고 합니다.

3 밑면은 사다리꼴이고, 옆면은 직사각형입니다.

4 정육면체의 모서리는 모두 12개입니다.

5 (1) 모든 모서리의 수가 12개이므로
     4×12=48 (cm)입니다.

   (2) 보이는 모서리의 수가 9개이므로
     4×9=36 (cm)입니다.

6 정사각형은 직사각형이라고 할 수 있습니다. 그러므로 정육면체는 동시에 직육면체라고 할 수 있습니다.

1 마   **2** 가, 나, 다, 라   **3** 3쌍   **4** 라   **5** 풀이 참조   **6** 60 cm

풀이

1 색칠한 면과 평행한 면은 서로 마주 보고 있는 면으로 1개입니다.

2 색칠한 면과 수직인 면은 직각으로 만나는 면으로 4개입니다.

4 겨냥도에서는 보이는 모서리는 실선으로, 보이지 않는 모서리는 점선으로 그립니다.

5

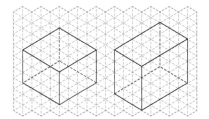

6 보이는 모서리의 길이는 5+5+5+6+6+6+9 +9+9=60 (cm)입니다.

   [다른 풀이] (5+6+9)×3=60 (cm)

1 점 ㅋ   **2** 선분 ㅂㅁ   **3** 면 가, 면 다, 면 마, 면 바   **4** 풀이 참조   **5** 면 바   **6** 면 가, 면 나, 면 라, 면 바   **7** 풀이 참조

풀이

1 전개도를 접었을 때 점 ㅎ은 점 ㅌ과 만나고, 점 ㄱ은 점 ㅋ과 만나고, 점 ㄴ은 점 ㅊ과 만납니다.

2 전개도를 접었을 때 선분 ㄹㅁ은 선분 ㅂㅁ을 만나 한 모서리가 됩니다.

3 전개도를 접었을 때 색칠한 면과 평행한 면을 제외한 나머지 4개의 면을 모두 찾습니다.

4

3			
2	1	5	6
			4

3과 4, 2와 5, 1과 6의 면이 서로 마주 보게 됩니다.

5 전개도를 접었을 때 면 가와 마주 보고 있는 면은 면 바입니다.

6 전개도를 접었을 때 면 다와 만나는 면은 면 가, 면 나, 면 라, 면 바입니다.

7 예   1 cm

마주 보는 면 3쌍의 모양과 크기가 같고 서로 겹치는 면이 없으며 만나는 모서리의 길이가 같도록 그립니다.

정답과 풀이

1 가   **2** (위에서부터) 꼭짓점, 면, 모서리   **3** 나
4 풀이 참조   **5** 3쌍   **6** 나   **7** ③   **8** 3개   **9**
면 ㄱㅁㅇㄹ   **10** ㉠, ㉢   **11** 면 ㄴㅂㅁㄱ, 면 ㄴ
ㅂㅅㄷ, 면 ㄷㅅㅇㄹ, 면 ㄱㅁㅇㄹ   **12** (왼쪽에서
부터) 2, 8   **13** 풀이 참조   **14** 예 직육면체에서
보이지 않는 모서리는 3개이므로 보이지 않는 모
서리의 길이의 합은 7+3+6=16 (cm)입니다. ;
16 cm   **15** 3   **16** 예 정육면체는 모서리의 길
이가 모두 같습니다. 보이는 모서리는 9개이므로
정육면체의 한 모서리의 길이는 72÷9=8 (cm)
입니다. 보이지 않는 모서리는 3개이므로 보이지
않는 모서리의 길이의 합은 8×3=24 (cm)입니
다. ; 24 cm   **17** 3   **18** (위에서부터) 3, 4
19 56 cm   **20** 풀이 참조

풀이

1 정사각형 6개로 둘러싸인 도형을 정육면체라고
합니다. 가, 나, 다는 직육면체입니다.

2 직육면체는 면, 모서리, 꼭짓점으로 구성되어 있
습니다.

3 직육면체의 겨냥도는 보이는 모서리는 실선으
로, 보이지 않는 모서리는 점선으로 그립니다.

4   실선과 점선을 잘못 그린 곳이 각각 1
곳씩 있습니다.

6 직육면체의 전개도는 모양과 크기가 같은 면이
3쌍이고, 접었을 때 만나는 모서리의 길이가 같
아야 합니다.
나는 전개도를 접었을 때 겹치는 면이 있습니다.

7 ① 보이는 면의 수: 3개
　② 보이는 꼭짓점의 수: 7개
　③ 보이는 모서리의 수: 9개
　④ 보이지 않는 면의 수: 3개
　⑤ 한 면에 수직인 면의 수: 4개

8 면 ㄷㅅㅇㄹ은 면 ㄱㄴㄷㄹ, 면 ㄱㄴㅂㅁ, 면 ㅁ
ㅂㅅㅇ과 모양과 크기가 같습니다.

9 면 ㄴㅂㅅㄷ과 만나지 않는 면은 면 ㄴㅂㅅㄷ과
평행한 면인 면 ㄱㅁㅇㄹ입니다.

10 직육면체의 면은 6개, 모서리는 12개, 꼭짓점은
8개입니다. 직육면체에서 마주 보는 면은 모양과
크기가 같고, 계속 늘여도 서로 만나지 않습니다.
따라서 마주 보는 면은 서로 평행합니다.

12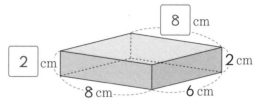

직육면체는 평행한 면이 3쌍이고, 마주 보는 두
면의 모양과 크기가 서로 같습니다.

13 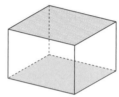   직육면체에서 서로 마주
보는 면은 평행하므로 색
칠한 면과 마주 보는 면을
찾습니다.

15 ➡ 1의 오른쪽은 5, 1의 아래쪽은 3

   ➡ 1의 왼쪽은 7,   ➡ 1의 위쪽은 9

1의 위쪽은 9, 아래쪽이 3이므로 숫자 9가 써진
면과 평행한 면의 숫자는 3입니다.

17 면 가와 평행한 면은 눈의 수가 4인 면입니다.
서로 평행한 면의 눈의 수의 합이 7이므로 면 가
의 눈의 수는 3입니다.

18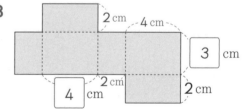

직육면체를 펼친 전개도에서 옆에 놓인 가장 넓
은 면의 가로, 세로를 구합니다. 가장 큰 직사각
형의 가로는 4 cm, 세로는 3 cm입니다.

19 정육면체의 전개도에는 한 변이 4 cm인 잘린 모
서리가 14개 있습니다. ➡ 4×14=56 (cm)

20 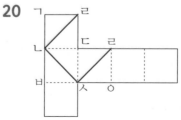   전개도에 점 ㄴ, 점
ㅅ, 점 ㄹ을 찾아 표
시한 후 각 점을 서
로 잇습니다.

1 나, 라   **2** 모서리   **3** 풀이 참조   **4** (1) 3 (2) 9
(3) 꼭짓점   **5** 풀이 참조   **6** ②   **7** (위에서부터)
7, 9   **8** 풀이 참조   **9** ①   **10** 90°   **11** 12개
12 9 cm   **13** (예) 정육면체는 12개의 모서리의
길이가 모두 같으므로 모든 모서리의 길이의 합은
7×12=84 (cm)입니다. ; 84 cm   **14** 10   **15**
풀이 참조   **16** 36 cm   **17** 10   **18** ©   **19**
풀이 참조   **20** 92 cm

풀이

1 직사각형 6개로 둘러싸인 도형을 직육면체라고
합니다.

3 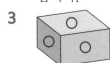 왼쪽 직육면체에서 보이는 면은
3개입니다.

4 (1) (2) (3)

5

직육면체의 겨냥도는 보이는 모서리는 실선으
로, 보이지 않는 모서리는 점선으로 그립니다.

6 정육면체의 면은 6개, 모서리는 12개, 꼭짓점은
8개이고, 모든 모서리의 길이가 같습니다. 또한
면 6개의 모양과 크기가 같습니다.
직육면체의 면은 모두 직사각형인데 정사각형은
직사각형이라고 말할 수 있습니다. 따라서 정육
면체는 직육면체라고 말할 수 있습니다.

8 색칠한 면과 평행한 면은 마주 보는
면입니다.

9 직육면체에서 면 ㅁㅂㅅㅇ과 만나는 면은 수직
인 면입니다.

10 면 ㄴㅂㅅㄷ과 면 ㄷㅅㅇㄹ은 모서리에서 서로
만나므로 두 면은 수직입니다. 따라서 두 면이
이루는 각은 90°입니다.

11 직육면체의 겨냥도에서 모서리는 실선 9개와 점
선 3개로 그려져 있으므로

모서리는 9+3=12(개)입니다.

12 보이지 않는 모서리 3개의 길이의 합은 3+4+
2=9 (cm)입니다.

14 보이는 면의 수: 3개, 보이는 꼭짓점의 수: 7개
➡ 3+7=10

15 (예)
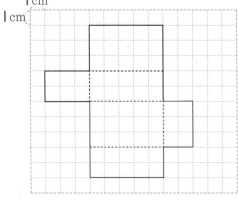

16 평행한 면의 네 변의 길이의 합은 색칠한 면의
네 변의 길이의 합과 같습니다.
➡ (네 변의 길이의 합)=13+5+13+5
=36 (cm)

17 직육면체에는 길이가 같은 모서리가 4개씩 3쌍
있습니다.
➡ 11×4+9×4+□×4=120, 44+36+□
×4=120, □×4=40, □=10

18 서로 평행한 두 면의 눈의 수의 합이 7이므로 수
직인 면의 눈의 수의 합은 7이 될 수 없습니다.
㉠ 눈의 수가 3인 면과 4인 면이 수직으로 눈의
수의 합이 7입니다.
㉡ 눈의 수가 2인 면과 5인 면이 수직으로 눈의
수의 합이 7입니다.

19 (예)
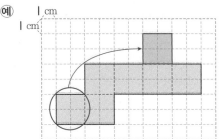
접었을 때 서로 겹치는 면이 없도록 옮깁니다.

20 사용한 리본은 12 cm, 6 cm인 모서리의 길이
가 같은 부분을 각각 4번씩 둘렀습니다.
➡ (사용한 리본의 길이)=12×4+6×4+20
=48+24+20
=92 (cm)

정답과 풀이

3회 단원 평가 기출
108~110쪽

1 나, 라 2 6개, 12개, 8개 3 (위에서부터) 8, 6 4 풀이 참조 5 풀이 참조 6 ④ 7 예 직육면체는 6개의 직사각형으로 이루어져 있습니다. 주어진 도형은 2개의 사다리꼴과 4개의 직사각형으로 이루어져 있으므로 직육면체가 아닙니다. 8 2 9 면 ㄱㄴㄷㄹ, 면 ㄹㄷㅅㅇ, 면 ㅁㅂㅅㅇ, 면 ㄱㄴㅂㅁ 10 면 ㄴㅂㅁㄱ 11 풀이 참조 12 6.5 cm 13 예 전개도를 접었을 때 겹치는 면이 있으므로 정육면체의 전개도가 아닙니다. 면 다와 면 바가 겹칩니다. 14 26 cm 15 면 바 16 14 17 124 cm 18 풀이 참조 19 풀이 참조 20 풀이 참조

풀이

1 직사각형 6개로 둘러싸인 도형을 찾습니다.

2 정육면체에서 면은 6개, 모서리는 12개, 꼭짓점은 8개입니다.

3 직육면체에서 서로 평행한 모서리의 길이는 같습니다.

4

5

   직육면체의 겨냥도는 보이는 모서리를 실선으로, 보이지 않는 모서리를 점선으로 그립니다.

6 ④ 한 꼭짓점에서 만나는 모서리는 3개입니다.

8 ㉠+㉡-㉢=8+6-12=2

9 직육면체에서 서로 만나는 면은 수직입니다.

10 평행한 면은 마주 보는 면입니다.

11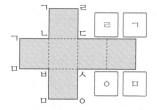

   접었을 때 서로 만나는 점을 찾아봅니다.

12 정육면체의 모서리는 12개이고, 그 길이는 모두 같으므로 정육면체의 한 모서리의 길이는 78÷12=6.5 (cm)입니다.

14 (보이는 모서리의 길이의 합)
   =(6×3)+(2×3)+(5×3)=39 (cm)
   (보이지 않는 모서리의 길이의 합)
   =6+2+5=13 (cm)
   ➡ 39-13=26 (cm)

15 면 다와 만나지 않는 면은 전개도를 접었을 때, 면 다와 평행한 면이므로 면 바입니다.

16 눈의 수가 3인 면과 평행한 면의 눈의 수는 4이므로 수직인 모든 면의 눈의 수의 합은 1+2+5+6=14입니다.

17 직육면체는 길이가 같은 모서리가 4개씩 3쌍 있으므로 6 cm, 10 cm, 15 cm인 모서리가 4개씩 있습니다.
   ➡ (6+10+15)×4=124 (cm)

18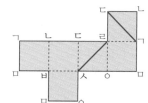

   정육면체의 전개도를 접었을 때, 서로 마주 보는 면끼리 평행한 면이 됩니다.

19

   전개도에 각 꼭짓점의 기호를 표시한 후 면 ㄱㄴㄷㄹ에서 점 ㄱ과 점 ㄷ을 잇고, 면 ㄷㅅㅇㄹ에서 점 ㅅ과 점 ㄹ을 잇습니다.

20

12	2	1		
		3	6	4

   정육면체의 전개도를 접었을 때 12가 적힌 면과 마주 보는 면이 1이고, 3이 적힌 면과 마주 보는 면이 4입니다. 나머지 6과 마주 보는 면이 2입니다.

1 가, 마, 바   **2** 가, 마   **3** 다 (○)   **4** 풀이 참조
5 면 ㄱㅁㅇㄹ   **6** 면 ㄱㄴㄷㄹ, 면 ㄴㅂㅅㄷ, 면 ㅁㅂㅅㅇ, 면 ㄱㅁㅇㄹ   **7** ㉡   **8** 90°   **9** ④, ⑤
10 성수   **11** ㉘ 전개도를 접었을 때 서로 겹치는 면이 있습니다. 면 마와 면 바가 겹칩니다.
12 면 ㄹㅁㅂㅅ   **13** 변 ㅂㅁ   **14** ㉘ 보이지 않는 모서리는 겨냥도에서 점선으로 그려야 할 모서리이므로 4 cm, 8 cm, 5 cm가 각각 1개씩 있습니다. 따라서 보이지 않는 모서리의 길이의 합은 4+8+5=17 (cm)입니다. ; 17 cm   **15** 풀이 참조   **16** 풀이 참조   **17** 40 cm   **18** 풀이 참조   **19** 11 cm   **20** 25 cm

풀이

1 직사각형 6개로 둘러싸인 도형은 가, 마, 바입니다.

2 정사각형 6개로 둘러싸인 도형은 가, 마입니다.

3 보이는 모서리는 실선으로, 보이지 않는 모서리는 점선으로 그린 것을 찾습니다.

4

면의 수(개)	모서리의 수(개)	꼭짓점의 수(개)
6	12	8

정육면체는 면이 6개, 모서리가 12개, 꼭짓점이 8개입니다.

5 직육면체는 마주 보는 면끼리 서로 평행합니다.

6 직육면체에서 한 면과 수직인 면은 4개입니다.

7 ㉠ 3 ㉡ 9 ㉢ 3 ㉣ 3

8 직육면체에서 서로 수직인 면은 90°입니다.

9 ① 직육면체의 면은 모두 6개입니다.
　② 옆에 놓인 면은 4개입니다.
　③ 보이는 꼭짓점은 7개입니다.

10 정사각형은 직사각형이라고 할 수 있으므로 정사각형으로 이루어진 정육면체는 직사각형으로 이루어진 직육면체라고 할 수 있습니다.

12 직육면체에서 평행한 면은 마주 보는 면입니다.

13 점 ㄴ은 점 ㅂ과 맞닿고 점 ㄷ은 점 ㅁ과 맞닿습니다.

15

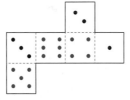

정육면체의 전개도를 접었을 때 마주 보는 면이 어느 것인지 찾아봅니다.

16 ㉘

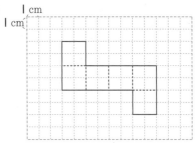

전개도를 접었을 때 정육면체가 되도록 한 변이 모눈 2칸인 정사각형 6개를 연결하여 그립니다.

17 색칠한 면의 세로를 □ cm라 하면 12+7+□ =27이므로 □ =8입니다.
색칠한 면은 가로가 12 cm, 세로가 8 cm인 직사각형입니다.
➡ (색칠한 면의 둘레)=(12+8)×2=40 (cm)

18

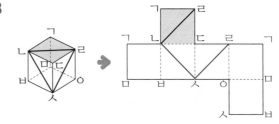

그림과 같이 알맞게 기호를 적은 후, 선분 ㄴㅅ, 선분 ㄹㅅ을 선으로 나타냅니다.

19 (직육면체 가의 모든 모서리의 길이의 합)
(20+5+8)×4=132 (cm)
정육면체는 모서리가 12개이고 그 길이가 모두 같으므로 정육면체 나의 한 모서리는 132÷12 =11 (cm)입니다.

20 (매듭을 제외한 끈의 길이)
=10×2+12×2+17×4
=20+24+68=112 (cm)
(매듭을 짓기 위해 사용한 길이)
=137−112=25 (cm)

정답과 풀이

1 **1단계** 가 **2단계** 예 접었을 때 마주 보는 면의 모양과 크기가 다른 면이 있습니다.

1-1 다 ; 예 정육면체의 전개도를 접었을 때 겹치는 면이 있습니다.

2 **1단계** 7개, 1개 **2단계** 6개

2-1 예 직육면체에서 한 면과 수직인 면은 4개이고 한 꼭짓점에서 만나는 면은 3개입니다. 따라서 한 면과 수직인 면은 한 꼭짓점에서 만나는 면보다 4−3=1(개) 더 많습니다. ; 1개

3 **1단계** 13 cm **2단계** 39 cm

3-1 예 정육면체는 모든 모서리의 길이가 같습니다. 보이지 않는 모서리는 3개이므로 정육면체의 한 모서리의 길이는 21÷3=7 (cm)입니다. 보이는 모서리는 9개이므로 보이는 모서리의 길이의 합은 7×9=63 (cm)입니다. ; 63 cm

4 예 A와 수직인 면에는 B, C, D, E가 쓰여 있고 D의 오른쪽 면에는 C, 왼쪽 면에는 E가 쓰여 있습니다. 따라서 C와 E는 마주 보는 면이므로 E가 써진 면과 평행한 면에는 C가 쓰여 있습니다. ; C

5 예 직육면체의 겨냥도에서 길이가 같은 모서리가 각각 4개씩 있으므로 (□+4+5)×4=48입니다. (□+4+5)×4=48, □+4+5=12, □=12−4−5=3 (cm), 색칠한 두 면에 동시에 수직인 면은 모서리의 길이가 3 cm와 4 cm로 이루어진 면으로 이 두 면은 서로 평행하고 모양과 크기가 같습니다. 따라서 색칠한 두 면에 동시에 수직인 면들의 모서리의 길이의 합은 (3+4+3+4)×2=28 (cm)입니다. ; 28 cm

풀이

2 **1단계** **2단계** 7−1=6(개)

3 **1단계** 정육면체는 모든 모서리의 길이가 같습니다. 보이는 모서리는 9개이므로 정육면체의 한 모서리는 117÷9=13 (cm)입니다.

2단계 보이지 않는 모서리는 3개이므로 보이지 않는 모서리의 길이의 합은 13×3=39 (cm)입니다.

---

6   평균과 가능성

1 (1) 60 (2) 4 (3) 15   **2** (1) 70 (2) 5 (3) 14
3 90, 1, 4, 3, 90   **4** 89, 87, 4, 360, 4, 90
5 185명

풀이

1 (1) 14+15+16+15=60(명)
(3) 60÷4=15(명)

2 (1) 16+12+14+13+15=70(명)
(3) 70÷5=14(명)

3 (89+1, 94−4, 87+3)을 하여 90으로 고르게 맞출 수 있습니다. 따라서 평균은 90점입니다.

5 평균=(자료의 값을 모두 더한 수)÷(자료의 수)
=(160+180+280+120)÷4
=740÷4=185(명)

1 (1) 30, 150 (2) 150, 10   **2** 20분   **3** 게임, 운동   **4** 가능성   **5** (왼쪽에서부터) 불가능하다, 확실하다   **6** (1) 예 ㉢ (2) 예 ㉤ (3) 예 ㉠ (4) 예 ㉣ (5) 예 ㉡

풀이

1 (1) 평균과 자료의 수로 게임을 한 총 시간을 구할 수 있습니다.

2 평균=(15+10+35+10+30)÷5
=100÷5=20(분)

3 게임 평균 시간은 30분이고, 운동 평균 시간은 20분입니다.

6 정답으로 제시된 가능성 이외에도 가능성에 대한 생각이 논리적인 경우 정답으로 인정합니다.

수학 익힘 풀기

1 가 **2** 다 **3** 라 **4** 풀이 참조 **5** 풀이 참조
6 풀이 참조 **7** 풀이 참조 **8** 1

풀이

1 노란색의 넓이가 가장 넓은 회전판은 가입니다.

2 노란색의 넓이가 가장 좁은 회전판은 다입니다.

3 파란색의 넓이가 빨간색의 넓이보다 2배 넓은
회전판은 라입니다.

4

- 화살이 노란색에 멈출 가능성이 가장 높기 때
문에 가장 넓은 곳에 노란색을 색칠합니다.
- 화살이 파란색에 멈출 가능성이 빨간색에 멈
출 가능성의 2배이므로 빨간색을 색칠한 부분
보다 2배 넓은 부분에 파란색을 색칠합니다.

5

$$0 \qquad \frac{1}{2} \qquad 1$$

회전판 전체가 빨간색인 회전판 가를 돌릴 때 화
살이 파란색에 멈출 가능성은 '불가능하다'이므
로 수로 표현하면 0입니다.

6

$$0 \qquad \frac{1}{2} \qquad 1$$

회전판의 반씩 파란색과 빨간색인 회전판 나를
돌릴 때 화살이 파란색에 멈출 가능성은 '반반이
다'이므로 수로 표현하면 $\frac{1}{2}$입니다.

7

$$0 \qquad \frac{1}{2} \qquad 1$$

회전판 전체가 파란색인 회전판 다를 돌릴 때 화
살이 파란색에 멈출 가능성은 '확실하다'이므로
수로 표현하면 1입니다.

8 검은색 바둑돌이 들어 있는 통에서 바둑돌 1개
를 꺼낼 때 검은색일 가능성은 '확실하다'이므로
수로 표현하면 1입니다.

1회 단원 평가 [연습]

1 344 kg **2** 43 kg **3** 풀이 참조 **4** 4개
5 불가능하다 (○) **6** 풀이 참조 **7** 풀이 참조
8 27살 **9** 반반이다 **10** $\frac{1}{2}$ **11** $\frac{1}{2}$ **12** 풀
이 참조 **13** 반반이다 ; $\frac{1}{2}$ **14** 137명 **15**
반반이다 ; $\frac{1}{2}$ **16** 풀이 참조 **17** 예 (평균)=
(3+8+7+10)÷4=28÷4=7(개) 평균보다 더
많이 고리를 건 학생은 강현, 주현으로 2명입니
다. ; 2명 **18** 87점 **19** ⓒ, ⓛ, ⑦ **20** 예 현
지: 552÷12=46(쪽), 은주: 308÷7=44(쪽),
따라서 현지가 하루에 평균 46−44=2(쪽) 더 읽
었습니다. ; 현지, 2쪽

풀이

1 38+40+46+41+45+43+47+44
=344 (kg)

2 344÷8=43 (kg)

3 예

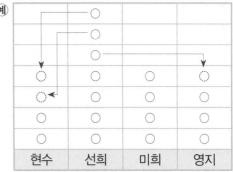

현수	선희	미희	영지

6

$$0 \qquad \frac{1}{2} \qquad 1$$

회전판 전체가 파란색인 회전판 가를 돌릴 때 화
살이 파란색에 멈출 가능성은 '확실하다'이므로
수로 표현하면 1입니다.

7

$$0 \qquad \frac{1}{2} \qquad 1$$

빨간색과 파란색이 회전판의 반씩 색칠된 회전
판 나를 돌릴 때 화살이 빨간색에 멈출 가능성은
'반반이다'이므로 수로 표현하면 $\frac{1}{2}$입니다.

정답과 풀이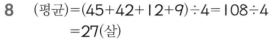

8 (평균)=$(45+42+12+9)\div4=108\div4$
$=27$(살)

9 흰색 공을 꺼낼 가능성은 '반반이다'입니다.

10 흰색 공과 검은색 공이 나올 가능성이 '반반이다'이므로 수로 표현하면 각각 $\frac{1}{2}\left(=\frac{2}{4}\right)$입니다.

11 ◈ 모양의 카드가 3장이므로 카드 6장 중 한 장을 뽑을 때 ◈ 모양의 카드를 뽑을 가능성은 $\frac{1}{2}$입니다.

12

가능성	일
확실하다	⑩ 내일은 해가 뜰 것입니다.
반반이다	⑩ 동전을 던지면 숫자 면이 나올 것입니다.
불가능하다	⑩ 1 더하기 4는 9가 될 것입니다.

13 진주가 푼 ○× 문제의 정답이 ×일 가능성은 '반반이다'이며, 이를 수로 표현하면 $\frac{1}{2}$입니다.

14 (희진이네 학교 전체 학생 수)
$=138\times6=828$(명)
(6학년 학생 수)
$=828-(135+137+138+140+141)$
$=137$(명)

15 제비 1개를 뽑을 때 당첨 제비를 뽑을 가능성은 6개 중 3개이므로 '반반이다'이며, 이를 수로 표현하면 $\frac{1}{2}\left(=\frac{3}{6}\right)$입니다.

16 ⑩

회전판에서 3칸을 색칠하면, 제비 1개를 뽑을 때 당첨 제비를 뽑을 가능성과 회전판의 화살이 색칠된 칸에 멈출 가능성이 같습니다.

18 (네 과목의 점수의 합)=$175+173=348$(점)
(평균)=$348\div4=87$(점)

19 ㉠ 0   ㉡ $\frac{1}{2}\left(=\frac{2}{4}\right)$ ㉢ 1

2회 단원 평가   도전   127~129쪽

1 18   **2** $\frac{1}{2}$ **3** 76점   **4** 적은 편입니다.   **5** 영철이네   **6** 3점   **7** ⑴ ㉡ ⑵ ㉢   **8** 풀이 참조
9 85 L   **10** ⑩ 상자에서 0번 번호표를 꺼내는 것은 불가능합니다.   **11** 23쪽   **12** 42 kg
13 확실하다   **14** 반반이다   **15** 반반이다 ; $\frac{1}{2}$
16 풀이 참조   **17** ⑩ 가 자동차: 휘발유 1 L로 $36\div3=12$ (km)를 갑니다. / 나 자동차: 휘발유 1 L로 $112\div7=16$ (km)를 갑니다. 따라서 휘발유 1 L로 더 멀리 갈 수 있는 자동차는 나 자동차입니다. ; 나 자동차   **18** 나, 다, 가   **19** 3점
20 ⑩ 가+나=$55\times2=110$ ➡ (평균)=(가+나+다)$\div3$=$(110+73)\div3$=$183\div3=61$; 61

풀이

1 (평균)=$(13+27+19+21+10)\div5$
$=90\div5=18$

2 숫자 면, 그림 면이 나올 가능성이 '반반이다'이므로 수로 표현하면 각각 $\frac{1}{2}$입니다.

3 $(78+82+59+68+93)\div5$
$=380\div5=76$(점)

4 4회 경기는 평균 득점보다 적은 68점입니다.

5 (영철이네 모둠의 수학 성적의 평균)
$=(87+71+95+91)\div4=344\div4=86$(점)
(예서네 모둠의 수학 성적의 평균)
$=(79+95+89+69)\div4=332\div4=83$(점)

6 $86-83=3$(점)

7 ⑴ 해가 동쪽에서 뜨므로 서쪽에서 뜰 가능성은 '불가능하다'입니다.

(2) 대기 번호표의 반은 짝수이고 반은 홀수이므로 대기 번호표의 번호가 짝수일 가능성은 '반반이다'입니다.

8

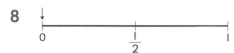

2×4=8이므로 1이 나올 가능성은 0입니다.

9 (96+79+85+80)÷4=340÷4=85 (L)

11 일주일은 7일이므로 (평균)=161÷7=23(쪽)입니다.

12 5명의 몸무게의 합을 구한 후, 4명의 몸무게를 뺍니다.
➡ 41×5−(36+44+43+40)
＝205−163
＝42 (kg)

13 주사위 눈의 수는 1 이상 6 이하이므로 가능성은 '확실하다'입니다.

14 주사위 눈의 수에서 2의 배수는 2, 4, 6이므로 2의 배수가 나올 가능성은 '반반이다'입니다.

15 구슬 6개가 들어 있는 주머니에서 1개 이상의 구슬을 꺼낼 때 나올 수 있는 구슬의 개수는 1개, 2개, 3개, 4개, 5개, 6개로 6가지 경우가 있습니다. 이 중 꺼낸 구슬의 개수가 짝수인 경우는 2개, 4개, 6개로 3가지입니다.
따라서 꺼낸 구슬의 개수가 짝수일 가능성은 '반반이다'이며, 수로 표현하면 $\frac{1}{2}\left(=\frac{3}{6}\right)$입니다.

16 예

회전판에서 2칸을 노란색으로 색칠하면, 꺼낸 구슬의 개수가 짝수일 가능성과 회전판의 화살이 노란색에 멈출 가능성이 같습니다.

18 빨간색 부분이 넓을수록 회전판에서 화살이 빨간색에 멈출 가능성이 높으므로 나, 다, 가입니다.

19 4회까지의 평균:
(92+86+80+82)÷4=85(점)
5회까지의 평균:
(92+86+80+82+100)÷5=88(점)
➡ 88−85=3(점) 더 높아집니다.

3회 단원 평가 〔기출〕

1 7 **2** 79점, 85점 **3** 슬기네 모둠 **4** $\frac{1}{2}$
5 풀이 참조 **6** 13 m **7** 미혜, 다영 **8** ⓒ
9 ⓒ **10** 풀이 참조 **11** 불가능하다 ; 0 **12** ⑩ 4명의 윗몸 말아 올리기 횟수의 합을 구한 후, 3명의 횟수를 뺍니다. ➡ 40×4−(35+42+38)
＝160−115=45(회) ; 45회 **13** $\frac{1}{2}$ **14** 풀이 참조 **15** 나 **16** 가 **17** ⑩ 밭 1 km²의 고구마 평균 생산량을 구해 보면 현수네: 520÷8=65 (kg) / 효진이네: 630÷10=63 (kg) 따라서 고구마의 평균 생산량이 더 많은 밭은 현수네입니다. ; 현수네 **18** 풀이 참조 **19** ⑩ (세 마을의 전체 학생 수)= 360×2+408= 1128(명) / (세 마을의 초등학생 수의 평균)= 1128÷3=376(명) ; 376명 **20** 356점

풀이

1 (평균)=(8+4+6+5+9+10)÷6=42÷6=7

2 세미네 모둠:
(73+92+84+76+64+85)÷6=79(점)
슬기네 모둠:
(88+91+78+82+86)÷5=85(점)

3 평균 점수를 비교하면 79<85이므로 세미네 모둠보다 슬기네 모둠의 수학 성적이 더 높습니다.

4 10원짜리 동전, 100원짜리 동전이 나올 가능성이 각각 '반반이다'이므로 수로 표현하면 $\frac{1}{2}\left(=\frac{2}{4}\right)$입니다.

5

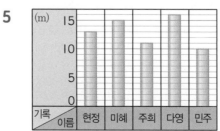

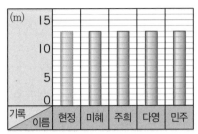

13, (15−2), (11+2), (16−3), (10+3)으로 옮기면 막대의 높이가 고르게 됩니다.

6 막대의 높이를 고르게 하면 13 m이므로 던지기 기록의 평균은 13 m입니다.

7 평균 13 m보다 더 멀리 던진 학생은 미혜, 다영 입니다.

10

가능성	일
확실하다	예 지금은 오후 1시이므로 1시간 후에는 오후 2시가 될 것입니다.
반반이다	예 은행에서 뽑은 대기 번호표의 번호가 홀수일 것입니다.
불가능하다	예 내년 12월 달력에는 33일까지 있을 것입니다.

11 주사위의 눈은 1부터 6까지이므로 주사위를 굴렸을 때 8이 나올 가능성은 '불가능하다'이며, 이를 수로 표현하면 0입니다.

13 공 1개를 꺼낼 때 빨간색인 것은 6개 중의 3개 이므로 가능성이 $\frac{1}{2}\left(=\frac{3}{6}\right)$입니다.

14 회전판의 6칸 중에 3칸을 색칠하면 됩니다.

15 화살이 파란색, 노란색, 빨간색에 멈출 가능성이 비슷한 회전판은 파란색, 노란색, 빨간색이 차지하는 부분의 넓이가 비슷한 ㉯입니다.

16 화살이 빨간색에 멈출 가능성이 가장 높은 것은 빨간색이 차지하는 부분의 넓이가 가장 넓은 ㉮입니다.

18 화살이 빨간색에 멈출 가능성이 가장 높기 때문에 회전판에서 가장 넓은 곳이 빨간색이 됩니다. 화살

이 파란색에 멈출 가능성이 노란색에 멈출 가능성의 3배이므로, 빨간색을 색칠한 부분 다음으로 넓은 부분에 파란색, 가장 좁은 부분에 노란색을 색칠하면 됩니다.

20 (평균)=(85+92+81+90)÷4
    =348÷4=87(점)
(다음 시험에서 받아야 하는 총점)
=(87+2)×4=356(점)

4회 단원 평가 실전 133~135쪽

1 6권 **2** 많이 읽은 편입니다. **3** 108명 **4** 29명 **5** (1) ㉢ (2) ㉡ **6** 확실하다 **7** 0 **8** 1 **9** ㉢ **10** ㉠ **11** 반반이다 **12** 수정 **13** 예 오늘은 월요일이니까 내일은 화요일일 거야. **14** 연우, 민희, 수정 **15** 예 (평균 방문자 수)=(120+90+85+80+135)÷5=102(명) 작품 해설 도우미가 추가로 배정되어야 하는 요일은 평균 방문자 수보다 많은 날인 월요일, 금요일입니다. ; 월요일, 금요일 **16** 1 **17** 풀이 참조 **18** 예 6회까지의 타자 기록의 합은 250×6=1500(타)가 되어야 합니다. 5회까지의 타자 기록의 합은 237+247+225+272+248=1229(타)입니다. 따라서 6회에는 1500−1229=271(타)를 쳐야 합니다. ; 271타 **19** 영호 **20** 예 (남학생 키의 합계)=161×15=2415(cm) / (여학생 키의 합계)=133×13=1729(cm) ➡ (전체 학생 키의 합계)=2415+1729=4144(cm) / (전체 학생 수)=15+13=28(명) ➡ (전체 학생의 평균 키)=4144÷28=148(cm) ; 148 cm

풀이

1 (50+58+46+23+33)÷35
=210÷35=6(권)

2 한 명이 읽은 책은 평균 6권이므로 9권을 읽은 지은이는 마을에서 많이 읽은 편입니다.

3 네 반의 평균 학생 수가 27명이므로 5학년 전체 학생 수는 27×4=108(명)입니다.

4 108−(28+24+27)=29(명)

5 ⑴ 1월 다음에 2월이므로 내년 1월 다음에 12 월이 올 가능성은 '불가능하다'입니다.

⑵ 동전은 그림 면, 숫자 면이 있으므로 동전을 던졌을 때 그림 면이 나올 가능성은 '반반이 다'입니다.

6 제비뽑기 상자에 당첨 제비만 5개 들어 있으므 로 이 상자에서 뽑은 제비 1개가 당첨 제비일 가 능성은 '확실하다'입니다.

7 제비뽑기 상자에 당첨 제비만 5개 들어 있으므 로 이 상자에서 뽑은 제비 1개가 당첨 제비가 아 닐 가능성은 '불가능하다'이고, 이를 수로 표현하 면 0입니다.

8 빨간색 구슬을 꺼내는 것은 '확실하다'이므로 가 능성은 1입니다.

9 주사위 눈의 수에서 홀수는 1, 3, 5이므로 홀수 가 나올 가능성은 '반반이다'입니다.

10 주사위 눈의 수는 1, 2, 3, 4, 5, 6이므로 6 초 과의 눈이 나올 가능성은 '불가능하다'입니다.

11 모양의 카드가 4장이므로 카드 8장 중 한 장을 뽑을 때 모양의 카드를 뽑을 가능성 이 '반반이다'입니다.

14 수정: 불가능하다, 민희: ~아닐 것 같다, 연우: 확실하다
따라서 일이 일어날 가능성이 높은 친구부터 순 서대로 이름을 쓰면 연우, 민희, 수정입니다.

16 수가 4보다 클 가능성은 확실하므로 가능성은 1 입니다.

17

화살이 초록색에 멈출 가능성이 가장 높기 때문 에 회전판에서 가장 넓은 곳이 초록색이 됩니다. 화살이 빨간색에 멈출 가능성이 노란색에 멈출 가능성의 2배이므로, 초록색을 색칠한 부분 다 음으로 넓은 부분에 빨간색, 가장 좁은 부분에 노란색을 색칠하면 됩니다.

20 수영: 84÷7=12(회), 영호: 150÷10=15(회)
따라서 하루 평균 턱걸이를 더 많이 한 사람은 영호입니다.

---

1 **1단계** 확실하다　**2단계** 1

1-1 예 제비뽑기 상자에 당첨 제비만 4개 들어 있 습니다. 이 상자에서 뽑은 제비가 당첨 제비가 아 닐 가능성은 불가능하므로 말로 표현하면 '불가능 하다'입니다. 따라서 수로 표현하면 0입니다. ; 불 가능하다, 0

2 **1단계** 430점　**2단계** 90점

2-1 예 윗몸 말아 올리기의 평균이 22회이므로 (5일 동안 한 횟수의 합)=22×5=110(회)입니 다. 따라서 (수요일에 한 횟수)=110−(18+21+ 28+19)=110−86=24(회)입니다. ; 24회

3 **1단계** ⊙ $\frac{1}{2}$ ⓒ 0 ⓒ 1 **2단계** ⓒ

3-1 예 ⊙이 일어날 가능성을 수로 나타내면 $\frac{1}{2}$,

ⓒ이 일어날 가능성을 수로 나타내면 0, ⓒ이 일어 날 가능성을 수로 나타내면 1입니다. 따라서 일이 일어날 가능성이 가장 낮은 것은 ⓒ입니다. ; ⓒ

4 예 화살이 보라색에 멈출 가능성이 가장 높으므 로 회전판의 가장 넓은 곳이 보라색입니다. 화살이 노란색에 멈출 가능성이 빨간색이 멈 출 가능성의 2배이므로 보라색을 색 칠한 다음으로 넓은 부분에 노란색, 가장 좁은 부분에 빨간색을 칠합니다.

5 예 각 심사위원의 점수 중에서 가장 높은 점수 와 가장 낮은 점수를 제외하고 남은 점수의 합으 로 총점을 구하고, 총점을 5로 나누어 평균 점수 를 구합니다. 각 평균 점수에 난이도를 곱해서 득 점을 구합니다. 다음 표와 같이 미혜는 14.08점 이고, 영민이는 15.2점이므로 득점이 더 높은 선 수는 영민입니다.

선수	총점	평균	난이도	득점
미혜	44	8.8	1.6	14.08
영민	40	8	1.9	15.2

; 영민

풀이

2 **1단계** 5단원까지의 점수의 평균이 86점이 되려면 86×5=430(점)이 되어야 합니다.

2단계 5단원은 430−(92+84+76+88)= 430−340=90(점)을 받아야 합니다.

정답과 풀이

1 ○: 15, 17, 18 △: 23, 25, 28 **2** 23 이상 27 미만인 수 **3** 경희, 성민 **4** 2500명 **5** 3700, >, 3670 **6** 예 수 카드로 만들 수 있는 가장 작은 네 자리 수는 3567입니다. 3567을 반올림하여 백의 자리까지 나타내면 3600입니다. ; 3600 **7** 예 철사는 1 m 단위로만 판매하므로 사야 할 철사는 772 cm를 올림하여 백의 자리까지 나타내면 최소 800 cm입니다. / 800 cm=8 m이므로 필요한 돈은 850×8=6800(원)입니다. ; 6800원 **8** 풀이 참조 ; 4, 8, $2\frac{2}{3}$ **9** (1) $\frac{1}{28}$ (2) $\frac{10}{21}$ **10** $\frac{1}{25}$ **11** < **12** $4\frac{11}{15}$ **13** $12\frac{1}{2}$ cm² **14** 예 윤희가 하루에 마시는 우유는 $\frac{2}{5}+\frac{1}{5}=\frac{3}{5}$(L)입니다. 따라서 일주일 동안 마시는 우유의 양은 $\frac{3}{5}×7=\frac{21}{5}$ $=4\frac{1}{5}$(L)입니다. ; $4\frac{1}{5}$ L **15** 나, 다, 라, 마 **16** 가, 라 **17** 12 cm **18** 95° **19** 예 합동인 두 도형에서 대응변의 길이는 같으므로 (변 ㅅ ㅇ)=(변 ㄷㄴ)= 8 cm, (변 ㅇㅁ)=(변 ㄴ ㄱ)=10 cm입니다. 따라서 사각형 ㅁㅂㅅㅇ의 둘레는 6+5+8+10= 29(cm)입니다. ; 29 cm **20** (위) 8, (왼쪽) 70, (오른쪽) 5

풀이

1 21 초과인 수는 21보다 큰 수이고, 18 이하인 수는 18과 같거나 작은 수입니다.

2 23과 같거나 크고 27보다 작은 수이므로 23 이상 27 미만인 수입니다.

3 몸무게가 42 kg 미만인 학생은 42 kg보다 가벼운 학생이므로 경희(38 kg)와 성민(36 kg)입니다.

4 25<u>19</u> ➡ 2500

5 3672를 반올림하여 백의 자리까지 나타내면 36<u>72</u> ➡ 3700, 3672를 버림하여 십의 자리까지 나타내면 367<u>2</u> ➡ 3670

8 예

9 (1) $\frac{1}{4}×\frac{1}{7}=\frac{1}{4×7}=\frac{1}{28}$

(2) $\frac{4}{7}×\frac{\overset{2}{5}}{\underset{3}{6}}=\frac{10}{21}$

10 $\frac{\overset{1}{4}}{5}×\frac{3}{\underset{4}{8}}×\frac{\overset{1}{2}}{\underset{5}{15}}=\frac{1}{25}$

11 $4×2\frac{3}{4}=\overset{1}{4}×\frac{11}{\underset{1}{4}}=11$

$7×1\frac{4}{5}=7×\frac{9}{5}=\frac{63}{5}=12\frac{3}{5}$

12 ㉠ $\frac{8}{\underset{3}{9}}×\frac{\overset{1}{3}}{5}=\frac{8}{15}$, ㉡ $\overset{3}{6}×\frac{7}{\underset{5}{10}}=\frac{21}{5}=4\frac{1}{5}$

➡ $\frac{8}{15}+4\frac{1}{5}=\frac{8}{15}+4\frac{3}{15}=4\frac{11}{15}$

13 $5\frac{5}{7}×2\frac{3}{16}=\frac{\overset{5}{40}}{\underset{1}{7}}×\frac{\overset{5}{35}}{\underset{2}{16}}=\frac{25}{2}=12\frac{1}{2}$ (cm²)

15~16 가 나 다
라 마 바

17 점대칭도형에서 대응변의 길이는 같습니다. (변 ㄴㄷ)=(변 ㄹㄱ)=12 cm

18 각 ㅂㅁㅇ의 대응각은 각 ㄹㄱㄴ이므로 95°입니다.

20 선대칭도형에서 대응변의 길이와 대응각의 크기는 각각 같습니다.

1 13, 13, 312, 31.2 **2** 0.042, 42 **3** ㉢ **4** (위에서부터) 25.6, 0.34, 12.8, 0.68 **5** ② **6** 예 3분 30초=$3\frac{30}{60}$분=$3\frac{1}{2}$분=3.5분입니다. 따라서 민석이가 3분 30초 동안 걸은 거리는 62.5×3.5=218.75 (m)입니다. ; 218.75 m **7** 1.92 **8** 나 **9** ② **10** 라 **11** 120 cm

12 10 cm　**13** 풀이 참조　**14** 382 cm　**15** 5,
205, 5, 41　**16** (1) ㉢ (2) ㉠ (3) ㉡　**17** 풀이 참
조　**18** ⑩ (5회 동안의 횟수의 합계)=32×5=
160(번) ➡ (3회의 횟수)=160−(30+34+29
+32)=35(번), 따라서 은채의 기록이 가장 좋았
을 때는 3회의 35번입니다. ; 3회　**19** ㉢, ㉡, ㉠
20 풀이 참조

풀이

2 4.2×0.01=0.042, 4.2×10=42

3 ㉠ 12×0.48은 12와 0.5의 곱인 6보다 작습
니다.
　㉡ 3×1.89는 3과 2의 곱인 6보다 작습니다.
　㉢ 2×3.04는 2와 3의 곱인 6보다 큽니다.

5 ①, ③, ④, ⑤에 들어갈 수는 0.01, ②에 들어
갈 수는 10입니다.

7 어떤 수를 □라 하면 □+0.16=12.16이므로
□=12.16−0.16=12입니다.
따라서 바르게 계산하면 12×0.16=1.92입니다.

8 보이는 모서리는 실선으로, 보이지 않는 모서리
는 점선으로 그린 것을 찾으면 나입니다.

9 ① 서로 평행한 면이 3쌍 있습니다.
　③ 옆에 놓인 면은 마주 보는 면끼리 평행하고,
　이웃한 면끼리 수직입니다.
　④ 한 면에 수직인 면이 4개 있습니다.
　⑤ 한 면에 수직인 모서리는 4개 있습니다.

10 라: 면이 5개이므로 직육면체의 전개도가 아닙
니다.

11 색칠한 면과 수직인 모서리는 길이가 30 cm인 모
서리로 모두 4개가 있으므로 30×4=120 (cm)
입니다.

12 5+3+2=10 (cm)

13

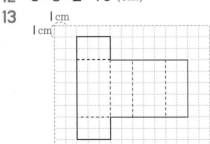

14 24 cm씩 4번, 32 cm씩 4번, 16 cm씩 8번 묶
었습니다.

(사용한 끈의 길이)
=(24×4)+(32×4)+(16×8)+30
=96+128+128+30=382 (cm)

15 (평균)=(자료의 값을 모두 더한 수)÷(자료의 수)

17

0 ——————— $\frac{1}{2}$ ——————— 1

화살이 빨간색에 멈출 가능성은 '확실하다'이므
로 수로 표현하면 1입니다.

19 ㉠ 0　㉡ $\frac{1}{2}$　㉢ 1

20 화살이 빨간색에 멈출 가능성이 가장
높으므로 회전판에서 가장 넓은 곳에
빨간색을 색칠합니다.

화살이 파란색에 멈출 가능성이 노란색에 멈출
가능성의 3배이므로 가장 좁은 부분에 노란색을
색칠하고, 노란색을 색칠한 부분보다 넓이가 3
배 넓은 부분에 파란색을 색칠합니다.

100점 예상문제 3회　148~150쪽

1 32, 25, 27　**2** 10 초과 15 이하인 수　**3** ⑩
올림하여 백의 자리까지 나타내면 43098 ➡
43100이고, 버림하여 천의 자리까지 나타내면
43098 ➡ 43000입니다. 따라서 두 수의 차는
43100−43000=100입니다. ; 100　**4** ④
5 (1) $7\frac{6}{7}$ (2) $1\frac{31}{77}$　**6** ㉡, ㉣　**7** ⑩ 5분 20초

=$5\frac{20}{60}$분=$5\frac{1}{3}$분이므로 5분 20초 동안 받은

물의 양은 $9×5\frac{1}{3}=\overset{3}{\cancel{9}}×\frac{16}{\cancel{3}}=48$ (L)입니다. ;

48 L　**8** ③, ⑤　**9** 80, 8　**10** 40 cm²　**11**
14.4, 11.04　**12** 17.152　**13** ⑩ 정오각형은
5개의 변의 길이가 모두 같으므로 둘레는 (한 변
의 길이)×5입니다. 따라서 한 변의 길이가
8.64 cm인 정오각형의 둘레는 8.64×5=
43.2 (cm)입니다. ; 43.2 cm　**14** 26개　**15**
⑩ 직육면체는 6개의 직사각형으로 이루어져 있
으나 주어진 도형은 그렇지 않습니다. 2개의 사다
리꼴과 4개의 직사각형으로 이루어져 있습니다.

16 점 ㄷ **17** 선분 ㅇㅅ **18** 23명 **19** ~아닐 것 같다 (○) **20** 93점

풀이

1 25 이상인 수는 25와 같거나 큰 수입니다.

2 10보다 크고 15와 같거나 작은 수입니다.

4 ① 245687 ➡ 245690

② 245687 ➡ 245700

③ 245687 ➡ 246000

④ 245687 ➡ 250000

⑤ 245687 ➡ 200000

5 (1) $3\frac{16}{35} \times 2\frac{3}{11} = \frac{\overset{11}{\cancel{121}}}{\cancel{35}} \times \frac{\overset{5}{\cancel{25}}}{\cancel{11}} = \frac{55}{7} = 7\frac{6}{7}$

(2) $1\frac{1}{7} \times 1\frac{5}{22} = \frac{\overset{4}{\cancel{8}}}{7} \times \frac{27}{\cancel{22}} = \frac{108}{77} = 1\frac{31}{77}$

8 만들어진 두 도형의 모양과 크기가 같지 않은 것은 ③, ⑤입니다.

9 선대칭도형에서 대응변의 길이와 대응각의 크기는 각각 같습니다.

10

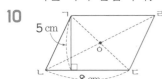

점대칭도형을 완성하면 밑변의 길이가 8 cm이고 높이가 5 cm인 평행사변형이 됩니다. 따라서 넓이는 8×5=40 (cm²)입니다.

11 9×1.6=14.4, 6.9×1.6=11.04

12 26.8>13.5>4.7>0.64이므로 가장 큰 수와 가장 작은 수의 곱은 26.8×0.64=17.152입니다.

14 면의 수: 6개, 모서리의 수: 12개, 꼭짓점의 수: 8개 ➡ 6+12+8=26(개)

17 점 ㅅ과 만나는 점이 점 ㅋ이고 점 ㅇ과 만나는 점이 점 ㅊ이므로 선분 ㅊㅋ과 만나는 모서리는 선분 ㅇㅅ입니다.

18 (24+22+21+23+25)÷5 =115÷5=23(명)

20 (학생들의 수학 점수의 합)=92×4=368(점) (주희의 수학 점수) =368-(95+88+92)=93(점)

---

1 ①, ② **2** 4300, 4200, 4300 **3** 예 ㉠에 포함되는 자연수는 26, 27, 28……37, 38, 39, 40이고, ㉡에 포함되는 자연수는 38, 39, 40, 41, 42……49, 50, 51이므로 공통으로 들어가는 자연수는 38, 39, 40으로 모두 3개입니다. ; 3개 **4** 149 cm **5** 2, 6, 3, 5, 24, $\frac{18}{5}$, $27\frac{3}{5}$

6 (1) $18\frac{3}{7}$ (2) $\frac{1}{98}$ **7** 140쪽 **8** 105° **9** 풀이 참조 **10** 예 점대칭도형에서 대응변의 길이는 같으므로 (변 ㄱㅂ)=(변 ㄹㄷ)=9 cm, (변 ㄴㄷ)=(변 ㅁㅂ)=10 cm, (변 ㄹㅁ)=(변 ㄱㄴ)=8 cm입니다. 따라서 도형의 둘레는 9+8+10+9+8+10=54 (cm)입니다. ; 54 cm **11** 20.4 **12** ㉡ **13** (1) 100 (2) 0.01 **14** 예 어떤 수를 □라고 하면 □÷0.12=4.5, □=4.5× 0.12=0.54입니다. 따라서 바르게 계산하면 0.54×0.12=0.0648입니다. ; 0.0648 **15** 7개 **16** 예 정육면체의 모서리는 12개이고 모든 모서리의 길이는 같습니다. 따라서 모든 모서리의 길이의 합은 12×12=144 (cm)입니다. ; 144 cm **17** 다 **18** 40 kg **19** 18살 **20** ㉣

풀이

2 4276 ➡ 4300, 4276 ➡ 4200 4276 ➡ 4300

4 148.7을 반올림하여 일의 자리까지 나타내면 소수 첫째 자리 숫자가 7이므로 올림하면 149입니다. 따라서 민서의 키를 반올림하여 일의 자리까지 나타내면 149 cm입니다.

6 (1) $6\frac{1}{7} \times 3 = \frac{43}{7} \times 3 = \frac{129}{7} = 18\frac{3}{7}$

(2) $\frac{1}{7} \times \frac{1}{14} = \frac{1}{7 \times 14} = \frac{1}{98}$

7 $\overset{20}{\cancel{360}} \times \frac{7}{\cancel{18}} = 20 \times 7 = 140$(쪽)

8 합동인 도형에서 대응각의 크기는 같으므로 (각 ㄹㅂㅁ)=(각 ㄱㄴㄷ)=35°입니다. 따라서 (각 ㄹㅁㅂ)=180°-40°-35°=105°입니다.

9

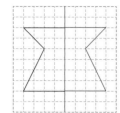

대칭축을 따라 접었을 때 완전히 포개어지도록 그립니다.

12 ㉠ 4×0.67은 4의 0.7배인 2.8보다 작고, ㉡ 6의 0.53배는 6의 0.5배인 3보다 크고, ㉢ 3의 0.89배는 3의 0.9배인 2.7보다 작습니다. 따라서 계산 결과가 3보다 큰 것은 ㉡입니다.

13 ⑴ 2.7은 0.027의 소수점이 오른쪽으로 두 자리 이동한 것이므로 □=100입니다.
⑵ 0.426은 42.6의 소수점이 왼쪽으로 두 자리 이동한 것이므로 □=0.01입니다.

15 직육면체의 꼭짓점은 8개이고, 이 중에서 보이는 꼭짓점은 7개입니다.

18 (45+38+42+35)÷4=160÷4=40 (kg)

19 (평균)=(12+16+11+13)÷4
　　　　=52÷4=13(살)
회원 수가 1명 늘어나면 모두 5명이고 평균이 1살 늘어나려면 13+5=18(살)이 늘어난 것이므로 새로운 회원의 나이는 18살입니다.

20 ㉠ $\frac{1}{2}$　㉡ $\frac{1}{2}$　㉢ 0　㉣ 1

100점 예상문제 5회　154~156쪽

1 △: 20, 21, 22　○: 24, 25, 26　**2** 4260
3 <　**4** 28상자　**5** $4\frac{2}{3}$　**6** $\frac{\overset{14}{\cancel{42}}}{\underset{1}{\cancel{5}}} \times \frac{\overset{4}{\cancel{20}}}{\underset{3}{\cancel{9}}}$
$=\frac{56}{3}=18\frac{2}{3}$　**7** $15\frac{1}{2}$ cm²　**8** 예 진분수와 자연수를 곱할 때에는 분수의 분자에 자연수를 곱해야 하는데 분모에 곱했기 때문입니다.　**9** 110°
10 ②, ④　**11** 76 cm　**12** 24.32, 2.432　**13** 72 cm　**14** 35.3　**15** ④　**16** 1개, 4개　**17** 예 (보이는 모서리의 길이의 합)=(7+3+5)×3=45 (cm) / (보이지 않는 모서리의 길이의 합)=7+3+5=15 (cm) / (길이의 합의 차)=45-15=30 (cm) ; 30 cm　**18** 202명　**19** ㉠, ㉢, ㉡　**20** 가, 나, 라, 다

풀이

1 23 초과인 수는 23보다 큰 수이고 23 미만인 수는 23보다 작은 수입니다.

2 십의 자리 아래 수를 올려서 나타냅니다.
　4259 ➡ 4260

3 5081을 버림하여 십의 자리까지 나타낸 수: 5080
5081을 올림하여 백의 자리까지 나타낸 수: 5100

4 자몽 273개를 한 상자당 10개씩 담는다면 27 상자에 10개씩 담고 남은 3개를 담을 상자가 하나 더 필요합니다. 따라서 자몽 273개를 상자에 모두 담으려면 상자는 최소 28상자 필요합니다.

5 $7 \times \frac{2}{3} = \frac{14}{3} = 4\frac{2}{3}$

7 $5\frac{1}{6} \times 3 = \frac{31}{\underset{2}{\cancel{6}}} \times \overset{1}{\cancel{3}} = \frac{31}{2} = 15\frac{1}{2}$ (cm²)

9 (각 ㅅㅇㅁ의 크기)=(각 ㄷㄹㄱ의 크기)
　=360-(120+60+70)=360-250
　=110(°)

10 ② 아　④ 옵

11 점대칭도형은 대응변의 길이가 같습니다.
(변 ㄱㅈ)=(변 ㅁㄹ)=9 cm
(변 ㄷㄴ)=(변 ㅅㅂ)=13-2=11 cm
(변 ㅂㅁ)=(변 ㄴㄱ)=8 cm
(도형의 둘레)
=8+11+10+9+8+11+10+9=76 (cm)

12 • 0.64가 64의 0.01배이므로 38×0.64의 값은 38×64의 값인 2432의 0.01배입니다.
• 0.038이 38의 0.001배이므로 0.038×64의 값은 38×64의 값인 2432의 0.001배입니다.

13 (파란색 테이프의 길이)=60×1.2=72 (cm)

14 4.7×7.5=35.25, 9.3×3.8=35.34이므로 □ 안에 들어갈 수 있는 소수 한 자리 수는 35.3입니다.

15 전개도를 접었을 때 겹치는 부분이 생기지 않아야 하고, 마주 보는 면끼리는 모양과 크기가 같아야 합니다.

18 (평균)=(205+210+200+180+215)÷5
　　　　=1010÷5=202(명)

19 ㉠ 반반이다 ㉡ 불가능하다
㉢ ~아닐 것 같다

20 회전판의 파란색 부분이 넓을수록 파란색에 멈출 가능성이 높습니다.

100점 예상문제 6회 157~159쪽

1 풀이 참조 **2** 299 **3** 2개 **4** 525 이상 535 미만 **5** < **6** $3\frac{1}{3}$ km **7** ⑩ 만들 수 있는 가장 큰 대분수는 $6\frac{2}{5}$, 가장 작은 대분수는 $2\frac{5}{6}$ 입니다. $6\frac{2}{5}\times2\frac{5}{6}=\frac{\overset{16}{32}}{5}\times\frac{17}{\underset{3}{6}}=\frac{272}{15}=18\frac{2}{15}$; $18\frac{2}{15}$ **8** 라, 마, 바 **9** 4, 70 **10** ⑩ 대응변의 길이가 서로 같으므로 (변 ㄹㄷ)=(변 ㅁㅇ)=6 cm입니다. 따라서 (직사각형 ㄱㄴㄷㄹ의 넓이)=10×6=60 (cm²)입니다. ; 60 cm² **11** 60° **12** 16.416 cm² **13** ⑩ 지아의 몸무게는 54×0.6=32.4 (kg)입니다. 따라서 어머니와 지아의 몸무게의 합은 54+32.4=86.4 (kg)입니다. ; 86.4 kg **14** (○)( ) **15** 풀이 참조 **16** ⑤ **17** 72 cm **18** 반반이다 ; $\frac{1}{2}$ **19** 가, 다, 나 **20** 3단원

풀이

1
수직선에서 7 초과인 수는 점 ○을, 11 이하인 수는 점 ●을 이용하여 나타냅니다.

2 30|1 ➡ 400   29|9 ➡ 300
350 ➡ 400   399 ➡ 400

3 100 cm씩 선물 상자 2개를 포장하면 73 cm가 남습니다. 따라서 남은 73 cm로는 선물 상자를 포장할 수 없으므로 선물 상자를 최대 2개까지 포장할 수 있습니다.

4 반올림하여 십의 자리까지 나타내려면 일의 자리에서 올림하거나 버림합니다. 일의 자리에서 올림한 것이면 어떤 수는 525 이상이어야 하고

일의 자리에서 버림한 것이면 어떤 수는 535 미만이어야 합니다.

5 어떤 수에 진분수를 곱하면 곱한 결과는 어떤 수보다 작습니다.

6 1시간 40분=$1\frac{40}{60}$시간=$1\frac{2}{3}$시간

➡ (석진이가 걸은 거리)
$=2\times1\frac{2}{3}=2\times\frac{5}{3}=\frac{10}{3}=3\frac{1}{3}$ (km)

8 선대칭도형: 나, 라, 마, 바
점대칭도형: 가, 라, 마, 바

9 점대칭도형에서 대응각의 크기는 같고, 대응점끼리 이은 선분은 대칭의 중심에 의하여 길이가 똑같이 나누어집니다.

11 (각 ㄴㄱㄹ)=(각 ㄹㄷㄴ)
=180-(90+30)=60(°)

12 (평행사변형의 넓이)=(밑변의 길이)×(높이)
=3.6×4.56=16.416 (cm²)

14 ·0.84×5는 0.8과 5의 곱인 4보다 큽니다.
·8×0.46은 8과 0.5의 곱인 4보다 작습니다.

15
보이는 모서리는 실선으로, 보이지 않는 모서리는 점선으로 나타내어 겨냥도를 완성합니다.

16 직육면체는 직사각형 모양의 면 6개로 둘러싸인 도형이고, 모서리가 12개, 꼭짓점이 8개 있습니다.
④ 면의 크기와 모양이 모두 같은 것은 정육면체에 대한 설명입니다.

17 9×4+5×4+4×4=36+20+16=72 (cm)
[다른 풀이] (9+5+4)×4=72 (cm)

18 흰색 공과 검은색 공을 꺼낼 가능성은 각각 '반반이다'이고 수로 표현하면 $\frac{1}{2}$이다.

19 화살이 파란색에 멈출 가능성은 다음과 같다.
가: 확실하다 나: 불가능하다 다: 반반이다

20 (단원 평가 점수의 합)=75×4=300(점)
(3단원 점수)=300-(80+70+60)
=90(점)

변형 국배판 / 1~6학년 / 학기별

★ **디자인을 참신하게** 하여 학습 효율성을 높였습니다.

★ 단원 평가에 완벽하게 대비할 수 있도록 전 범위를 수록하였습니다.

★ 교과 내용과 관련된 사진 자료 등을 풍부하게 실어 학습에 흥미를 느낄 수 있도록 하였습니다.

★ 수준 높은 서술형 문제를 실었습니다.

수학

정답과 풀이